JN086607

トランプVS ディープ・ステート 下

世界を震撼させた 米大統領選の真相

ロジャー・ストーン
藤井幹久〔訳〕

トランプＶＳディープ・ステート　下巻

目次

第三部　トランプは、こうしてホワイトハウスを勝ち取った　7

第7章　副大統領の選定と全国指名大会　16
第8章　大統領候補者討論会と副大統領候補者討論会　71
第9章　最終弁論　208
終章　トランプの勝利　250
付録A　367
付録B　376

訳者後記　378
原註　398

第三部　トランプは、こうしてホワイトハウスを勝ち取った

一九四〇年代から一九五〇年代にかけては、共和党でも民主党でも、全国指名大会は喧噪に包まれていた。その頃の党大会でも、その都度、様々な候補者が指名されてきた。しかし、第一回投票の前に、予備選挙を通じて候補者が代議員を獲得するようなかたちではなかった。党大会の会場で、決戦投票が行われていた。党大会の規則をめぐる議論も、よく行われていた。

候補者が指名されると、支持者たちは座席から立ち上がり、横断幕を掲げながら通路を歩いた。候補者への支持を表明するためだった。音楽が演奏されるなかで歌い、大声を上げ、笑い合いながら、会場内を行進していた。こうした動きの規模と熱気によって、候補者の人気度が示されていた。

ホテルでは、候補者の演説を聞くために、各州の党員集会が開かれていた。他州の代議員との間では、代議員票がやり取りされていた。候補者から代議員票の取りまとめを託された選対責任者が、会場やホテルの裏舞台を歩き回った。代議員たちが出席する集会には、昼夜の別なく酒が用意されていた。党大会の会場でも、タバコの煙が充満していた。

大統領候補者を選ぶ全国指名大会が、最初にテレビ放送されたのは一九四八年のことだ。六月に共和党大会が、七月に民主党大会が開催されて、テレビで放送された。どちらの大会も、その年の開催地はフィラデルフィアとされていた。

テレビ放送が開始された影響は、両党がフィラデルフィアでの開催を選んだことに、見て取ることができる。なぜなら、当時のアメリカでライブ放送を配信していたケーブルでは、ちょうど、ボストンとリッチモンド（バージニア州）の中間地点にあたっていたからだ。一九四八年当時、ボストンからリッチモンドまでの地域で、テレビを所有して、視聴可能な人口は推定一〇〇〇万人いた。

フィラデルフィアでの党大会は、一九四八年夏の猛暑のなかで開催されていた。会場はまるで温室のようになっていた。会場が人で埋まっていたことだけが理由ではなかった。テレビ放送のための強い照明によって、さらに会場内の温度が上がっていたからだった。当時は、まだエアコンが普及していなかった。(1)

「一九五六年になると、両党の大会プログラムとも、テレビ放送に適したかたちに改良されていた」と、放送通信博物館では記されている。

「党幹部は、大会の開催時間を短縮していた。両党ともに、統一的な選挙テーマを設定した。会場の景観も、横断幕や愛国的な装飾によって整えられた。大会の状況のテレビ映りがよくなる場所に、撮影班の位置が決められた。開会の祝辞や、議会団体の手続きは省かれて、日中のセッションもなくしていた。副大統領候補への支持表明の演説もなくしていた。プライムタイムの視聴者が最大となるように、スケジュールが組まれていた。

さらには、テレビカメラが入るようになったので、党内抗争が表に出ないように、党の運営に忠実な都市が、開催地として選定された」(2)

一九七二年には、フロリダ州マイアミビーチで共和党の全国指名大会が開催された。その舞台裏で、物議をかもす事件が発生していた。テレビ放送用の分刻みの台本が床に落ちているのを、ある記者が発見してしまっていた。

一九七二年共和党大会では、万事が用意周到に準備されていた。当時のホワイトハウスでリチャード・ニクソン大統領のスピーチライターを務めていたデビッド・ガーゲンは、そのことを認めていた。

「実際のところ、分刻みでの台本を準備していました」ガーゲンは語っていた。

台本では、テレビカメラで放映される予定の出来事が、すべて詳細に記されていた。場内で「自然に発生」するとされるデモンストレーションのことも、書き込まれていた。(3)

一九七二年共和党全国大会では、ビル・カルサーズが台本制作を担っていた。『スーピー・セールス』という、パイ投げの場面で有名な番組があった。カルサーズは、そのデトロイトのテレビ番組のディレクター兼プロデューサーから、キャリアをスタートさせている。その後には、スティーブ・アレン、アーニー・コバックス、ジョニー・カーソンと共に仕事をして、『デートのゲーム』や『新婚のゲーム』でも、ディレクターやプロデューサーを務めている。(4)

「この業界では、台本なしでテレビ放映をすることはないのです」

マイアミビーチで開催された一九七二年共和党全国大会について、カルサーズは語っていた。

「ですから、ええ、台本も書きました。流れも整えました。演説のこと、プログラムのこと、カメラの位置のこと、放送局のこと。どんなことでも相談を受けて、まとめ上げました」カルサーズは語った。

「そうやって、それまでのなかでは、最高の党大会にすることができました」(5)

著作家で評論家のザカリー・カラベルは、一九九八年に、ハーバード大学ケネディ行政大学院から「テレビ放送される政党大会の盛衰」と題する論文を発表している。そのなかで、党大会が「台本が用意された〝インフォマーシャル〟（インフォメーションとコマーシャルの合成語）」となっていることを指摘していた。(6)

予備選挙が導入されて以降、党大会の指名のプロセスからは、本物のドラマが失われてしまった。台本通りに進行するようになった結果、共和党でも、民主党でも、党大会は退屈なものとなってしまった。

テレビでの視聴率は、一九九二年と一九九六年を比較すると約一五パーセントも落ちていた。視聴者数でみても（以前と比べて）三分の一も減少していた。

カラベルの記述によると、テレビ放送局の首脳陣にとって、一九九二年党大会の視聴率は壊滅的なものであると受け止められていた。同年の共和党大会が終了したときに、ＡＢＣニュースのルーン・アーリッジ社長は、党大会のテレビ放送からの全面的な撤退を、真剣に検討していた。

一九四〇年代から一九六〇年代の党大会では、大型のマイクが設置されたシンプルな演台が一般的だった。二〇一六年の党大会では、共和党、民主党ともに、きらびやかな色調のマルチメディア型の演壇となっていた。従来の演説ステージが、おしなべて平凡だったのと比べると、インターネット志向でダイナミックな印象を与えるものとなっていた。まるで宇宙船の指令室や、巨大なラップアラウンド型の映画スクリーンのようになっていた。

現代は、大型高画質の薄型テレビの時代となっている。党大会の会場が、タバコの煙で充満していた時代は、遠い昔のことになってしまった。

一九五〇年代には、複数回にわたる投票のなかで、会場での対決が繰り広げられて、政治的なドラマが生まれていた。当時はまだ、小型の白黒ブラウン管テレビだったので、今ほど視聴には便利ではなかった。しかし、そうした時代にあっても、全国指名大会は見逃せないものとなっていた。

二〇一六年には、クリーブランドで共和党大会が、フィラデルフィアで民主党大会が開催された。この党大会のテレビ放送時間は、テレビネットワークのほか、主要なケーブルニュース局では、一晩あたりわずかの時間に限られていた。

クリーブランドでの共和党大会が最終夜を迎えた二〇一六年七月二十一日木曜日に、ワシントン・ポスト紙で、メディア政治論の専門家カラム・ボーチャーズが書いている。

「今週の党大会を視聴していたら一目瞭然のことだが、党大会の放映時間は、ＡＢＣ、ＣＢＳ、

ＮＢＣでは、一晩あたり一時間となっていた。水曜日には、それより少しだけ長時間となった。東部時間午後一一時を過ぎても、共和党副大統領候補のインディアナ州知事マイク・ペンスの演説が続いていたからだ。

「テレビネットワークは、以前のようには、プライムタイムでの放映を行っていない。放映時間が短縮されていることで、党大会を演出することの必要性は薄れているかもしれない。しかし、他方では、ケーブルニュース局にとっての追い風でもある。

ＣＢＳでは、演出されたイベントを、一晩中流したりはしないとのことですね？　いいでしょう。ＣＮＮでは放映してくれています」(7)

それでも、二〇一六年の党大会最終日の夜には、ドナルド・トランプの指名受諾演説を、約三五〇〇万人の米国民が視聴していた。また、民主党全国大会でのヒラリー・クリントンの演説は、三四〇〇万人が視聴していた。(8)どちらの候補者にとっても、テレビ視聴者数を最高に集めた瞬間となった。

これ以外に、テレビ放映としての最大の機会となったのは、クリントン対トランプの第一回討論会だ。アメリカ合衆国の大統領選候補者討論会としては、史上最多の約八四〇〇万の米国民が視聴者となった。一九八〇年に、ジミー・カーター大統領と対立候補ロナルド・レーガンとの間で、一回限りの討論会が行われたときは八〇六〇万人だった。(9)

クリントン対トランプの第二回討論会になると、視聴者は大きく減り、推定六六五〇万人となった。(10)最終回となったクリントン対トランプの第三回討論会では、推定七一六〇万の視聴者となった。(11)

人生においてもそうであるが、政治の世界でも第一印象というものは、後々まで影響するものだ。全国大会の指名受諾演説で、有権者は、何らかの印象を持つことになる。もちろん討論会のときには、それを修正することもできる。もっとも、近年の大統領選の日程のなかでは、そうした機会は、討論会のときくらいであることも事実だ。

指名受諾演説では、最大規模の視聴者数を前にして、何ら邪魔されることなく、自分の主張を訴えることができる。そして、討論会のときには、さらに視聴者数は増えている。特に、第一回では最大規模となる。

ただし、それぞれの候補者は、半分ずつの時間しか使うことはできない。討論中には、相手から放たれた攻撃に、回答する必要にも迫られる。選挙戦のなかでダメージを受けていれば、防戦のためにも時間を費やさざるを得なくなる。

現在の全国指名大会は、総じて、台本通りのインフォマーシャルとなっているが、どちらの政党とも、党大会という機会を真剣に受け止めている。たしかに、現在のテレビネットワークでは、プライムタイムでの時間枠は限られている。しかし、他方でケーブルニュース局の番組では、より詳細なかたちで、党大会の報道が行われている。どちらの党の大会でも、大統領候補者だけでなく、かつての党の大物や、将来の有望株が紹介されている。政党の過去と未来の姿を、国民に見せてくれる機会となっている。

第7章　副大統領の選定と全国指名大会

私が政治の世界に出ることにしたのは、自分のことを守ることができない国民たちが、これ以上、権力にある人々によって打ちのめされないようにするためです。私以上に、そうした仕組みのことを分かっている人間はいない。だからこそ、私だけが、そうした問題を解決できるのです。

二〇一六年七月二十一日、オハイオ州クリーブランドでの共和党全国大会にて

ドナルド・J・トランプの指名受諾演説より

トランプの指名が決まったときに、副大統領の候補者は、ほぼ絞り込まれていた。候補となっていたのは、ニュージャージー州知事のクリス・クリスティと、元下院議長のニュート・ギングリッチだ。ポール・マナフォートとケリーアン・コンウェイによって、元下院議員で、現職の知事のマイク・ペンスも、候補者リストに付け加えられていた。

後知恵にはなるが、もし、トランプがクリスティを選んでいたら、候補者名簿としては失敗に

なってしまったことだろう。最近になって、ジョージ・ワシントン橋の道路閉鎖を、クリスティが故意に招いていたとの疑惑が明るみに出ているからだ。

また、率直に言って、ギングリッチでは、あまりにも一九八〇年代風だ。

ペンスはインディアナ州予備選挙では、クルーズに支持表明していた。それでも、トランプは、ペンスが素晴らしい副大統領候補となってくれることを確信していた。

ペンスとしても、明らかに差しさわりのない発言の仕方をしていた。クルーズを支持表明すると同時に、トランプに向けても、好意的な言葉を述べることを忘れていなかった。トランプとしては、ペンスを選ぶことによって、福音派の保守層にも支持を広げたいと考えていた。ペンスには、連邦議会での優れた業績があった。

二〇一六年に、ペンスは、インディアナ州知事としての再選をめざす出馬を計画していた。この知事選では、インディアナ州議会の元下院議長、民主党ジョン・R・グレッグとの厳しい戦いが予想されていた。二〇一二年インディアナ州知事選では、グレッグの得票が四六・六パーセントに対して、ペンスが四九・五パーセントで勝利していた。今回の選挙は、その再対決の構図が予定されていた。

トランプはペンスを選ぶ

共和党大会の開催日を三日後に控えた、二〇一六年七月十五日金曜日に、ドナルド・トランプはツイッターで、インディアナ州知事マイク・ペンスを副大統領候補に選んだことを発表した。[1]ペンスにとっては、州知事選から撤退する場合には、この金曜日が締め切り日となっていた。ペンスは、ただちに知事選への立候補からは、撤退することを表明した。インディアナ州法では、知事再選のための出馬と、副大統領としての立候補の両方を、同時に行うことはできないとされていた。

ヒラリー・クリントン陣営は、「近年では稀に見る、極端な人物の選択だ」として、ただちにペンスを批判した。

トランプがペンスを選んだことは、共和党の中核の支持基盤となる、保守派の人々に向けてのメッセージとなった。ペンスは、共和党内では、クリスチャンの保守派として尊敬を集めていた。トランプは、重要な政策テーマでは、自分も同じ立場に立つことを示していた。

「マイク・ペンスを副大統領候補に選んだことで、ドナルド・トランプの信念に対する懸念は、さらに強まっている。この副大統領候補は、きわめて分断的で、不人気な人物だ。これまでにも差別的な政策を支持してきた。また、経済政策でも失敗している。労働者の家族よりも、企業や富裕層の利益を優先させてきた」と、民主党陣営トップのジョン・ポデスタが声明で述べていた。

翌日に、トランプはマンハッタンのミッドタウンにあるニューヨーク・ヒルトンで記者会見を開いた。トランプは、アウトサイダーとして出馬することが、大統領選での自分の強みではあるが、ペンスがいてくれることで、バランスが取れることになると明言した。ペンスは、保守層からだけでなく、共和党指導部のエリートたちにも評判がよい人物だった。

「インディアナ州知事のマイク・ペンスは、私としてはベストの選択だ。ペンスは国民のために戦ってきた。これからも戦っていく。そのことを、私は称えたい。真面目で、しっかりとした人物だ」トランプは語った。

ＣＮＮは、この演説を散漫な内容であったと評価していた。

トランプは「ペンスを紹介するための演説のなかで、何度も脱線していた。そのたびに、自分が共和党の指名を勝ち取ったことを、自画自賛していた」。

トランプはペンスを選んだ決断を、次のように総括していた。

「私は、マイクを選ぶことにしたが、その大きな理由は何であるか。――正直なところ、その理由のひとつは、党の団結だ。たくさんの人たちが、党の団結を訴えている。私がアウトサイダーだからだ。しかし、私はアウトサイダーでいたい。それが圧勝できた理由だと思っている」

さらに、ＣＮＮは、トランプが珍しい対応を見せていたことも指摘していた。ペンスはインディアナ州予備選挙でクルーズを支持表明していたが、あえてそのことを話題にしていた。前述している通り、ペンスはクルーズを支持表明しながらも、その発言のなかでは、トランプに向けても好意的な言葉を述べていた。

「支持を表明しない発言としては、これまでの私の人生では、最も素晴らしいものだった」と、トランプは言及していた。(2)

五月三日のインディアナ州予備選挙で、トランプはクルーズに圧勝していた。クルーズの得票が三七パーセントであったのに対して、トランプは五三パーセントを獲得していた。

予備選挙のなかで、クルーズはトランプとの政策の違いを明確にしていた。例えば、クルーズが自由貿易協定を支持したのに対して、トランプは環太平洋パートナーシップ協定の締結に反対していた。トランプが「イスラム教徒の全面的かつ完全なアメリカ合衆国への入国禁止」を訴えたことに対しては、クルーズは「侮辱的発言であり、憲法にも反している」と述べていた。

トランプは、中西部での、特にインディアナ州とオハイオ州での勝利が、当選を決めるためには重要であることを理解していた。記者会見では、ペンスを副大統領候補として紹介しただけではなかった。インディアナ州の生きた伝説であり、バスケットボール界の偉人であるボビー・ナイトが、熱烈なトランプ支持者であることにもふれていた。

ペンス知事は、いま一度、トランプの決断を受け止めて、感謝の言葉を述べた。

「私は、アメリカ合衆国副大統領として立候補してほしいとの、あなたからの要請を受諾します」ペンスは発言した。

「ドナルド・トランプは有能な人物です。偉大なアメリカ合衆国大統領となることでしょう」

職業政治家であるペンスは、第二位候補者となる自分の役割を理解していた。それは、自分自身の政策的な立場を控えてでも、トランプの立場を支持することだ。ただし、ペンスの経歴には、トランプが本選挙に臨むにあたって、不利になる要素もあった。

福音派のクリスチャンであるペンスには、自らの立場を説明するうえで、いつも語っていた言葉がある。

「まずは、クリスチャンである。次には、保守派である。それから、共和党員である。この順番になります」

二〇一五年に、インディアナ州法として「宗教の自由回復法」を成立させたことでは、物議をかもしていた。この法律では、インディアナ州の事業主の権利として、宗教上の理由により、同性愛者の結婚式へのサービスの提供を拒否できることを保障していた。ペンスが法案に署名したことでは、差別を容認しているとして、ＬＧＢＴコミュニティからの批判が生まれていた。

オバマ大統領が、二〇一五年のホワイトハウス記者協会主催の晩餐会（ばんさんかい）で、この法律のことを茶化すという一幕も生まれていた。バイデン副大統領とはとても親密なので、「インディアナ州の店であれば、私たちからのピザの注文を受けてくれないかもしれない」と、オバマは軽口を飛ば

していた。(3)

トランプがペンスを選択したことは、共和党指導部のエスタブリッシュメントのエリートたちが、確実に受け入れることができる副大統領候補を選んだことを意味していた。そうした人々は、依然として、トランプのことを大統領選候補者として、公然とは支持表明しようとはしていなかった。

ペンスは下院議員選では二回の落選をしていたが、二〇〇〇年以降は、インディアナ州第六区（二〇〇三年の区割り変更前は第二区）での議席を勝ち取っていた。下院議員としては十二年間を過ごして、下院共和党会議の議長も務めたことがあった。

下院議員としての最後の年に、アメリカ保守連合は、ペンスに一〇〇点の評価を与えている。全米ライフル協会も、ペンスの保守派としての経歴を称えて、Ａランクと評価している。他方、中絶容認派の妊娠中絶権擁護全国連盟（ＮＡＲＡＬ）は、ペンスが中絶反対の強硬派であるとして、零点の評価としていた。

「私が、マイク・ペンスの大ファンであることは、公然たる事実です」

トランプがペンスを副大統領候補に選んだことを聞いて、ポール・ライアン下院議長は記者団に語っていた。

「私は、保守運動の優れた人物が選ばれることを期待してきました。たしかに、マイクはそういう人物にあたります」(4)

共和党指名大会
七月十八～二十一日、オハイオ州クリーブランドにて

二〇一六年七月十八日月曜日に、クリーブランドで共和党大会が開幕した。しかし、共和党の主だったリーダーたちは、あからさまに欠席していた。元大統領として存命のジョージ・H・W・ブッシュと、ジョージ・W・ブッシュは大会を欠席としていた。ジェブ・ブッシュが不参加としていたことへの配慮でもあった。

共和党の大統領候補者たちのなかで、大会を欠席する者は、ほかにもいた。とりわけ理解しかねたのは、ジョン・ケーシックだ。オハイオ州知事としては、クリーブランドで共和党をホストするべき立場だったからだ。露骨なまでのトランプへの侮辱だった。それでもケーシックは、大会開催中のクリーブランドで、いくつかの州代議員団との朝食会に参加する予定としていた。また、米国ヒスパニック商工会議所でも講演することになっていた。

二〇〇八年と二〇一二年に共和党大統領候補者となっていた、ミット・ロムニー上院議員とジョン・マケイン上院議員は、クリーブランドに滞在する予定はないとした。過去の共和党大統領指名候補のなかで、ただ一人の参加予定者となったのは、九二歳のボブ・ドール元上院議員だ。ただし、ドールは発言者リストには入っていなかった。

二〇名以上の上院議員、数名の下院議員、六名の共和党知事も欠席の予定としていた。二〇一二年共和党副大統領候補だったポール・ライアン下院議長のほか、ケビン・マッカーシー下院院内総務、ミッチ・マコネル上院院内総務は、火曜日の夜にスピーチをする予定としていた。しかし、共和党下院議員のなかで、女性では最高位のキャシー・マクモリス・ロジャース共和党会議議長は、欠席としていた。

「数多くの党幹部が、大会をボイコットしたり、都合のよい欠席の理由を述べたりしている。およそ近年にはみられなかったことが起きている。党の指名候補予定者を認めておらず、不快感を持っていることが理由だ」と、全米公共ラジオの記事で、ジェシカ・テイラーが記していた。(5)

ポリティコ誌は、共和党全国大会の開幕を「惨憺(さんたん)たる第一日目」と表現していた。トランプ陣営選対責任者のポール・マナフォートは、MSNBCほかの朝の番組に出演して、オハイオ州知事ケーシックの欠席を、「地元の州にとって恥である」と批判した。クリーブランドの中心街では、トランプの車列がクイッケン・アリーナに向かう途中で、事故に巻き込まれるアクシデントも起きていた。

その日の夜に、最も感動的となることが期待されていたのは、ベンガジ事件で殺害された四人のアメリカ人のうちの一人の母親、パトリシア・スミスのスピーチだ。テレビネットワークでは、スミスが語る映像を取り上げてくれるはずだった。

ポリティコ誌によると、パトリシアはあふれる涙をこらえながら、スピーチを始めていた。聴衆は引き込まれていき、やがて怒りで沸き返ることになった。

「私は、ヒラリー・クリントンを非難します。私はひとりの人間として、息子を死なせたヒラリー・クリントンを非難します」スミスは語った。(6)

そして、月曜日の夜のハイライトとして、トランプの妻メラニアがスピーチに立った。しかし、このスピーチには、二〇〇八年にデンバーで開催された民主党大会でのミシェル・オバマのスピーチからの盗用の疑惑が浮上することになった。

以下が、二〇一六年にメラニアが語った内容だ。太字の部分が、盗用とされた箇所となる。

「子供の頃から、両親が私に教えてくれたことは、**人生で望むものを手に入れるために、一生懸命働くことの尊さです。**また、**自分の言葉は自分に跳ね返ってくるのだから、言ったことは必ず行い、約束を守り、人には敬意をもって接するということです。**

両親は日常生活での価値や道徳を、私に教えてくれました。私は、この教訓を息子にも伝えています。

こうした教訓を、これから続く世代にも伝えていく必要があります。

なぜなら、この国の子供たちに、あなたの夢を描く力と、それを実現させようとする意志だけ

が、あなたの成功を決めることになると知ってほしいからです」

以下は、ミシェル・オバマが八年前に語った内容だ。盗用されたとの箇所を、やはり太字で引用する。

「バラクと私は、多くの面で同じ価値観のもとに成長しました。それは、**人生で望むものを手に入れるために、一生懸命働くことの尊さです。また、自分の言葉は自分に跳ね返ってくるのだから、自分がやると言ったことは必ず行い、人には尊厳と敬意をもって接することです。**たとえ相手が見知らぬ人であったとしても、また、意見が異なる人であったとしてもです。バラクも私も、そうした価値観のもとに人生を始めて、**次の世代にも伝えています。なぜなら、子供たちに**――この国のすべての子供たちに――あなたの**夢を求めて、それを実現させようとする意志だけが、あなたの成功の限界を決めることになると知ってほしいからです**」

この類似性に最初に気づいたのは、おそらく、ジャーナリストのジャレット・ヒルだった。すぐさまヒルは、メラニアが、ミシェルのスピーチから丸ごと一段落を盗用したと、ツイートしていた。(7)

何とも皮肉だったのは、ミシェル・オバマと同じ考え方を共有できる共和党員がいたことだ。二〇〇八年二月に、ミシェルは「大人になって以来、ようやく初めて、自分の国のことを本当に誇りに思えるようになりました。やっと希望が、取り戻されつつあるからです」と聴衆を前にして語っていたからだ。このミシェルの発言は、共和党での「怒り」を招いていた。(8)(9)

盗用であることを否定したり、穏便な方向での解決が模索されたりした後で、トランプ・オーガニゼーションの社内ライターであるメレディス・マックアイバーが、謝罪のうえ辞任するとした。マックアイバーは、トランプ家の人々とも、長年にわたる親密な関係があった。

マックアイバーの説明は、こうだった。メラニア・トランプとスピーチの打ち合わせをしていたときのことだ。メラニアは、素晴らしい内容だと感じていた、二〇〇八年のミシェル・オバマのスピーチの一節を読み上げた。マックアイバーは、それを書き留めて、原稿のなかに盛り込んだ。そうした経緯で、最終的なスピーチ原稿が出来上がっていた。

マックアイバーは、出典となったミシェル・オバマのスピーチの内容までは、確認していなかったことを認めた。

「これは私のミスです。私のために混乱が起きてしまったことを、メラニアさん、トランプ家の皆様だけでなく、オバマ夫人にも大変申し訳なく思います」と、マックアイバーは経緯を説明した書面に記していた。

しかし、「悪意はなかった」として、トランプは辞任することを認めなかった。(10)

クルーズが党大会での怒りを招く

二〇一六年七月二十日水曜日、クリーブランドでの共和党全国大会の三日目に、テッド・クルーズ上院議員が演説をした。クルーズが演壇に立ったとき、熱意と称賛のこもった拍手は鳴りやまなかった。

しかし、演説が進むにつれて、トランプへの支持表明の言葉を語るのか否かを訝しく思う空気が、会場内に広がっていった。クルーズの演説の滑り出しは順調だった。前夜の第一回投票によって、トランプが指名を獲得したことを、祝福する言葉を述べていた。

しかし、それからクルーズは聴衆に向かって、このような言葉を付け足した。

「そして、みなさんと同じことを、私も願っています。わが党としての原則が、十一月に勝利を収めることを」(11)

この言葉を聞いた聴衆の多くが、疑問に思った。これからクルーズは、いったい何を言おうとしているのだろうか、と。

「アメリカという国は、二つの大洋に挟まれたひとつの大陸である、というだけではないのです。アメリカとは、理想のことです。シンプルであっても、力強い理想です。大切なことは、自由なのです」クルーズが語ると、拍手が生まれた。

「人類の長い歴史のなかで、政府という権力は、避けることのできない存在でした。そして、政府とは命令するものであり、国民とは従うものでした。しかし、この国では違います。国王もいないし、女王もいないからです。独裁者もいません。われら国民が、政府を制限するのです。わが国は、特別なのです。なぜならば、最も強くて美しい、この五つの英語の言葉によって成り立っているからです。

自由でありたい。(I want to be free.)

このメッセージが、今ほど必要とされているときはありません」

それからクルーズは、オバマ大統領とヒラリー・クリントンの政策を批判した。

「もちろん、オバマも、クリントンも、みなさんに語ることでしょう。子供たちの未来は大切なものであると」クルーズは語った。

「私も、その言葉を信じたいです。しかし、未来へのビジョンにおいては、二つの政党の間には大きな隔たりがあります。

ある党では、イスラム国のことを、まるで『二軍のチーム』のように考えていました。また、ベンガジでアメリカ人が死亡した事件が追及されたときのことです。何とその答えは、『その違いが、いったい何だと言うのでしょうか?』というものでした。

その党では、イランとの合意も可能であると考えています。〝アメリカに死を〟の日や、〝イスラエルに死を〟の日を、祭日にして祝うような国であるのにです」

クルーズが演説を続けている最中に、トランプが会場に入ってくる様子を、テレビカメラが捉えていた。

演説が終わりに近づいていることが感じられた。

「私たちが求めているのは、原則を守ってくれるリーダーです。共通の価値観のもとで、わが国を団結させることができる人です」

まだこのときには、クルーズの発言に、聴衆からの懸念は生じていなかった。

「怒りを捨てて、愛を取ることができる人です。それが、私たちの誰もが願っている規範であるはずです」

そのようにクルーズが語ると、訝(いぶか)しく思う空気が生まれ始めた。

「話を聞いてくださっている、みなさん。どうか、十一月には投票に出かけて下さい。

わが国のことを愛し、子供たちのことを愛するならば、とても愛しておられるとは思いますが、良心に従って立ち上がり、声を上げ、投票して下さい。投票用紙の上から下までのなかで、自由を守り、憲法に忠実であると信頼できる候補者に投票して下さい」

クルーズは、最後までトランプに支持表明しないかもしれない。そう感じた聴衆のなかで、不満が生まれ始めていた。

「アメリカ国民の前で明らかにしておくべきことがあります。この会場にいるすべての人が、アメリカ国民の前で明らかにしておくべきことがあります。それは、自由を守ることを誓い、合衆国憲法に忠実であることを誓うことです」

クルーズが語り続けるなかで、ブーイングが発生していた。

「党を団結させようではないですか。わが国を団結させようではないですか。共通の価値観のもとで、自由を守るために」クルーズは訴えかけた。

そして、クルーズは最後の言葉を述べて、あっけなく演説を終わらせた。

「みなさまのお一人、お一人に、神のご加護を。そして、アメリカに神のご加護を」

聴衆からのブーイングが鳴りやまなくなった。怒りの反応だった。会場にいた聴衆を超えて、全米のテレビで視聴していた人たちにも、ショックが走っていた。

党大会は、トランプ・チームによって運営されていた。そのなかで、クルーズは演壇に立てていたはずだった。しかし、そのような機会を利用したあげくに、指名候補者を侮辱していたのである。

「党大会のなかで最高に緊迫した場面が生まれていた。クルーズ氏が――プライムタイムのひのき舞台となる演説で――トランプ氏への支持表明をしないことが明らかとなった。ブーイングの嵐が巻き起こった。トランプ氏が正式な受諾演説をする前夜に、辛辣(しんらつ)なあてつけが行われていた」と、ニューヨーク・タイムズ紙でベテラン記者のパトリック・ヒーリーとジョナサン・マーティンが書いていた。

「数百人の代議員からは、『トランプに投票を！』『言ってください！』と連呼の声が上がっていた。しかし、クルーズ氏は『ニューヨーク州代議員団からの熱意が示されている』として、やり過ごしていた。

　そのときに会場の後方では、トランプ氏本人が突然に姿を現していた。会場にいたほぼ全員の視線が、クルーズ氏からトランプ氏に向きを変えた。トランプ氏は、明らかに怒っているような険しい表情をみせていた。代議員を唆すかのように、拳を突き上げていた」

　クルーズに、いかなる思惑があったにせよ、その無謀なふるまいは、たちまち惨憺たる事態を招くことになった。

「クルーズ氏が、この国に神のご加護を、と言ってステージから去ったときには、もはや追い出されるかのような雰囲気となっていた。妻のハイジも、警備担当者に付き添われて会場を後にしていた」と、ニューヨーク・タイムズ紙は記した。

　このヒーリーとマーティンの記事では、この直後に、クルーズが侮辱的な仕打ちを受けていたことも記されていた。通路を立ち去るときに、ある女性からは「裏切り者だ！」との罵声が浴びせられていた。

　また、ラスベガスのカジノ王シェルドン・アデルソン――共和党の政治活動を支える重要な献金家である――が控えていたスイートルームに、クルーズは出向こうとした。しかし、アデルソンからは拒絶されてしまっていた。

翌日に、クリーブランド中心街のクイッケン・アリーナに隣接するザ・リッツカールトン・ホテルでは、クルーズとアドバイザーたちとの非公式な会合が行われた。その後のことだった。ホテルのダイニングルームで、クルーズは、朝食を終えたばかりの共和党の二人の大口献金家から、苦言を呈されることになった。

この二人の献金家は、トランプを支持表明しなかったのは失敗だったと、クルーズに言った。また、今後の共和党での政治生命が、危ぶまれることになるとも述べていた。それでも、クルーズは理解を求めようとした。予備選挙のときに、トランプから妻や父親への侮辱を受けたのは許せないとした。

クルーズは、会場だけでなく、全米の保守層にも訴えかけたかったのだと、自分の意図を説明した。共和党内には、強力な保守運動のうねりがあるので、そのリーダーになることを志していると訴えた。

このとき、献金家たちは椅子に腰かけていたが、クルーズは、テーブルの脇で立ったたままの姿勢で言葉を交わしていた。クルーズの言い分は、あまり納得を得られてはいなかった。献金家たちが強く主張していたのは、今は、団結してヒラリー・クリントンを倒すのが大事だということだった。そして、トランプが何をしてくれたら支持表明するつもりなのかと、何度も問いただしていた。

クルーズは、直接的に答えることを避けた。そして、ヒラリー・クリントンを破るとの目標のもとで、共和党の戦いに参加している。そのことは、演説の中で、はっきりと語ったつもりだと述べただけだった。

クルーズにとっては、会場だけでなく、全米の熱心な共和党支持者に――人生では最大となる聴衆に向かって――自分に好感を抱いてもらうチャンスのはずだった。しかし、その機会に感謝するのではなく、自分のエゴとプライドを優先させてしまっていた。

その翌日の朝に、クルーズは、テキサス州代議員団を前にして訴えた。候補者としては、共和党指名候補を支持するとの誓約書には署名しているとした。ただし、その署名は「白紙委任ではない。自分の妻が中傷されても、卑屈な子犬のようにふるまえ、ということではないはずだ」と述べていた。

元テキサス州知事のリック・ペリーは、クルーズの説明は不十分だとした。

「党大会の目的は、ひとりの候補者のもとで、党を団結させることにある。クルーズ上院議員も、そんなことは分かっているはずだ」

ペリーはCNNでの出演で、クルーズを非難した。

「候補者の全員が、党の指名候補に選ばれた人を支持すると誓約している。自分でした約束を守れないのであれば、誓約書に署名してはいけないはずだった」⑿

共和党全国大会の第四日の午後、トランプの指名受諾演説が行われようとしていた。ジェローム・コルシは記者として、テキサス州の代議員団に、会場でのインタビューを行っていた。クルーズは自滅した、との見解で一致していた。二〇二〇年大統領選で——万一の可能性として——共和党の指名を獲得するために再出馬することはおろか、二〇一八年の連邦上院議員選挙での二期目の再選も危ぶまれているとみられていた。政治的な支援や、資金援助を取り付けることが、きわめて困難な状況を招いてしまったからだ。(13)

「トランプの党だ」

二〇一六年七月二十一日木曜日、共和党全国大会は最終夜となっていた。ドナルド・トランプの下馬評は高くなかったが、ついに共和党大統領指名候補を勝ち取ったことを、家族と共に祝うときを迎えていた。

ニューヨーク・タイムズ紙では、「ドナルド・トランプの党だ」との見出しの記事を、ニコラス・コンフェッソ記者が書いていた。この記事では、トランプが演説原稿から一度だけ離れた場面があったことを記している。

「トランプ氏は、芝居がかった調子で、顔をしかめてみせた。そして、絶対に勝てるはずがないと言ってきた人たちのことを、バカにする態度をみせた。プライムタイムには格好のトランプ

節となっていた」(14)

ＦＯＸニュースは、トランプの指名受諾演説が、聴衆を熱狂させていたことを報じていた。「アメリカ・ファーストにする」との公約が語られるたびに、トランプへの声援として「ＵＳＡ」の連呼が沸き上がっていた。

トランプは、「アメリカを再び偉大な国に」――何百万人ものトランプ支持者が、このテーマを#ＭＡＧＡと短縮して表現していた――という選挙戦の公約を説明していった。

「毎朝、目を覚ますときに決意していることがある。この国のいたるところで出会った、無視され、捨て置かれ、見捨てられた人たちのために訴えたいと。……一生懸命に働いてきたのに、もはや、その声を届けることもできない人たちだ」トランプは語った。

「私は、みなさんの代弁者です」(15)

ヒラリー・クリントン陣営のスローガンでは、「私は、彼女の味方です」という言葉が使われていた。ＦＯＸニュースは、トランプが演説の最後に、それを言い換えた言葉を語っていたことを報じていた。

「私が選ぶ誓いは、別のものだ」トランプは言った。

「私の誓いは、こうだ。『私は、みなさんの味方です』」

クリントン支持派の主要メディアは、ただちに反応をみせた。

トランプは、数限りないリーダーシップの危機が連続しているとして、アメリカを「暗いイメージ」で描き出していたと指摘していた。そして、その問題を解決できるのは自分しかいないと、訴えているとした。

トランプの指名受諾演説の翌日に、ニューヨーク・タイムズ紙のパトリック・ヒーリー記者とジョナサン・マーティン記者は、こう記していた。

「トランプ氏は、憎悪に満ちた、暗澹(あんたん)たる調子で語っていた。アメリカ合衆国が、屈辱的なまでに落ちぶれた国になったと描写していた。そして、自分ならば全能の救世主となれると訴えていた。敵から見ても、法を尊重する人々から見ても、はっきりと分かるように、国を復活させることができるとしていた」(16)

このヒーリーとマーティンの記事は、トランプの受諾演説を、アメリカでのファシズムの文脈のなかに位置付けて、まるでネオナチの訴えであるかのように描写していた。一九三九年二月二十日に、ニューヨークのマディソン・スクエア・ガーデンでは「ドイツ系アメリカ人協会」の大会が開催されて、推定二万二〇〇〇人のヒトラー支持者が集結していた。あたかも、その大会の再現であるかのように、共和党全国大会のことを描写していた。(17)

ニューヨーク・タイムズ紙は、そうした忌まわしいストーリーに沿って、トランプの指名受諾演説を報道していた。

「この大会は、わが国が危機にあるなかで開催されている」トランプは語った。

アメリカ国旗を背景にしながらも、その言葉は不気味な響きを帯びていた。「警察が襲撃されて、都市ではテロ行為が発生している。私たちの生活そのものが脅かされている。このような危険を認識できない政治家は、わが国を正しく導くにはふさわしくない」

ニューヨーク・タイムズ紙の記事は、共和党大会の最終日の夜を、ナチス党大会の再現であるかのように記述していた。

「トランプ氏は、ここ最近で警察官が殺害される事件が起きた州の名前を、あたかも叫ぶかのごとくに列挙していった。聴衆からは、拍手が沸き上がった。そして、演説の主要テーマである『法と秩序』という言葉を語った。はっきりと言葉を区切りながら、四度、繰り返して語っていた」と、ヒーリーとマーティンの記事は続いている。

これだけでは不穏な情景を描き足りないかのように、さらにニューヨーク・タイムズ紙は、トランプをレーガンと対比させていた。トランプは、混乱と無秩序を強調することによって、極右ファシスト的な「法と秩序」を進めようとしているとした。

「トランプ氏が思い起こさせていたのは、一九六〇年代の騒乱であり、九・一一テロ攻撃以降の不安定な世界だ。ロナルド・レーガンが、三十年以上前に党の再定義をして以来、アメリカの将来を楽観する路線が、共和党大統領候補者の特徴となってきたが、そこからは明確に距離を置いていた」として、同紙は続けている。

「トランプ氏は、犯罪や、移民や、敵性国家に対しての強硬な主張を訴えていた。投票日を前にして、有権者は治安に懸念を感じている。だからこそ、治安の問題を公約に訴える、ポピュリズムの姿勢が受け入れられると考えていた」

ニューヨーク・タイムズ紙が、トランプのことをネオナチとして描いていたのは、極左派の典型的な手法だった。

「木曜日の夜のドナルド・トランプの受諾演説は、ディストピア的なものだった。かつての自由の国アメリカは、夜明けからは程遠い、真夜中の暗闇の中にあるとされていた」と、ネーション誌の国内事情担当のジョーン・ウォルシュ記者が書いていた。

「番狂わせとなった共和党の大統領指名候補者は、団結を求めて、中道派に訴えかけるような演説はしなかった。犯罪が蔓延し、人種で分裂し、テロリストの脅威にさらされ、不法移民に踏みにじられる国になってしまったと訴えかけていた。

トランプは、第三七代ニクソン大統領と同じように『法と秩序』を公約している。しかし、このテーマでは、リチャード・ニクソン以上にニクソン的だ。数多くの犯罪者によって、『わが国の生活様式が脅かされ』ている現状があるとした。そして、ヒラリー・クリントンのことを、そうした状況に手をこまねいているだけの、もう一人の犯罪者であると定義していた」(18)

ウォルシュは、トランプの「私は、みなさんの代弁者です」との発言を、別の内容に受け取っていた。トランプは「恐怖と憎悪の声を上げていた。国家を衰弱させている犯罪に対して、報復を訴える叫び声だった。そうした犯罪のなかには、クリントンの『とんでもなく、ひどい犯罪』も含まれていた」としていた。

ウォルシュによると、トランプは「国民に向かって、顔を真っ赤にしながら、七六分間ぶっ続けで叫んでいた」。

ウォルシュは「たいしてありもしない犯罪の脅威を、トランプは大げさに訴えていた」と強調していた。そして、トランプが意図していたのは、「終末論的な危機の連鎖を描き出すことで、オバマとクリントンに責任を押し付ける」ことだとしていた。

およそ予想できたことだが、主要メディアからは、こうした極左的な言説の流れが生み出されていた。

「党大会の最終夜は――盗用のことや、支持表明がされなかったことなど――不運な出来事が続くなかで迎えられていた。ドナルド・トランプは、正式に共和党の指名を受諾しながらも、アメリカを荒涼とした情景に描いていた」と、CBSニュースの記事でリーナ・フローレスが記していた。(19)

フローレスの記事は続いている。

「この億万長者は、アメリカの暗いビジョンを示して」いたが、「自分こそが、この国にとってのただ一人の救世主である」としていた。

クリントン支持派の主要メディアの「報道」は、クリーブランドの共和党全国大会をめぐり、露骨な党派性を見せていた。その夜のクイッケン・アリーナでは、トランプの演説を聞いていた聴衆が、「あの女を牢獄に！（ロック・ハー・アップ）」とか「壁をつくろう！（ビルド・ザ・ウォール）」と連呼していた。しかし、そのとき同時に、アメリカ中西部の人々も共に喝采していたことまでは、主要メディアは理解していなかった。そうした考え方は、左翼メディアにとっては、憎むべきものでしかなかったからだ。

左翼メディアは、政府の操作された統計を鵜呑みにしていた。雇用の増加や（ほとんどは、パートタイムの雇用だけだ）、失業率の減少が（求人不足での就職断念を要因として、労働力人口から除外される数を水増ししていた）、オバマ政権下での経済の繁栄の証拠であるとされていた。また、クリントン支持派の左翼メディアは、不法移民のことを「ビザがない労働者」と表現していた。そして、何の根拠もなく、その危険性を矮小化（わいしょうか）していた。民主党の支持者たちも、米国市民と同様の権利と保護を与えるべきであると考えていた。

左翼メディアは、トランプの「アメリカ・ファースト」政策が、社会主義的な国境開放型のグローバリズムを終焉（しゅうえん）させてしまうことを、的確に理解していた。

〝政治的に正しい〟とされる見解のもとでは、イスラム過激派であっても、本質的には国家安全保障の脅威ではないとされていた。その代わり、「アメリカ例外主義」は否定されていた。

トランプの「私は、みなさんの代弁者です」との発言に、ヒラリーはツイートで反論していた。

「あなたは、私たちの代弁者ではないです。＠リアル・ドナルド・トランプさん」

ヒラリーはケインを選ぶ

二〇一六年七月二十三日土曜日、フィラデルフィアで民主党全国大会が開幕する二日前のことだ。フロリダ州マイアミで、ヒラリー・クリントンは、フロリダ国際大学（ＦＩＵ）の学生たちを前にして、ティム・ケインを副大統領候補に選んだことを発表した。ＣＮＮは、この人選を「民主党の候補者として、安定した政治経験がある人物が充てられた」としていた。[20]

ヒラリーは、この演説のなかで、ドナルド・トランプがアメリカのビジョンを「暗黒」として描き出しているのに対して、自分はもっと明るい未来を描いていると言外に訴えていた。

「来週のフィラデルフィアでは、わが国のビジョンを、まったく違うかたちで提示することになります。それは、壁を作ることではなく、橋を架けることです。多様性を受け入れることで、わが国は素晴らしくなれます。共に手を取り合って、歩みを進めることです。私たちがいったん心に決めたことで、実現できないことはありません」ヒラリーは語った。

「ケインは、そうした価値観を理解できる人物です。そのような信条で生きてきた人を、副大統領候補に発表することができて、とても嬉しいです」

ケインの政治経歴は、カトリックの宣教に従事していたときから始まっていた。一九八〇年から一九八一年まで、ケインはホンジュラスでイエズス会の仕事をしていた。このときに、マルクス主義の〝解放の神学〟を受け入れていた。

ケインがホンジュラスにいたときに流行していた〝解放の神学〟とは、「冷戦時代における過激な宗派であり――マルクス主義のイデオロギーのもとで、カトリックの教会組織とアメリカ合衆国には敵意を示していた」。(21)

現在のケインは、カトリック教徒であると述べている。もっとも、ＬＧＢＴの同性婚問題では、二〇一三年以降は極左派の立場を取ってきた。

「デイリー・ビースト」（ニュースサイト）によると、ケインは、以前から同性婚を支持していたわけではなかった。マサチューセッツ州が、州最高裁の判決により、同性のカップルの結婚を認める最初の州となったときに、当時のケインは、判決を批判する声明を出していた。結婚とは「男性と女性の間のものである。家族をつくる礎となり、市民社会の重要な構成要素である」としていた。

さらに、「デイリー・ビースト」の報道によると、二〇〇五年にバージニア州知事選に立候補したときにも、同性婚に反対であると述べていた。ラジオ広告のなかで、自分の立場は「自己決定の問題に関しては、保守である」と訴えていた。

ケインは、二〇〇六年から二〇一〇年までバージニア州知事を務めて、二〇〇九年から二〇一一年までは民主党全国委員会の委員長となった。そして、二〇一二年にバージニア州選出の連邦上院議員に当選していた。

しかし、クリントンの副大統領候補となってから、ケインは極左派の立場に転換していた。妊娠中絶の問題では、ハイド修正条項の廃止を支持して、税金での堕胎手術の負担を認めることを示唆していた。(22)

予想された通り、クリントン支持派の左寄りの主要メディアは、ケインを「強力な選択」であると評価した。他方で、ヒラリーが、女性を副大統領候補に選ばなかったことについては、新たな歴史が作られるまでには至らなかったと、落胆をみせていた。

「ケインは、リッチモンド市長、バージニア州知事、連邦上院議員を歴任してきた。いずれの職務にあっても、政策の細部にまで精通して、安定した実績を示してきた」と、ワシントン・ポスト紙の編集室は絶賛していた。(23)

ＡＢＣニュースが、マイアミで、クリントンが副大統領候補の発表をしたときのことを報じている。ケインは、演説の冒頭で「こんにちは、マイアミのみなさん。こんにちは、フロリダ国際大学のみなさん」と言った直後には、スペイン語でも語っていた。ケインは、ホンジュラスにいたときにスペイン語を習得していた。

ＡＢＣニュースは、フロリダ国際大学の聴衆を前にして、クリントンが、どのようにケインのことを説明したかを伝えている。

「ケイン上院議員については、このように言うことができます。それは、トランプやペンスには、まったく当てはまらないことです。ケインには、就任の初日から仕事ができるだけの能力があります。

みなさんは、これからとても大切な選択をすることになります。そのときに、一番大事な基準があります。『この人物は、大統領を担うことができるのか？』ということです」[24]

左翼の立場の「シンク・プログレス」（ニュースサイト）は、どうして左翼の主要メディアが、ケインを熱烈に支持するのかを解説する記事を掲載していた。エバン・ポップが、「ヒラリー・クリントンが副大統領候補に選んだ、ティム・ケインについて知っておくべきこと」と題する記事を書いている。「シンク・プログレス」のインターンを務めているポップは、「ジャーナリスト、著述家、大統領の歴史の研究家、メープルシロップ愛好家」と自己紹介している。

この記事は、ケインには「民主党の主要政策の多くで、安定した評価がある」と記している。「シンク・プログレス」で思想的に正しいとしている見解を、ケインは、ほとんどすべて支持していた。

「ケインは、オバマ大統領の医療費負担適正化法を支持している。そして、死刑制度には、長年にわたり反対してきた」と、ポップは書いている。

「ケインは、移民制度の抜本的改革を強く支持している。移民のために市民権取得の道を開くべきだとしている。知事としては、就学前施設を全面的に保障する政策を推進した。バージニア州のバーやレストランでの喫煙を禁止する法案にも署名した」

「シンク・プログレス」の記事は、さらに続いている。ケインは、世界的な気候変動の問題では、国連の立場を支持していた。また、連邦上院議員に出馬したときには、全米ライフル協会からは「F」の評価を受けていた。知事のときに、車での銃の携行を認める法案に拒否権を行使していたからだ。

ケインはカトリック教徒ではあるが、全米家族計画連盟からは満点の評価を受けていた。これまでの投票の履歴では、中絶容認派であることが示されていたからだ。環太平洋パートナーシップ協定には賛成の立場だった。また、知事就任の初日には、性的指向による州職員の差別的扱いを禁じたという実績もあった。(25)

ニューヨーク・タイムズ紙は、ケインをスペイン語に堪能な、労働者階級出身の「社会正義派のリベラル」とした。もっとも、エイミー・チョジック、アラン・ラパポート、ジョナサン・マーティン記者らは、クリントンが、別の候補を選択しなかったことを残念であるとしていた。

例えば、トーマス・E・ペレス労働長官ならば、「主要政党の候補者としては、初のヒスパニック系となっていた」はずだ。あるいは、ニュージャージー州選出のコーリー・ブッカー上院議員であれば、「副大統領候補としては、初のアフリカ系アメリカ人となっていた」はずだと書いていた。(26)

民主党全国大会
二〇一六年七月二十五日〜二十八日、ペンシルベニア州フィラデルフィアにて

クリーブランドでの共和党大会の翌週に、フィラデルフィアのウェルズファーゴ・センターで民主党全国大会が開催された。このとき、党としては規律の回復が課題となっていた。開幕直前の七月二十四日に、民主党全国委員会トップのデビー・ワッサーマン・シュルツが辞任していた。このダメージからの回復は、急務となっていた。

この党大会に先立って、ウィキリークスによる情報公開が行われていた。シュルツ委員長の運営の下で、民主党全国委員会がバーニー・サンダースに差別的な扱いをしていたことが暴露されてしまっていた。

民主党全国委員会は、大会初日のメインに、ミシェル・オバマの登壇を配した。なんとか代議員を団結させて、この党大会を前向きな雰囲気のなかで開幕させるためだった。

ミシェルは、スピーチの冒頭で、ドナルド・トランプのことを非難する発言をした。聴衆からは拍手喝采が生まれた。

「いじめっ子のように残酷な言動をする人がいます。だからと言って、自分も同じレベルに落ちたりしてはいけないです。私たちのモットーは、こうあるべきでしょう。

低いふるまいをする人がいたとしても、私たちは高くありたい」ミシェルは訴えた。

南北戦争以前のアメリカには、奴隷制度の時代があった。そのことを振り返りながら、ミシェルは、ファーストレディとしての誇りを、強く訴えかけていた。

「幾世代もの人々が、束縛という鞭、隷従という恥辱、差別という傷を経験してきました。それでも、正しいことを実現するために、希望を抱きながら格闘してきました」ミシェルは語った。

「そして現在、私たちは毎朝、奴隷たちが建ててくれた建物で、目を覚ましています。そして、ホワイトハウスの庭の芝生の上では、私の娘たちが犬と遊んでいるのを見ることができます。そこにいるのは、聡明で美しい、二人の黒人の女の子です」

そして、ヒラリー・クリントンが指名されたことを称えた。そこでは、フェミニストのテーマが強く訴えられていた。

「女性であっても、アメリカ合衆国大統領になれる。それが当然のことであると、私の娘だけでなく、すべての息子や娘たちが思えるようになっています。それは、ヒラリー・クリントンさんのお蔭なのです」ミシェルは語った。

民主党陣営は、トランプの「アメリカを再び偉大な国にする」という選挙スローガンを、差別主義者や白人優越主義者に向けた「犬笛」のメッセージであると批判していた。奴隷制度のもとで有色人種が差別されていた頃に、時代を逆行させようとしているとの非難を向けていた。

しかし、そうした問題には直接に言及せずに、ミシェルは訴えかけた。

「この国が偉大ではないなんて、もう誰にも言わせたくはないです」ミシェルは語った。「そんなふうにできたとしたら、再び偉大となれたということかもしれません。それでも世界のなかでは、わが国は、すでに一番偉大な国であるのです」(27)

このスピーチで表現されていたのは、ミシェルやバラク・オバマの手法が、ソウル・アリンスキ政治学の人種分断型の発想と、きわめて近いところにあるということだった。保守派の人たちは、この晩の出来事を見て、そのように感じ取っていた。

民主党全国大会の開幕前日の日曜日に、数千人ものバーニー・サンダース支持者が、フィラデルフィアの街をデモ行進した。ヒラリー・クリントンに不賛成であることを訴えるためだった。猛暑のなかでドラムを叩き、大きな声を響き渡らせていた。「ふざけるなよ、ＤＮＣ（民主党全国委員会）。ヒラリーなんかに、投票しないぞ」とか、「これでも民主主義なのか」という言葉が、連呼されていた。デモ隊は、市庁舎から出発して、市街の南北に伸びる大通り沿いに進み、四マイル先のウェルズファーゴ・センターを終着地としていた。(28)

このデモ行進は、週内いっぱい続行される計画であるとされた。すると民主党全国委員会は、初日のミシェル・オバマのスピーチの後に、サンダースの演説の予定を組むことにした。

サンダースは演説のなかで、クリントンへの支持表明をした。ところが、演説の大部分の内容は、選挙運動で収めた成果のことだった。

サンダースは演説の冒頭で、自分の「政治革命」のために、一三〇〇万人のアメリカ国民が投票してくれたことに感謝した。その結果、一八五六人の誓約代議員が獲得されていた。(29)

また、サンダースは二五〇万人のアメリカ国民が、選挙陣営に献金をしてくれたことにも感謝の言葉を述べた。個人献金は前例のない八〇〇万件にも達していた。一人当たりでの平均献金額は二七ドルであるとしていた。

「指名のプロセスの最終結果には、失望することになりました。この党大会の会場にいる、みなさんだけではないです。全米のたくさんの方々が、そのように感じているはずです。私には、よく分かります」サンダースは言った。

「しかし、誰よりも失望しているのは、私自身です。それだけは、言っておきたいと思います」

そして、以下の訴えを語った。

「みなさん、私たちは、共に手を取り合って戦ってきました。アメリカを変革するための政治革命は始まったばかりです。この革命は、私たちの革命は、これからも続いていきます!」

サンダースは、ヒラリーを受け入れていたわけではなかった。ヒラリーの主張を支持していたわけでもなかった。サンダースの社会主義者としての立場が、ヒラリー・クリントンよりも、さらに左に位置していることは明白だった。そして、その立場を変えるつもりがないことも、はっきりとしていた。

さらに、今回の選挙はドナルド・トランプか、ヒラリー・クリントンかという問題などではないと、サンダースは述べていた。富と権力を握っている一パーセントの人々を弱体化させるための闘争である、と訴えていた。

「みなさんが、私と共に、この闘争に参加してくれることを願っています」

サンダースの演説の前には、エリザベス・ウォーレン上院議員が演壇に立っていた。ウォーレンは、会場内の多数のサンダース支持者から、非難を浴びた。トランプを批判する演説の最中にも、聴衆からは「信じていたのに！」との叫び声が飛び交っていた。

ウォーレンは、自身が立候補するのでもなく、サンダースを支持したのでもなかった。結局のところ、ヒラリー支持に回ったことが非難の的となっていた。(30)

第一日目が終わったときに明らかになったのは、民主党の支持基盤の中核が、かなり左に傾いていることだった。ヒラリーのルーツには、ソウル・アリンスキがいた。しかし、サンダースを支持するミレニアル世代の若者の有権者たちを満足させるほどには、急進派ではなかったのである。

キズル・カーンは語る

民主党全国大会の最終日、ヒラリー・クリントンが指名受諾演説をする前に、民主党は、キズル・カーンを演壇に登場させた。キズルの息子である陸軍大尉フマヤン・カーンは、二〇〇四年六月八日にイラクで戦死していた。

カーンは、ドナルド・トランプのイスラム教徒に対する発言を「アメリカ的でない」と訴えていた。そのことがメディアで紹介されたことで、クリントン陣営と親密な関係が生まれていた。(31)

カーンは、一九八〇年にパキスタンから移民して、米国市民になった。演壇に立つ決意をしたのは、トランプを批判する声を上げるためだった。傍らには、妻が静かに寄り添っていた。

「まずですが、私の思いと祈りは、退役している方々と、現在も従軍されている方々と共にあります」カーンは話し始めた。

「今夜、フマヤン・カーン大尉の親として、また、国を愛するイスラム教徒のアメリカ人として、わが国に揺るぎなき忠誠を誓って、この場に立てることを光栄に思います」

次いで、自分自身のアメリカへの信念を披露した。

「移民たちの多くと同じように、私たちは何も持たずに、この国にやって来ました。アメリカの民主主義を信じていました。勤勉に働いたならば、この国の素晴らしさの恩恵に与ることも、貢献することもできると思ってきました」カーンは語った。

これからトランプを批判していくための、前置きが語られていた。

「この国では幸いなことに、私たちは三人の息子たちを育てることができました。この国では、自分らしく生きて、自由に夢を追い求めることができます。わが子のフマヤンにも、軍事弁護士になりたいという夢がありました。しかし、その夢は叶わぬものとなりました。同僚の兵士のために、自分の生命を犠牲にしたからです」(32)

カーンの丁寧な物言いは、やがて政治的なものに変化していった。

「ヒラリー・クリントンさんが、私の息子のことを『立派なアメリカ人』であると言ってくれたのは、正しいことだと思います。

しかし、ドナルド・トランプであったとしたら、息子は、絶対にアメリカにはいられなかったはずです。ドナルド・トランプは、イスラム教徒のことをずっと中傷してきたからです」カーンは訴えた。

「ほかのマイノリティのこともそうですが、女性のことも、判事さんのことも、自分の党の指導部のことも見下しています。そして、壁を作って、私たちを、この国から閉め出すことを公約しているのです」

ここからカーンは、トランプに向かって直接に訴えかけていた。

「ドナルド・トランプさん、あなたはアメリカの人たちに向かって、あなたと自分たちの未来のことを信じてほしいと訴えています」カーンは発言を続けた。

「あなたに、お聞きしたいことがあります。あなたは、アメリカ合衆国憲法を読んだことがありますか？」

そのときに、カーンはジャケットの胸の内ポケットから、合衆国憲法の冊子を取り出してみせた。

「この冊子を、あなたに喜んでお貸しします。この文章のなかに、『自由』そして『法による平等な保護』と書かれているのを、見つけてください」

合衆国憲法の冊子を右手に持ち、掲げてみせた。

「あなたは、アーリントン墓地には行ったことがありますか？」

カーンは、トランプに尋ねていた。

「ぜひ、そこに行って、アメリカを守るために死んでいった、勇敢な愛国者たちの墓地を見てきてほしい。あらゆる信仰、性別、民族の人たちがいることが分かるはずです」

カーンはトランプのことを、憎しみに満ちた頑迷な人物であると決めつけた。そして、合衆国憲法の冊子を振りかざす仕草をみせながら、結論に向かっていった。

あたかも、トランプ本人が目の前に立っているかのように言った。

「あなたは、何も、誰も犠牲にはしていない」

トランプに向けた、非難を帯びた口調だった。

「壁を作ることや、分断の種をまくことでは、問題は解決できません。団結することで、強くなれるのです。

ヒラリー・クリントンさんが次の大統領になったら、これからも私たちは、強くあることができます」

ニューヨーク・タイムズ紙は、カーンのスピーチを絶賛した。カーンのスピーチは「会場を興奮させた。ソーシャルメディアやケーブルニュース番組でも、カーン氏は感動を巻き起こしていた」(33)

同紙の報道では、カーン一家は英雄として称賛されていた。

「もし、何十年か前に、イスラム教徒の移民が制限されていたら、ということをカーン氏は話した。

カーンは、ハーバード・ロースクールで上級学位を得て、弁護士となることができた。妻のガザラは、以前はパキスタンの大学でペルシャ語を教えていたが、ワシントン郊外で三人の息子たちを育てることができた。長男シャハリアルは、バージニア大学で優等生になり、バイオテクノロジー会社を共同創立することができた。カーン大尉は、同僚の兵士の生命を救うために殉職したが、名誉負傷章だけでなく青銅星章も与えられた。

しかし、その家族の誰もが、アメリカに住むことが許されない運命になっていたかもしれなかった」

記事によると、三男のオマールもアメリカ合衆国で出生して、兄のバイオテクノロジー会社に勤めていた。

このスピーチの内容に関して、ヒラリー・クリントン陣営からは、まったく指導を受けたりはしていない。カーンは、同紙にそう語っていた。かなり長い時間、考えてきた問題だったので、「とても簡単に話すことができた」とのことだった。

「私は民主党だけでなく、共和党にも敬意を持っています」と、カーンは同紙に語っている。しかし、こうも付け加えていた。

「それでも、私は、疑問の声を上げ続けたいと思うのです。共和党の指導部のみなさんに、いま起きていることに注意を向けてほしいからです」


民主党全国大会の最終日のハイライトは、ヒラリー・クリントンの指名受諾演説だった。それまでの日程では、ビル・クリントン前大統領や、バラク・オバマ大統領の演説も行われていた。しかし、どちらも熱気を生むようなものにはならなかった。

ビル・クリントンの演説の狙(ねら)いは、ヒラリーの好感度を高めることにあった。クリントンが約四五分間もかけて話していたのは、政策の問題ではなかった。ヒラリーとのロマンスや結婚についての、とりとめもない飾らない話だった。ビルが紡ぎ出していたのは、愛の物語だった。しかし、クリントン夫妻の結婚生活を振り返ったときに、その内容は、およそ信用できるものとは言えなかった。

ＡＢＣニュースのジョージ・ステファノプロスは、クリントンびいきでありながらも、このように指摘していた。

クリントンの話の内容は「完全にすべてを話していたわけではなかった。結婚生活のなかでの重要な話が、いくつか省かれていた。そのひとつは、クリントンが弾劾に直面した一九九八年の有名な出来事だ」。(34)

民主党全国大会での演説で、オバマは公式には初めて、トランプが後任者になる可能性に言及していた。そうした認識のもとで、オバマは、アメリカの主要政党で女性初の指名候補となるヒラリーに、「恐れをもって戦え」とアドバイスしていた。(35)

オバマの演説にも、期待されていた役割があった。指名候補者としてのヒラリーの名前を、強く訴えかけることだ。民主党としては、オバマ政権の八年間が、さらにヒラリー政権で延長されることを期待していた。オバマ時代の外交、経済面での優位と安定を継続させたいと願っていた。

オバマには、そうしたことを訴えかけるための舞台を整えることが、託されていたはずだった。しかし、賢明な解説者は、大統領としての自分の実績ばかりが語られていたことを指摘していた。

「オバマは、自分の任期中のことを語っていた。大統領としての激務のために、若々しさが失われたこと。娘たちからは、遠まわしに『円熟』したと言われていること」と、「グラビエン・ニュース」（ニュースサイト）がオバマの演説を論評している。

「そして、達成できた実績を、次々と語っていった。オバマケアの成立、クリーン・エネルギー政策の拡大、外国からの石油輸入の減少、イラン合意の成立、米軍の帰還、ビンラディン殺害である」と続いている。

「多様な人種の人たちと出会い、感化されたことも語っていた。楽観主義についても語っていた。家族から大切な価値を学んだことも語っていた」

そして、話のオチにたどり着いていた。

「オバマさんは、自分のことばかりを語っていたと感じたかもしれません。それは、実際に、そうだったからです」

「グラビエン・ニュース」は、オバマが演説のなかで、自分のことに言及した回数を数え上げていた。一一九回もあった。しかし、本来であれば、ヒラリー・クリントンについて、そうするべきだった。(36)

ヒラリーは、シルクの白いブラウスに、白のブレザーを着て、白のパンツスーツという姿で登場した。こうした装いを称揚する人たちによると、婦人参政権運動を想起させる服装であるとのことだ。百年以上も前に、女性の参政権を求めたデモ行進が行われたときに、全身白ずくめの衣装であったことが知られている。(37)

ヒラリーは演説で、フェミニストのテーマを中心に訴えた。予想された通りのことだった。

「今晩、わが国として団結するための、ひとつの節目にたどり着きました」クリントンは語った。

「女性が、主要政党の大統領候補に指名されました。わが国の歴史では、初めてのことです」

この言葉が語られたとき、拍手は鳴りやまなかった。歴史がつくられた瞬間に、ふさわしい反応だった。

「今夜の勝利は、ひとりの個人のものではありません」クリントンは続けた。

「幾世代もの男女たちが、この瞬間を迎えるために奮闘し、犠牲を捧げてきました。そうしたすべての人たちのものでもあります」

そして、風船が舞い、音楽が流されたときに、ヒラリーが立つ演壇には、ビルとチェルシーも寄り添った。しかし、テレビでは放映されなかったことも、同時に進行していた。この民主党全国大会の会場では、抗議活動がずっと続いていた。

採決が行われて、ヒラリーが民主党大統領指名候補者に選出されたときにも、たくさんのサンダース支持の代議員たちが立ち上がり、抗議の意思を表すために退場していた。そして、最終夜となって、ヒラリーが歴史的な受諾演説を始めていたときにも、サンダース支持の代議員たちは大勢で立ち上がり、演壇に背を向けて去っていった。ヒラリー指名には、現在でも不満であることを表明するためだった。

二〇一六年になって、ヒラリーは二〇〇八年には実現できなかったことを成し遂げていた。それでも、道のりはまだ半分だった。そこから先の課題があった。本選挙でトランプを倒せるだけの得票が、得られるのか否かということだ。しかし、その行方は定かではなかった。

キズル・カーンへの対応で、トランプは非難を浴びる

ABCニュースのジョージ・ステファノプロスのインタビューで、トランプは、カーンの言い分について「そんなことは分かるはずもない」と語っていた。カーンは、トランプであったならば、イスラム教徒である自分たち夫妻は、入国を認められなかったはずだと述べていた。(38)

「彼のことは見た」トランプは言った。

トランプは、民主党全国大会でのカーンのスピーチを見たことを認めた。

「とても感情が豊かな人だが、きっとよい人なんだろうと思った。奥さんの方は、そばに立っていた。何もしゃべっていなかった。たぶん、しゃべることを許されていなかったんだろう。どうなんだろうか。そのことについて、たくさんの人が書いていた。あまりにも黙っていたから。私としては、彼のことは見ていたので、幸運を祈りたいと思う」

ステファノプロスは畳みかけた。

「なぜ、そのようなことを言うのでしょうか?」ステファノプロスは尋ねた。

「イスラム過激派のテロには、たくさんの問題があると思う」トランプは答えた。

「サンバーナディーノの事件があった。オーランドの事件があった。ワールド・トレード・センターのこともあった。たくさんの事件が起きている。

この週末には、パリで司祭さんの事件があった。首を斬られていたんだ。八五歳で、カトリックの司祭さんとして慕われていた。フランスのニースでも事件が起きている。二週間前のことだ。何かよくないことが起きているということだ」

ステファノプロスは、トランプがイスラム過激派によるテロ攻撃に言及したことにはふれなかった。その代わりに、トランプは何も犠牲にしてはいないと、カーンが述べていたことを話題に出した。

「そんなことを書いたのは、誰なんだ？」トランプは聞き返した。

「ヒラリーのスピーチライターが書いたんだろうか？」

そこでもう一度、ステファノプロスは尋ね返した。殉職した兵士の父親が、トランプさんは国のために何を犠牲にしたのか、と問いかけています。それに、どのように答えるのですかと。

「私は、たくさんの犠牲を払ってきたと考えている」トランプは返答した。

「これまで、本当に一生懸命に働いてきた。何千人もの、何千人もの雇用を生み出してきた。何万人ものための仕事をつくってきた」

「それが、犠牲だと言うのですか？」ステファノポロスは眉を上げて、聞き返した。トランプの返答に、懐疑の念を示していた。

「ええ、もちろん。犠牲だと思っている」トランプは発言を続けた。

「何千もの、何千もの人たちを雇うことができて、教育のことでも面倒を見てきた。マンハッタンのダウンタウンに、ベトナム戦争記念施設をつくるときにも、一緒に協力して、責任を果たした。今でも、そのことは感謝されている。

退役軍人のためには、何百万ドルもの資金を集めた。退役軍人の方々には、たくさんの支援をした。だから、退役軍人たちからの人気が、とてつもなく高いんだと思う」

ABCニュースは、トランプがカーンのことを感情的であると決めつけたうえで、「スピーチのことはやり過ごそうとした」と報じていた。そして、カーンの妻の沈黙をめぐるトランプの発言を批判した。

「トランプは、こうした発言をすることで、極右勢力や国粋主義者のツイッター・ユーザーに向けて、敬意のサインを送っていたのだろう。そうした人たちの間では、ガザラ・カーンが、夫のスピーチのときに沈黙していたのは、イスラム教徒であるからだとされていた。発言を許されていないからだとされていた」

さらに、トランプへの反論も報じられていた。同日のABCニュースのインタビューでは、ガザラ・カーンが、発言しなかった理由について、傷ついていたからだと語っていた。ガザラ・カーンの発言が紹介されていた。

「いいでしょうか。私が何もしゃべらなかったと、彼が言っていたのを聞いて、とても不愉快に感じています。私は傷ついていたのです。傷ついているときに、戦うことができる人もいれば、沈黙するしかない人もいます。私は、戦えるような人間ではありません。戦うなんてことは、できないのです。だから、沈黙することしか、私にはできなかったのです」ガザラは語った。

キズル・カーンは、妻ガザラにも話すように水を向けていた。しかし、ガザラは、感情的になってしまうと思い、断っていたとのことだった。

キズル・カーンは、こう語っていた。

「招待されることになったときに、『壇上で、何かしゃべってみたいか？』と、妻に聞いてみた。すると妻は、『とても、つらいことですから』と言っていました」

ＡＢＣニュースが、キズルとガザラの肩を持っていたことは明らかだった。そこには、放送局としての明確な思惑が込められていた。カーン夫妻のことを、トランプからの右翼的な攻撃の被害者に仕立て上げていたのである。

ＡＢＣニュースは、トランプが退役軍人のために犠牲を払ったと述べたことにも、異論を唱えていた。この件では、「全米イラク・アフガニスタン帰還兵」のポール・リーコフ創立者兼ＣＥＯの発言を引用していた。ＡＢＣニュースは、この団体は約二〇万人の会員を擁しているが、「党派性はない」としていた。

「自分が払ったという『犠牲』を、金星章のご家族の方々と比較するというのは、侮辱的なふるまいです。無知なことであり、愚かなことです。自分で兵役に就いたこともなく、子供を兵役に就かせたこともないのであれば、なおさらのことです。

わが国は、十五年間も戦争を続けています。ほとんどのアメリカ人が、何らの犠牲も払ってはいないということも事実です。しかし、たいていの人は、そうしたことを理解しているものです」

主要メディアは、カーン問題で、トランプが「決定的」な罠に引っかかったことを理解していた。トランプ陣営にとっては、壊滅的な打撃となるおそれがあった。瞬く間に、主要メディアが結集して、一斉に、トランプの発言に対する非難や嘲笑を浴びせかけていた。

「フィラデルフィアの大会で、カーン氏のスピーチは、最も印象に残るものとなった」と、二〇一六年七月三十日のニューヨーク・タイムズ紙で、マギー・ハバーマンとリチャード・A・オッペルJrが書いていた。[39]

「このスピーチは、民主党側からの事実上の反論となった。トランプ氏の発言では、イスラム教徒のアメリカ人の多くは、テロリストの同調者であるとされていた。また、そうした状況を黙って見過ごしているとしていた。トランプ氏はテロと戦うためであるとして、イスラム教徒の移民の禁止を訴えていた」

ニューヨーク・タイムズ紙の記事は、ステファノプロスのインタビューを受けて、「トランプを非難する声が、急速に広がっている。共和党指導部にも、大統領指名候補者との距離を取ることを求める声が高まっている」と記していた。

さらに、同紙の記事は、トランプが「亡くなった兵士の母親が黙っていた理由を、女性への服従を求める、イスラム教の伝統的な制約のためであると語っていた」としていた。また、「トランプの発言は、イスラム教徒のアメリカ人への敵意を扇動している」と記していた。

このハバーマンとオッペルの記事では、オハイオ州知事ジョン・ケーシックのツイートが引用されていた。

「金星章のご両親を話題にするときに、これだけは必要である。それは、敬意と尊敬の念だ」

ステファノプロスのインタビューが終わった後に、トランプは声明を発表した。声明では、カーン大尉を「英雄」であると称えていた。ただし、アメリカ合衆国としてイスラム教徒の入国を禁止するべきであるとの問題意識は、やはり述べられていた。

「ご子息を亡くされたことに、深く哀悼を捧げます」トランプは付け加えた。

「カーン氏とは、お会いしたことはありません。ですから、何百万人もの前で、私が合衆国憲法を読んでいないと述べることはできないはずです（それは、事実ではないです）。ほかにも不正確なことを、数多く語っていました」(40)

二〇一六年八月二日のニューヨーク・タイムズ紙でのアレクサンダー・バーンズの記事による

と、この問題が発生してからの数日間、トランプは発言について謝罪をすることを拒んでいた。しかし、トップ・アドバイザーたちは、この争いごとからは離れて、経済の問題のほか、ヒラリー・クリントンの国家安全保障での実績を争点にしていくように忠告をしていた。(41)

この問題には、オバマ大統領も参戦した。トランプのことを「大統領の職務にはふさわしくない」と語り、「あまりにも準備不足である」と評していた。共和党指導部に向かっても、党の指名候補者への支持を撤回するべきだと訴えていた。

トランプは、非難の嵐に遭遇していた。そうしたなかで、ポール・ライアン下院議長とジョン・マケイン上院議員の予備選挙のために、トランプからの支持表明をすることは拒絶することになった。(42)

キズル・カーンの一件は、クリントン陣営によって仕組まれていた。そのことは、二〇一六年八月一日に「ブライトバート」で掲載された、マシュー・ボイル記者の記事で強く示唆されていた。カーンが、二〇〇〇年から二〇〇七年にかけて、ワシントンDCの大手のホーガン・ロヴェルズ法律事務所で働いていたとの報道は、幅広い関心を集めることになった。当時の旧称は、ホーガン&ハートソン法律事務所である。(43)

この法律事務所は、長年にわたり、アメリカ合衆国でサウジアラビア政府の代理人を務める契約をしていた。サウジアラビア政府には、クリントン財団に対して一〇〇〇万ドル以上二五〇〇万ドル以下の寄付をしていた履歴がある。ホーガン・ロヴェルズ法律事務所のロビイストであるロバート・カイルは、二〇一六年大統領選ではヒラリー・クリントン陣営に五万ドル以上を献金していた。

ホーガン＆ハートソン法律事務所の弁護士は、二〇〇四年以来、クリントン夫妻の個人納税申告書の作成で税務アドバイスをして、「頼りがいのある人」となっていた。また、ホーガン＆ハートソン法律事務所は、ある会社の特許業務も扱っていた。それは、ヒラリー・クリントンの私用メールサーバーをモニタリングするソフトウェアの会社だった。さらに、この法律事務所には、ロレッタ・リンチ司法長官との雇用関係もあった。リンチ長官は、ニューヨーク州で連邦検事を二回務めているが、その任期の合間でのことだった。

カーンが設立していたＫＭカーン法律事務所は、ＥＢ５プログラムを通じて「ビザを買う」ためのビジネスに携わっていた。このプログラムは、米国内で特定の投資活動を行う外国人投資家が、ビザを取得できるようにする制度だ。

ほかにも、カーンのスピーチ原稿を書いたのは、クリントン陣営の二人のスタッフであるとする報道が、数多く出ていた。民主党全国大会でのスピーチをすることで、カーンはクリントン陣営から二万五〇〇〇ドルを受け取っていたとされていた。また、カーンがスピーチのなかで持ち出した合衆国憲法の冊子は、スピーチのわずか二時間前に準備されていた。クリントン陣営のある女性スタッフが購入したとのことだった。

カーンが民主党全国大会でのスピーチを依頼される前には、クリントン陣営は、合計で五人の金星章の家族に接触していた。この五人の家族は、メディアには話さないとの秘密保持契約に署名して、それぞれ五〇〇〇ドルを受け取っていた。

移民問題を扱っていたカーンの法律事務所には、一七〇万ドルの負債があり、さらに八五万ドル以上の追徴金も課せられていた。民主党全国大会でのスピーチが終わった後で、内国歳入庁はカーンへの税務調査を中止していた。そして、ＣＮＮも、カーンが話を提供することに報酬を支払っていた。ＣＮＮでは、何度にもわたってインタビューが繰り返されていた。(44)

こうした反論に対して、クリントン陣営と、メディアの支持派たちは反撃してきた。(45)この問題が燃え広がる結果となり、トランプの発信力は阻害されてしまった。共和党候補者としてのメッセージを伝えることに、集中できなくなってしまっていた。

もちろん、それこそが、カーンを使ってきた民主党の狙いだった。民主党全国委員会が、トランプに対して「決定打」となる罠を仕込んでいたことは、明らかだった。

ハーバード大学ケネディ行政大学院のメディア・政治・公共政策に関するショーレンスタイン・センターの報告書では、トランプ陣営がカーン問題で受けたダメージが分析されている。「非難の嵐が生まれたことで、大会期間の最後の週に、トランプは大量のメディア報道にさらされた」と、報告書は記している。

「おおよそ百パーセントの報道が、ネガティブな内容だった。トランプに関する報道では、移民政策での立場、人柄の問題、法に対する理解、支持率の状況など、あらゆる局面にわたってい
た。

カーン問題の応酬によって、トランプはニュースの注目を集めて、同じ週のなかでは、最も取り上げられた話題となった。選挙報道としては、一週間のなかで全体の三四パーセントを占めていた。――二〇一六年大統領選の選挙報道では、どの週の、いかなる候補者と比較しても、最大の数値となっていた。報道の全体的な印象としては、九一パーセントがネガティブな内容となっていた。現在までのところ、どの週での、いかなる候補者と比較しても、やはり最大値となっている」(46)

二〇一六年八月七日には、クリントン支持派のニューヨーク・デイリーニューズ紙でも、カーンの問題が、トランプの支持率にどれだけの打撃を与えたのかを報じている。

同紙によると、ワシントン・ポスト／ABCニュースの世論調査では、登録有権者では、クリントンのトランプに対するリードは、八ポイント差となっていた。クリントンが五〇パーセント、トランプが四二パーセントだった。

世論調査では、カーン問題が、トランプにとって「壊滅的」な結果を招いたことが示されていた。一週間にわたるカーンとの論争について、回答者の七九パーセントが不支持としていた。共和党支持者のなかでも、不支持は五九パーセントとなっていた。

「世論調査は、カーン家の人たち――戦死して金星章を受けた、イスラム教徒の米軍大尉の両親――との恥ずべき論争の結果を示している。トランプの候補者としての信用は、大きく損なわれた」と、ニューヨーク・デイリーニューズ紙でジェイソン・シルバースタインが記していた。「世論調査では、トランプがカーンの家族を批判したことをめぐる嫌悪感から、有権者が強い不支持を表明していることが示されている」(47)

第8章　大統領候補者討論会

@ティム・ケインは分かっていないが、#ペンスと相手との討論を、司会者は何度も妨害していた……@ＦＯＸニュースでは、明らかだった。本当のことだ！

二〇一六年十月五日、ツイッターに投稿　ドナルド・Ｊ・トランプ(1)

成功を続けていくためには、折々に、経営陣を刷新していく必要がある。そうしたことを、ドナルド・トランプはビジネスの経験のなかで学んでいた。新興企業として誕生したときと、上場のための専門的な能力が求められているときでは、経営チームは同じものであってはならない。

この原則を、トランプは、大統領選の選挙陣営でも実践していた。すでに選対責任者は、コーリー・ルワンドウスキから、ポール・マナフォートに交代していた。しかし、その交代のときと同じように、民主党指名候補者のヒラリー・クリントンと本選挙で対戦するにあたっては、マナフォートが最善の選択であるかどうかを、判断するべきときを迎えていた。

トランプはマナフォートを交代させる

二〇一六年八月十九日金曜日に、ポール・マナフォートは辞任した。トランプ陣営のトップが交代することになった。マナフォートは、トランプに登用されて以来、クリントン支持派のメディアから批判キャンペーンを展開されていた。

マナフォートは、政権在任当時のウクライナのビクトル・F・ヤヌコビッチ元大統領を、主要なクライアントにしてきていた。しかし、その頃に、ウクライナの与党からコンサルタント料を不正に受け取っていたとして追及を受けていた。

「ウクライナで新規に設立された国家汚職対策局によると、二〇〇七年から二〇一二年にかけて、ヤヌコビッチ氏の親露派政党からマナフォート氏に、秘密裡に一二七〇万ドルの現金が支払われていたことが、手書きの帳簿記録から判明した」と、二〇一六年八月十四日にニューヨーク・タイムズ紙が報道していた。

「捜査当局は、この資金は違法な裏帳簿システムから拠出され、選対関係者に支払われていたと見ている」(2)

ニューヨーク・タイムズ紙は、マナフォートがトランプ陣営に登用されて、ルワンドウスキと陣営責任者を交代したときにも、ロシア大統領ウラジーミル・V・プーチンの支持者であると報じていた。マナフォートが、二〇一四年に退陣したヤヌコビッチの亡命を受け入れたプーチンの対応を支持していることも指摘していた。

クリントン支持派は、トランプ陣営に参画して以降のマナフォートを、攻撃の標的としていた。トランプがロシアのプーチンを称賛していることについても、マナフォートの責任を追及していた。(3)

しかし、こうした疑惑の証拠とされた記録は、疑わしいものだった。ウクライナで、マナフォートが訴追されていたわけでもなかった。それにもかかわらず、主要メディアからの追及が止むことはなかった。(4)

クリントンの取り巻きには、卑劣なトリックスターであるシドニー・ブルメンソールがいた。ウクライナの新興財閥ビクトル・ピンチュクが関与していた可能性もあった。そうした人たちが、ウクライナの情報機関を通じて、マナフォートの失脚を狙った虚偽の告発を仕掛けていた。

ビクトル・ピンチュクとヒラリーの関係は、二〇一四年二月のウクライナでのクーデター以来のものだ。ピンチュクは、ウクライナのEU加盟の賛成派であり、ヒラリー・クリントンが国務長官に在任中には、クリントン財団に多額の献金をしていた。一九九九年から二〇一四年までに、ピンチュクとのつながりがあるウクライナの献金家たちは、およそ一〇〇〇万ドルをクリントン財団に献金していた。その結果、国別での献金額の順位は、イギリスとサウジアラビアが、それ

ぞれ二位と、三位に下がっていた。(5)

二〇〇八年に、最初に「バーサー」問題（オバマの外国出生疑惑）に言及していたのが、ブルメンソールだった。同年の民主党予備選挙のときに、バラク・オバマがハワイ生まれではないとの情報を、ヒラリーに提供していた。また、ベンガジでの外交官への襲撃事件をめぐるウソもでっち上げていた。襲撃事件の発端となったのは、オンライン上で公開された反イスラムの映像であるとしていた。

シドニー・ブルメンソールは、カダフィ政権転覆のときには、ヒラリー・クリントンにも極秘でリビアでの裏取引を行い、私的利益を図っていたことが判明している。ブルメンソールは、自分のことをテッド・ソレンセン（ケネディ大統領のスピーチライター）であると思い込んでいるようだ。しかし、実際にはアル・カポネである。

マナフォートは、ウクライナで民主的に実施された選挙で、三回にわたり選挙関連の仕事に携わっていた。完全に合法的な仕事だった。それでも、ウクライナの情報機関は、現実の取引記録とは対応しない帳簿を作り出して、違法性があるとしていた。

しかし、マナフォートには、法廷の場で違法な資金提供として認定されるような事実は、まったく存在していなかった。「帳簿」は、政党のクラブハウスで発見されたとのことだ。しかし、ウクライナの情報機関によって、捏造（ねつぞう）されている可能性が高かった。

マナフォートの容疑には何の根拠もなく、立証されてもいなかった。しかし、主要メディアは、そのようには認めていなかった。そうした事情は、マナフォートには十分に分かっていたが、結局は、辞任することを選んだ。ロシア・プーチン・トランプ問題をめぐるデマを終息させて、これ以上の混乱を収拾する必要があると考えたからだ。

コーリー・ルワンドウスキも、女性記者に暴力行為を働いたとして追及されたことがあった。そのときのルワンドウスキも、こうした対応を取るべきだった。マナフォートは、自らなすべき対応を取ることができた。ドナルド・トランプのこと、そして、選挙戦の利益を第一に考えていたからだ。これぞ、本物のプロの仕事ではないか！

トランプとマナフォートは、ロシアのプーチンと結託している。クリントン一派の頭の中には、そうした歪(ゆが)んだ考え方が存在していた。しかし、まったくバカげた話である。トランプは、プーチンとは会ったことがなかった。何度か人生が交錯したことはあったが、特別な人間関係があったわけではない。それに、プーチンは、マナフォートのことを嫌っていた。ウクライナのＥＵ加盟に向けて、ヤヌコビッチを支援していたからだ

これは、まさしく「新たなマッカーシズム」だった。クリントン夫妻と取り巻きがしていたことは、本質的には、トランプとマナフォートを、国家反逆罪で告発していたということだ。しかし、実際には、ウクライナで金儲けをしていたのは、ビルとヒラリーの方だった。プーチンと関係のある外国勢力や新興財閥からは、何百万ドルもの資金を受け取っていた。

ロシアでのマネーロンダリングで、ポデスタは利益を得る

ウィキリークスからの情報公開で、ヒラリー・クリントン二〇一六年大統領選陣営ジョン・ポデスタ選対委員長のメールが暴露されたときに、判明していた事実がある。ポデスタは、政府当局やアメリカ国民の知らないところで、プーチンと関係するロシア政府ファンドから、企業役員として株式の提供を受けていた。しかし、主要メディアは無視を決め込んだ。クリントン国務長官が、ロシアとの「リセット」政策を進めていたときに、ポデスタは、数百万ドルの利益を懐に入れていた。

二〇一六年十月十三日に、「WND」シニア・スタッフライターのジェローム・R・コルシが、ウィキリークスが公開したメールの内容を説明している。ポデスタには、ジュール・アンリミテッド・テクノロジーズ社から七万五〇〇〇株の普通株が提供されていた。このアメリカのエネルギー会社は、ジュール・グローバル・ホールディングBV社の関連会社だ。そして、このオランダ企業は、パナマ文書で問題となったオフショア金融取引では、ロシア政府のマネーロンダリングとの関係が指摘されていた。(6)

ポデスタは、提供された株式を、自身が所有する持ち株会社の、ユタ州のレオニディオ・ホールディング社に譲渡していた。同社を管理していたのは、カリフォルニア州ダブリンに住むポデ

スタの娘メーガン・ラウズだ。メーガンは、サンフランシスコ・ベイエリア郊外の自宅で、メーガン・ラウズ・フィナンシャルプランニング社を経営していた。

ジュール・グローバル・スティッチング社と、ジュール・グローバル・ホールディングＢＶ社は、パナマのモサック・フォンセカ法律事務所の重要な顧客となっていた。パナマ文書問題では、この法律事務所が、国際的かつ大規模なマネーロンダリングのためのオフショア金融取引で、中心的な役割を担っていることが明らかになっていた。

ジュール社とその関連会社を経由して、最終的にポデスタに流れていたのは、ロシアの企業からの資金だったが、そこには、毀誉褒貶（きよほうへん）のあるロシア富豪の投資家ヴィクトル・ヴェクセリベルクの存在があった。ヴェクセリベルクには、ウラジーミル・プーチンやロシア政府とのつながりがあった。

ヴェクセリベルクは、モスクワを本拠とするレノヴァ・グループを所有していた。レノヴァ・グループは、数十億ドル規模の民間企業グループで、石油、エネルギー、通信関連の事業を、ロシア、スイス、イタリア、南アフリカ、アメリカ合衆国で展開していた。また、ヴェクセリベルクは、ロシア国営ファンドのロスナノ社の役員も務めていた。ロシア版のシリコンバレーと称されている、スコルコヴォ財団の総裁も務めていた。

ロスナノ社は、マサチューセッツ州所在のジュール・アンリミテッド・テクノロジーズ社に、数百万ドル規模の投資をしていた。この投資先企業を所有していたのが、オランダ企業のジュール・グローバル・ホールディングBV社と、最終的な支配会社であるジュール・グローバル・スティッチング社だ。

「WND」は、信頼できる国際金融筋から、大部分がロシア語からなる文書を入手していた。この文書では、ウラル連邦管区スヴェルドロフスク州の地方銀行メットコム・バンクを経由して、ロシア政府からクリントン財団への送金があった事実が示されていた。メットコム・バンクを通じては、ヴェクセリベルクからクリントン財団にも送金が行われていた。(7)

こうした送金は、メットコム・バンクのモスクワ支店から、ニューヨーク市のドイツ銀行トラスト・カンパニー・アメリカズを経由して、バンク・オブ・アメリカ銀行にあるクリントン財団のプライベートバンク口座に宛てられていた。

「WND」は、このロシア語の文書をもとに、メットコム・バンクの最終的な受益者が、ヴェクセリベルクであることを明らかにした。ヴェクセリベルクは、レノヴァ・ホールディング社とレノヴァ・アセット社を通じて、メットコム・バンクの九九・九七八パーセントを支配していた。両社とも、キプロス、バハマ、英領バージン諸島にある一連のオフショア会社と共に、ヴェクセリベルクの支配下にあった。これらの企業群は、マネーロンダリングのためのオフショア金融取引を行っていたことが、パナマ文書で記録されていた。

『クリントン・キャッシュ』の著者ピーター・シュバイツァーが所長を務めるガバメント・ア

カウンタビリティ研究所は、二〇一六年八月に「ロシアより〝カネ〟を込めて」（「ロシアより愛を込めて」のもじり）と題するレポートを発行している。このレポートは、ポデスタへの送金が、アメリカの先端技術をロシアに移転させる計画に関連していた可能性を指摘していた。この計画は、軍事技術や太陽光発電技術を対象として、ロシアの軍事的能力を大幅に向上させる内容となっていた。クリントン国務長官が進めていた、ロシアとの「リセット」政策の一環として、こうした計画が進められていた。[8]

スティーブ・バノンの登場

トランプは、選挙陣営の最高幹部を刷新した。ウェブサイトの「ブライトバート」の会長を務めていたスティーブ・K・バノンが、最高責任者として登用された。そして、ベテラン世論調査専門家で、クルーズ支持のスーパーPACの責任者を務めていたケリーアン・コンウェイが、新たな選対本部長として登用された。

トランプ陣営の発表によると、コンウェイは、コーリー・ルワンドウスキが行っていた役割を担うとされた。トランプの選挙遊説にも同行する予定とされた。マナフォートは、バノンとコンウェイが任命されたことを歓迎した。マナフォートは、チーフ・ストラテジストとして留まる意向を表明していたが、この発表の二日後に辞任した。

陣営の体制が、ルワンドウスキからマナフォートに変更されたタイミングは、予備選挙の最終局面の戦いから、共和党全国大会での指名獲得に向かっていたときだった。この時点では、代議員票を固めるための手腕を持つ、プロのマネージャーが必要とされていた。

しかし、そのミッションが完了したときに、今度は、マナフォートから、バノンとコンウェイに移行することになった。トランプは、選挙戦がさらに新たな局面——最終となる第三段階——に突入したと考えていた。大統領の座を賭けた本選挙で、クリントンとの一対一の対決が待ち構えていたからだ。

カーンの問題が起きて以来、マナフォートによって、トランプは原稿を用意して演説するスタイルになっていった。事前にプロが準備した演説原稿を、プロンプターを使用して読むというかたちだ。ルワンドウスキのときには「トランプには、トランプらしく」が方針とされていたが、そこから脱皮する方向に動いていた。

さて、二〇一六年大統領選は、いよいよ本選挙の段階に入っていた。トランプとしては、メッセージをより効果的に訴えていく必要を感じていた。バノンに期待したのは、そうした役割だ。そして、コンウェイには、選挙日程がより機動性のある動きとなることを期待していた。

クリントン支持派の主要メディアは、バノンと「ブライトバート」のことを、悪魔的なものとして描写するようになっていた。反移民、反イスラム、白人優位主義であり、過激なイデオロギーに基づく「オルタナ右翼」であると見なしていた。主要メディアでは、アメリカ中西部でのトランプ支持が強固である背景には、そうした考え方があると理解していた。

クリントン支持派は、バノンや、アメリカ中西部の人々のことを、「聖書と銃にしがみついている」としていた。基本的には、人種差別主義者であり、性差別主義者であり、外国人排斥であり、反イスラムであり、反ＬＧＢＴであると見なしていた。メキシコや中国への雇用の流出を招いたとして、自由貿易に反対していたことでは、反グローバリストの孤立主義者であるとしていた。(9)

「嘆かわしい人たち」

二〇一六年九月九日金曜日の資金集めのイベントで、ヒラリー・クリントンは、きわめつけの発言をしていた。その発言は、選挙戦を通じて、ひときわ大きな打撃を招く結果となった。

ヒラリーがスピーチをしたのは、ニューヨーク市内で開催された「ヒラリーを支持するＬＧＢＴ大会」だった。この大会では、歌手のバーブラ・ストライサンドの出演が予定されていた。

「すごく大雑把な言い方になるかもしれませんが。トランプ支持者のうちの半分は、嘆かわしい人たちである。そう言ってしまっても、よいのではないかと思うのですよ。そうでしょ？」

拍手と笑いが入り混じる反応が生まれていたことを、ニューヨーク・タイムズ紙が伝えていた。(10)

「人種差別主義者で、性差別主義者で、同性愛差別主義者で、外国人差別主義者で、イスラム差別主義者――そういう人たちです。残念ですが、そういう人たちなのです。トランプが持ち上げているのは、そういう人たちなのです」

クリントンは得意げな表情を浮かべていた。さらに、発言は続いていた。

「ドナルド・トランプは、結婚の平等をないがしろにするような、最高裁判事の任命を公約しています。任命しようとしている人たちを見れば、冗談で言っているわけではないことが分かります。実際に、副大統領候補を見て下さい。事業主によるＬＧＢＴの人たちへの差別を認める法律に署名した人です。

選挙運動のなかで、トランプがしてきたことは、嘆かわしいことばかりでした。白人至上主義者に迎合しています。人種差別的な攻撃をしています。女性のことを、ブタだと呼んでいます。身体障害者を笑いものにしています。本当に、信じられないことばかりです。それから、一六〇〇万人（の不法移民）を捕まえて、国外追放にしたいとのことです。わが国の軍隊が、ひどい状態になっているとも言っています。

彼が毎日のように語っていることは、私にとっては、とても不快なことです。危険なことであると感じています」

ヒラリーは完膚なきまでに、トランプのことを非難していた。

ヒラリーと極左派の支持者たちは、トランプは大統領として不適格な人物だと決めつけていた。その理由は、実に、単純なことだ。不法移民から同性婚までの幅広い社会問題のテーマで、トランプが、極左派の立場からの〝政治的に正しい〟見解に同意しないからだった。

極左派の辞書では、「不法滞在の外国人」という表現は、非難の対象とされている。法律的な観点からは、「不法滞在の外国人」というのは、正確な表現であるはずだ。しかし、そういう言い方をする人は、ヘイトスピーチをする哀れな人間であると見なされた。極左派の主張によると、「ビザのない労働者」との表現が、正しい表現であるとされていた。

しかし、ドナルド・トランプは、政治的な正しさの問題をめぐって、極左派による定義を受け入れたりはしなかった。そのことで、トランプは、全米のサイレント・マジョリティを惹きつけた。

それに対して、ヒラリーが基本的に主張していたのは、トランプを拒絶して自分に投票しないような人間は、邪悪な「嘆かわしい人たち」の一員であるということだ。何が正しくて、何が間違っているか。それは、極左派の定義に基づく〝政治的な正しさ〟によって決定されるとしていた。

しかし、アメリカ中西部の人々は、トランプ支持者の大半を「嘆かわしい人たち」と呼んだヒラリーのことを、エリート意識を鼻にかけた人間であると感じ取った。ヒラリーが、自分を支持しない人たちのことを、嘆かわしい存在であると決めつけたことは、民主党で、反対意見を表明する人たちへの寛容さが失われていることを示していた。

ニューヨーク・タイムズ紙は、土曜日の朝に、ツイッター上で「#嘆かわしい人たち」が、トレンド入りしていることを伝えていた。何千人ものトランプ支持者が、自分のツイッターのユーザーネームを、「嘆かわしい人たち」という言葉を含めたものに変更していた。例えば、「嘆かわしい人である私」といったユーザーネームが出現していた。

さらに、ヒラリー・クリントンは、社会問題についての見解をめぐり、傲岸不遜なまでの自己確信を抱いている人物だと理解されるようになった。あたかも信仰上の教義をめぐる教皇の回勅のように考えているかのようだった。しかし、たいていのアメリカ中西部の人々からしてみれば、ただ、侮辱されているとしか感じられなかった。

ヒラリーと極左派の支持者たちの見解は、アメリカ中西部の人々にとっての政治的現実とは、あまりにもかけ離れていた。ヒラリーは、本来ならば投票してもらわなければならない人たちに対して、軽蔑のまなざしを向けてしまっていた。

それなのに、ヒラリーは、十一月の選挙でトランプを倒すことができると、本気で考えていたのだろうか？

「ワオ、ヒラリー・クリントンは、私の支持者に対して、こんなにも侮辱的なのか。何百万人もの勤勉で、素晴らしい人たちであるというのに。票を失うことになると思う！」

ヒラリーの発言を知って、トランプがツイートしていた。(11)

ヒラリーの演説の後で、歌手のバーブラ・ストライサンドが、ステファン・ソンドハイムの曲『哀しみのクラウン（道化師）』の替え歌を歌っていた。ストライサンドは、ヒラリー・クリントンの熱烈な支持者だった。歌詞の一節を「ひどく低俗なピエロさんよ」と入れ替えて、共和党指名候補者のことを笑いものにしていた。ＬＧＢＴ大会に参加していた聴衆は、沸き立った。

「彼は、金持ちなのかしら
たぶん、貧乏なのでしょう
納税記録を出すまでは
誰が、信じるのでしょうか？」

ストライサンドの歌声に、聴衆は喝采した。ＡＰ通信が、この大会の様子を報じていた。

「問題なことがありますから
私は、賛同できないです
自由世界を導くことになってしまったら
どこの国に、行けばよいのでしょうか？」

ストライサンドの歌声は続いていた。

「もしも、天国に行けたとしても
そこでも、チャプター・イレブン（連邦破産法第一一条のこと）を申請するのでしょう

このひどく低俗なピエロさんよ
おまえは、クビだ　ピエロさん」

このLGBT大会に出席していた支持者たちに向かって、ヒラリー・クリントンが訴えていたことがあった。もし、残念なことに、トランプに投票するかもしれない友達がいるような場合には、「断固として介入する」ようにと呼びかけていた。

「きっと回心のためのセラピーになることを、私としては保証いたします」クリントンは言った。

「ほんとうに友達であるならば、自分の友達を、トランプに投票させたりしてはいけません」(12)

ヒラリーが「嘆かわしい人たち」と発言したことは、すぐにミット・ロムニーのときの出来事と比較された。かつて、ロムニーは資金集めの集会で、決定的な失言をしていた。

国民の四七パーセントが、税金を払わずに政府に依存している。そうした人たちは、「何があっても」オバマ大統領に投票するのだろうと、ロムニーが発言した内容が録音されてしまっていた。(13)

トランプは、FOXニュースのショーン・ハニティの番組に出演したときに、これはヒラリー・クリントンにとっての「四七パーセントの瞬間」だと発言していた。

「それよりも、もっとひどいことを言ったと思う」トランプは、ハニティに語った。

「どんなことになるか見てみよう。たくさんの人たちが怒っている。ヒラリーは、そんなふうに考えていたのかと、本気で怒っている人たちがいる。だけど、あれは本音だろう」(14)

ワシントン・ポスト紙／ABCニュースの世論調査では、「トランプ支持者のうちかなりの人々が、女性やマイノリティに対する偏見を持っているとの見解について、公正であると考えますか、不公正なものであると考えますか」との質問をしていた。登録有権者のなかでは、不公正であるとの回答は六五パーセントとなった。公正であるとの回答は三〇パーセントだった。二倍以上の開きが生まれる結果となっていた。(15)

ヒラリーが卒倒する

ヒラリーの健康問題をでっち上げた張本人は、私であるそうだ。ヒラリー陣営広報責任者のジェニファー・パルミエリは、そのように明確に主張していた。

しかし、ヒラリーは、足を引きずって歩くことがあった。選挙戦のスケジュールは、空いている日が多かった。自力で階段を三歩も上ることができない場面が、目撃されていた。ついには、九月十一日の華氏七〇度台（摂氏で約二〇度台）の気温のなかで、卒倒する事件が起きていた。

ヒラリーの健康問題について、私が話をでっち上げているとの見方は、もはや根拠を失っていた。選挙戦が進行していくにつれて、有権者は、ヒラリーの健康問題を認識するようになっていた。

二〇一六年九月五日月曜日のレイバー・デーに、ヒラリー・クリントンの健康問題についての懸念が再燃することになった。オハイオ州クリーブランドでの演説の最中に、ヒラリーは激しい咳の発作に襲われていた。その後に、機内で記者会見が行われたときにも、やはり、咳の発作を起こしていた。

副大統領候補のティム・ケインからの紹介を受けて、ヒラリーは、ルークイースター・パークの会場で演説を始めていた。その直後に、一回目の咳の発作が起きていた。

「トランプのことを考えようとすると、いつも、私にはアレルギー症状が起きてしまうのです」

ヒラリーは冗談を言った。演説の最中に、咳の発作を起こしている事実から、注意をそらそうとしていた。クリントンは、何とか平静を保とうとしていたが、聴衆からは「水を渡してあげて」との声が上がっていた。

その後の機内での記者会見のときにも、ヒラリーは咳き込み始めていた。すぐにスタッフが、コップの水を手渡した。クリントンは、「すみません」という言葉を、何とか声に出そうとして苦しんでいた。

FOXニュースは、記者会見の場面から映像を切り替えて、スタジオからの放送に戻してしまった。このレイバー・デーの日に、咳の発作のことを報道した主要なテレビネットワークは、皆無だった。(16)

二〇一六年九月十一日の日曜日に、共に「ニューヨーカー」であることを自認している、トランプとクリントンは、選挙運動の合間をぬって、九・一一追悼式典に出席していた。式典が開催されていたグラウンド・ゼロは、以前にワールド・トレード・センターのツインタワーが建っていた場所だ。(17)

しかし、午前九時三〇分頃に、クリントンは式典を切り上げて会場から立ち去っていた。突然のめまいを感じたことが理由であると、スタッフから報道陣に伝えられた。

この事件が起きたときに、劇的な場面を撮影していた映像が、大々的に報道されることになった。

この式典を後にしたヒラリーは、スタッフたちに体を支えられながら、黒のＳＵＶに乗ろうとしていた。しかし、そこで足を躓(つまず)かせたように、倒れ込んでいた。そのとき、シークレットサービスと見られる二名が、ヒラリーの体を抱えながら持ち上げて、車内に運び入れていた。ヒラリーは意識を失っていた可能性があった。(18)

ＮＢＣニュースでは、ニューヨーク市警の二名の警官が、ヒラリーが会場を立ち去る直前に「気分を悪くしていた。失神していたようだ」と語っていた。ＦＯＸニュースでは、クリントンが何らかの「病状を発症していた」と報道していた。(19)

ヒラリーの足元がふらついていた瞬間が、はっきりと映像で撮影されていた。警備スタッフは、ヒラリーが歩道に倒れ込まないように、抱き上げてSUVに運び込んでいた。SUVが去った後の路上には、ヒラリーの片足から脱げ落ちた靴が残されていた。

しかし、グラウンド・ゼロを出発したSUVは、医学検査を行うために地元の病院に急行していたわけではなかった。ヒラリーを乗せた車は、ニューヨーク市内のロウアー・イーストサイドにある娘チェルシーのマンションに向かっていた。

約二時間後に、ヒラリーはマンションの建物から現れて、自力で歩いてみせた。クリントンは、そこに集まっていた人たちに手を振り、「ニューヨークは、よいお天気ですね」と声をかけていた。「気分はどうですか」との質問が投げかけられると、クリントンは「元気ですよ。ありがとう」と返事をしていた。

クリントン陣営は、九・一一追悼式典を早退した理由として、「熱中症」による脱水症状が原因であると発表していた。その後に、クリントンは、ニューヨーク市内のチェルシーのアパートを後にして、ニューヨーク州チャパクアの家に帰宅していた。そこでは、式典には出席していなかったビル・クリントンが待っていた。

その後に、チャパクアの自宅では、主治医のリサ・R・バーダック医師がクリントンの診察を行っていた。そして、以下の声明を発表した。

「金曜日には、長引いていた咳の症状の経過観察を行った結果、肺炎を発症していることが診断されていました」と、バーダックは記している。

「抗生物質の投与を受けた上で、スケジュールを変更して、休息を取ることが必要となっています。今朝の式典では、熱中症による脱水症状も起こしていました。先ほど診察を終えていますが、現在は、水分補給が行われたことにより、良好に回復しています」(20)

国立気象局によると、九・一一追悼式典のときのマンハッタンでは、午前九時五一分時点で、気温は華氏七九度（摂氏で二六度）、湿度は五四パーセントとなっていた。熱中症で失神する人が出るほどの猛暑でなかったことは明らかだ。

「ＴＭＺ」（ニュースサイト）はクリントン陣営の広報担当者宛てに、取材のメールを送信していた。当初の発表では脱水症状とされていたが、なぜ、肺炎の症状については情報開示がなかったのかと質問していた。バーダック医師の発表によると、九・一一追悼式典で健康状態に異変を生じて失神した二日前には、すでに肺炎の症状が診断されていたとされていたからだ。「ＴＭＺ」によると、クリントン陣営からの回答はなかった。(21)

クリントンは、九・一一追悼式典の会場に到着したときに、コバルトブルーのサングラスをかけていた姿を撮影されていた。てんかん性の発作の予防のために処方されることが多い、ツァイス社製のZɪコバルトブルー・レンズであることが確認されている。てんかんやパーキンソン病などの神経疾患による光過敏性発作を起こす原因になると考えられる、赤色スペクトルを遮光するレンズが使用されている。

グラウンド・ゼロに向かうときに撮影されていた写真では、ヒラリーは、付き添いの女性に左手首を持ち上げられた姿勢で、歩行していた。歩行中の脈拍を確認している様子のようにも見えていた。

「アメリカン・シンカー」(オンラインマガジン)でのラス・ボーンの記事では、ヒラリーの右腕が胸の高さまで持ち上げられていたのは、「歩行中にしては、不自然であるが、パーキンソン病患者には特有の姿勢だ。指先の不自然な震えや、ピルローリング振戦と称される、典型的な症状を隠すための動作である」と記されていた。(22)


二〇一六年九月六日火曜日に、ワシントン・ポスト紙のクリス・シリザ記者は、「ドラッジ・レポート」に反論するブログ記事を書いていた。このブログ欄は、その名もふさわしく「ザ・フィックス」と題されている。「ドラッジ・レポート」では、レイバー・デーの日に、クリントンが咳の発作を起こした件についての詳細な記事が掲載されていた。(23)

「ヒラリーには、何か重大な問題が起きたとされている。しかし、端的な事実としては、その証拠は『ゼロ』だ」と、シリザ記者は述べていた。

「たまたま、咳の発作を起こした事実が、大きな健康問題を抱えていることの証拠になるそうだ。しかし、そうだとすると、国民の七五パーセントが病気を患っていることになる。私も、患しかし、九・一一追悼式典での卒倒の件は、シリザのような強力なクリントン支持者にとっても、一線を踏み越えさせる出来事となっていた。

二〇一六年九月十一日のブログ記事では、シリザは論調を変化させていた。

「クリントンの状態は、おそらく良好なのだろう。――そうであることを、私は本当に願っている」と書いていた。健康問題に関して、シリザの見解は変わっていた。

「次の四年間での国家の指導者となるべき人を選ぶ日まで、残すところ、あと五八日となっている。二人の候補者が戦っているが、彼女には、たしかに勝てる見込みがある。

しかしながら、クリントン・チームからの健康問題に関する発表は――日曜日の朝の出来事を見たかぎりでは――もはや額面通りに受け止めることはできない。ふつうに考えてみれば、健康状態に疑問を抱いたとしても、不自然ではない。あるいは、はっきりと疑問を感じるはずだ」

そして、シリザは、自分が火曜日の時点で、ブログ記事に書いていたことは、もはや妥当ではないとした。

「たいていの場合には、咳の発作というのは、咳の発作以上の問題ではない」と前置きしながらも、シリザは見解を変えたことを記していた。

「日曜日の朝に、クリントンは、『熱中症』を起こしたとされている。しかし、当日の気温は、熱暑ではない程度だったはずだ。クリントンと陣営チームは、何が起きているのか、そして、長らくメディアに知らせてこなかった理由についても説明するべきだろう」(25)

ヒラリーは神経科の医学検査を拒否する

九月十一日にヒラリーに健康問題が生じて以降、メディアには何人もの医師が出演して、懸念を表明していた。神経科の専門的な医学検査を受けるべきであり、肺炎以外の重度の病状がないかを確認する必要があると指摘されていた。

二〇一六年九月十九日の「WND」に掲載されたジェローム・R・コルシの記事では、二名の医師が、重度の神経疾患があるクリントンには、大統領としての適格性がないと述べていることが記されていた。パーキンソン病であるかについては、一方の医師が肯定的な見解だったが、他方の医師は否定的だった。(26)

フロリダ州オーランドの元麻酔科医のセオドア・〝テッド〟・ノエルは、ヒラリー・クリントンがパーキンソン病であると確証される理由を説明している。ノエル医師には、救急医療での三十六年の経験があった。パーキンソン病であることの証明としては、数本の映像を制作していた。

まったく対照的な見解を持っていたのが、整骨医のダニエル・カシシエだ。カシシエ医師は、骨障害性神経科医と、一流の頭痛専門医の二つの認定専門資格を持ち、フロリダ州サラソタで、フロリダ頭痛・運動障害センターを運営していた。

「ＷＮＤ」の独占取材による電話インタビューで、カシシエ医師は、ヒラリー・クリントンにはパーキンソン病に特有の症状が見られていないとする見解を述べている。二〇一二年十二月に脳震盪を起こした結果、深刻な血栓症状が入院で治療されていたとしても、脳震盪の後遺症が残った可能性があるとした。後遺症としては、頭痛やめまいのほか、認知症の前兆となる、長期の精神障害や記憶喪失などの症状を挙げていた。

「医学的に見たときに、脳震盪の後遺症がある患者には、大統領としての適格性はないです」

と、カシシエ医師は説明している。

「認知障害の症状は、たとえわずかであっても、認知症の前兆である可能性があります。そのことに注意する必要があります」

これに対して、ノエル医師の見解としては、パーキンソン病が進行性の病気であることが指摘されていた。そして、クリントン陣営は、独立した神経科医のチームによる医学検査を許可するべきだとした。大統領選に出馬する資格がないことが、直ちに判明する結果になると述べていた。

「パーキンソン病は、進行性の病気です。医学的には治療することはできません」と主張していた。

ノエル医師は、クリントン陣営がパーキンソン病であると認めざるを得なくなった場合には、大統領選の候補者としては終わりになるとの結論を強調した。ただし、自分の診断が的確ではなくて、パーキンソン病以外の病気である場合についてのコメントもしている。

それでも、クリントンには「重篤な神経科系の症状が見られることから、大統領の職務を全うするのは無理だと考えられる」と述べていた。

ノエル医師が制作した一六分の映像では、クリントンがパーキンソン病であるとの結論が導き出される事実が挙げられていた。この映像の視聴者は、二〇一六年八月二十九日にユーチューブで公開されてから、二〇一六年九月十一日にニューヨーク市内でヒラリーの「健康問題」が発生するまでの十数日間で、四〇〇〇万人を超えることになった。(27)

他方で、カシシエ医師は、「パーキンソン病に関しては、臨床診断で判断されることになります」と述べている。

「患者がパーキンソン病であることは、医学検査によっては証明できないからです。パーキンソン病の患者には、典型的に観察される症状があります。つまり、外形的な症状が見られるならば、その人はパーキンソン病の患者であると理解されています。

しかし、ヒラリーには、パーキンソン病の患者に特有の表情や動きは、見られていません」

カシシエ医師としては、クリントンに見られているのは、神経疾患に特有の症状であることを確信していた。歩行の際の障害や、何度も卒倒していることや、記憶障害が年々悪化しているように見えることが、その証拠であると考えていた。咳の発作を繰り返していることも、反復性のある症状のひとつであると指摘していた。

「こうした症状は、深刻な健康問題にあたると、私は考えています。しかしながら、パーキンソン病ではないのです」と、カシシエ医師は述べている。

「私としては、ヒラリーは、これまでに何度もめまいの症状を起こしていると考えています。また、陣営スタッフが認めている回数よりも多く、脳震盪を起こしたり、卒倒したりしてきているはずだと考えます」

カシシエ医師は、続けている。

「脳震盪で問題となるのは、損傷が蓄積されていくことです。脳震盪を起こした場合には、脳の機能は、完全には回復しないものです。六八歳のクリントン氏のような高齢者の場合には、脳震盪を繰り返すことは、深刻な問題になります。認知障害の前兆である記憶障害を起こすことで、やがては認知症にまで至る場合があるからです」

二〇一六年九月二十一日にフロリダ州タンパで、ＡＢＣニュースのサリナ・フェイザン記者が、ヒラリー・クリントンに質問をしている。最近、健康問題の懸念が取り沙汰されているが、神経科の医学検査を受けるつもりがあるかと問いかけていた。ＡＢＣニュースの記者の言葉を、クリントンは笑い飛ばしていた。

「肺炎になってしまって、すみませんでした」クリントンは言った。

「抗生物質で治ったので、よかったです。それに、もう終わったことです。大統領選に立候補する者として、健康状態については情報を公開しています。そのことに関しては、これまで大統領に立候補した人たちと同様の基準を満たしています」

クリントンは、もはや神経科の医学検査を受ける必要はないと考えていることを述べた。

「情報としては、きわめて明確にしています。そして、すでにお話しした通りです。情報の内容は、これまでに大統領選に立候補してきた、すべての人たちと同様の基準を満たしています」(28)

トランプ対クリントンの第一回大統領候補者討論会
二〇一六年九月二十六日月曜日、ニューヨーク州ハンプステッド　ホフストラ大学にて

ニューヨーク・タイムズ紙は、第一回の大統領候補者討論会の結果は、ヒラリー・クリントンの堅実な勝利になったとしていた。

「ドナルド・J・トランプとの討論の最終場面で、ヒラリー・クリントンは、国家安全保障とジェンダーのテーマで優勢となっていた。クリントンは有権者に向かって、核兵器の問題では、対立候補者のことを信用できないと述べていた。また、対立候補は、女性に対する敬意を持っていないと訴えていた」と、ニューヨーク・タイムズ紙の記事でアレックス・バーンズとマット・

フレーゲンハイマーが書いていた。(29)

司会者を務めたNBCの番組『ナイトリー・ニュース』のレスター・ホルトには、保守派からの批判が集中することになった。メディア・リサーチ・センターのブレント・ボゼル所長は、第一回討論会の終了後に、ホルトが偏向していたと非難する声明を発表した。

「レスター・ホルトには、リベラル派メディアの記者たちからの、トランプには厳しく、ヒラリーには甘くと訴える声が、はっきりと聞こえていたはずだ」と、ボゼル所長は記している。

「ホルトは、トランプに対しては一貫して、反論したり、ファクトチェックをしたり、発言の妨害をしていた。しかし、ヒラリーに対しては、一度もそのようなことをしていなかった。ホルトは、出生証明書の問題、イラク問題での立場、納税申告書の件、ヒラリーの外見は大統領にふさわしいかという問題で、次々にトランプを叩(たた)いていた」

ホルトは、トランプには厳しいが、クリントンには甘くしている。そのように、ボゼル所長は感じ取っていた。

「クリントン財団の問題、ベンガジ事件の問題、メールサーバーの問題についての質問は、どこに行ってしまったのか?」と、ボゼル所長は疑問を呈した。

「こうした問題は、ヒラリーが大統領になる資格があるかを問うためには、核心に迫る質問となるはずだ。しかし、そうした重大な問題について、今夜の視聴者は、まったく聞く機会がなかった。つまり、レスター・ホルトは、司会者としての役割を果たしていなかった。以上」(30)

ディベートの終盤では、その晩のハイライトとなる場面が生まれていた。それは、ホルトがトランプに向かって、ヒラリーに大統領の適格性があると考えるかと、尋ねたときだった。

「トランプさん。クリントン元国務長官は、今月初めに、主要政党の大統領候補者としては女性で初めて指名を受けています」ホルトは切り出した。

「あなたの発言は、こうでした。『ヒラリーは、大統領という外見ではない』と。その本人が、現在、目の前に立っています。どういう意味で、そのような発言をしたのでしょうか?」

この質問は、あらゆる人の注目が一点に集まる「決定的」な場面となった。トランプには、落とし穴が仕掛けられていた。同時に、クリントンにとっては、場外ホームランを飛ばすための緩い球が投げ込まれていた。

「そういうふうには見えないということだ。スタミナがないということだ」トランプは回答した。

「私は、彼女にはスタミナがないと言ったのです。彼女にスタミナがあるとは信じられない。この国の大統領をするには、とてつもないスタミナが必要だ」

それでも、ホルトは満足していなかった。

「『彼女は、大統領という外見ではないと、私は思っている』」

トランプの発言をそのまま引用して、ホルトは追及した。

トランプからの回答は、外見のことをめぐる質問に対する答えにはなっていなかった。トランプは性差別主義者である。そうしたレッテルを貼ることが狙いとされていた。明らかに、罠が仕掛けられていた。

「ちょっと待ってほしい。レスターさん、あなたは、私に質問をしているのですか?」トランプは反論した。

「あなたは、私に質問をしているのだろうか? 貿易協定の交渉ができなければならない。日本やサウジアラビアと交渉ができなければならない」

ヒラリーには大統領の職務は重荷であることを述べたと、トランプは答えていた。しかし、そのように考えた理由までは述べてはいなかった。

「つまりだ。私たちが、サウジアラビアを守ってあげる費用を払っているなんて、信じられるだろうか? あれだけの金持ちなのに、私たちが守ってあげていて、彼らは費用を払っていない……。やるべきことは、交渉することだ。やるべきことをするために、たくさんのことができないといけない。ヒラリーには、それだけのスタミナがないと思う」

そこで、ホルトが割って入った。そして、ヒラリーに回答を求めた。ヒラリーに発言を求めるという流れは、事前に準備されていたかのようだった。

「いいでしょうか。彼がスタミナについて私に語るならば、一一二か国を訪問して、和平交渉や、停戦交渉や、反体制派の活動家を解放して、世界中の国々で新しい機会をつくることもして、それから、議会の委員会では一一時間もの証言を行ってからにするべきでしょう」ヒラリーは回答した。

ヒラリーは、陣営スタッフからも、こうした反論をすることを求められていた。トランプの選挙遊説では、体力に欠けるとの攻撃が繰り返されていたからだ。ヒラリー陣営としても、二〇一六年九月十一日にニューヨークで倒れて以降、この問題を早く終息させたいと考えていた。

トランプは、ヒラリーが「まずい交渉」を行ってきた事実を挙げた。イラン問題では、オバマ政権が、合意締結の見返りとして一億五〇〇〇万ドルの資金を提供したと指摘した。

ホルトは、最後の質問に入ろうとした。そのときに、ヒラリーが、割り込んで発言した。性差別の問題を取り上げて、トランプを批判した。「スタミナの問題」を持ち出してきたことに対する反撃として、トランプには二発目のパンチが打ち込まれた。

ヒラリーは、攻撃的な姿勢を見せながら、言葉を挟んだ。

「ひとつ、よろしいでしょうか。レスターさん。彼は、外見のことから、体力のことに話をすり替えようとしましたね。しかし、この人は女性に対して、ブタ、のろま、犬と言いました……。この人は、妊娠というのは、雇用主にとっては厄介なことだと言ったこともあります」

トランプは反論しかけたが、ヒラリーは割って入る隙を与えなかった。

「男性と同じだけのよい仕事をしないかぎり、女性には同じ給料をもらう資格はないと言ったこともあります。

最悪の発言だったのは、ミス・コンテストの女性に言ったことでした。彼はミス・コンテストが好きなので、支援をしてきていて、そういうところに出入りしているわけです。それで、そういう女性に向かっては、〝ミス子豚（ピギー）〟と呼んだこともあります」ヒラリーは言った。

台本通りに、非難の言葉を放つチャンスが巡ってきたことに、嬉しさを隠せない様子がうかがえた。

「それから、〝ミス家政婦〟と呼んだこともあります。彼女が、ラテン系だからです。ドナルドさん、彼女には、ちゃんと名前があるのですよ」

「どこで、そんなことを見つけたんだ?」トランプは聞き返した。

「アリシア・マチャドさんという方です。米国市民になっています。この十一月には投票することができます」ヒラリーは言った。

会場にいた聴衆にとっても、テレビ中継を見ていた八四〇〇万人の視聴者にとっても、話題となっている女性について分かったのは、その名前のことくらいだった。それから、ヒスパニックであること、トランプがひどい仕打ちをしたようだということくらいだった。

トランプは、落とし穴にはめられようとしていることを理解した。そこで、クリントン陣営が仕掛けてきた、ありとあらゆるネガティブ・キャンペーンへの反撃を開始することにした。

「ヒラリーにとっても、彼女の家族にとっても、とてもきついことを、私は言おうかとは思った。でも、そんなことはできないと、自分に言い聞かせた。そんなことはできないと。不適切だからだ。よくないことだからだ」トランプは言った。

「しかし、彼女は、何億ドルもの資金を使って、私にネガティブ・キャンペーンのCMをしている。――その内容の多くが、まったく本当のことではない。本当のことではないし、虚偽の内容だ。

だから、こう言いたい。レスターさん。それは、よくないことだ。そんなことをされる謂（いわ）れはない。彼女がやっていることが、よくないことなのは確かだ。

CMには何億ドルも使われているが、私にとって、これだけは嬉しかった。今朝、出ていた支持率調査では、二億ドル以上もの大金がつぎ込まれていたというのに、私の方が優勢か、同じだという結果になっている」

トランプからの回答を無視して、ホルトは、最後の質問に入ることにした。選挙結果を、有権者からの意思表示として受け入れるかとの質問が、両候補者に向けられた。

この質問も、あまりにも出来過ぎているように見えた。ホルトからの質問が、これからのクリントンの発言をお膳立てするためのものとなっていたからだ。まるで台本が用意されていたかのような流れとなった。

また、この質問の言葉は、トランプが投票日の結果に対して、アル・ゴアのような異議申し立てをした場合には、クリントン派の主要メディアから一斉に発されるであろうと思われた。

ヒラリーからの回答は、トランプが異議申し立ての可能性を事前に排除しないことは、「わが国の民主主義」を傷つける行為であるとしていた。

「ええ、私は、わが国の民主主義を支持しています」ヒラリーは回答を始めた。

このとき語られていた「民主主義」という言葉は、投票日の結果に異議申し立てをしないという意味となっていた。

「勝つ場合もあれば、負ける場合もあります。それでも、私はこの選挙の結果を、確かに受け入れます。しかし、ドナルド・トランプは、そうした問題に、懸命に疑念を生じさせようとしています。

私としては、今回の選挙が、みなさん次第であると理解してくれることを、本当に願っています。私たちではなく、みなさんや、みなさんの家族の問題なのです。どのような国でありたいか、どのような未来を願っているかという問題です。

ですから、みなさんの未来がかかっていると思って、必ず投票には出かけてほしいのです。私は、本当にそう思っています」

しかし、現実には、投票日の結果により、トランプが次期大統領と決まったときに、クリントン支持派が、どれだけ反対してきたことだろうか。そのことを考え合わせると、ホルトからの質問と、ヒラリーからの回答が、クリントン派の言説を拡散させることを意図して、仕組まれていたことは明らかだった。その狙いとは、本選挙の結果に対して合理的な不正の疑いが生じた場合でも、トランプに、法的手段に訴える権利を、事前に放棄させておくということだった。

しかし、九月下旬の第一回大統領候補者討論会の時点でのことを、思い出してもらいたい。あらゆる世論調査は、ヒラリーの地滑り的な大勝利を示していたはずだった。

トランプは、脈絡のない質問を受けたかのように応じた。

「私は、アメリカを再び偉大な国にしたい」トランプは発言した。

「わが国は、深刻な問題を抱えている」

トランプは反撃に出た。そして、八〇〇人の国外退去の件に言及した。（安全保障上の懸念がある国から入国して国外退去とされるべき八〇〇人に、市民権が与えられていたことが判明したと、国土安全保障省から発表されていた）

「おそらく、間違ったボタンを押しているのだろう。いや、もっとひどいかもしれない。腐敗しているのだろう」

トランプには、どういう理由で、何を質問されているかを理解しかねていた。それでも、トランプとしては回答にあたって、「間違ったボタンを押している」とか「腐敗している」と指摘する必要があると考えたようだ。――このテーマが、共和党陣営が懸念していた、民主党による不正投票の問題に関係していたからだ。民主党は、有権者ＩＤ法には一貫して反対していた。他方で、市民権のない人たちに投票権を付与することには、熱心に取り組んでいた。

ホルトは、ハッキングやサイバーセキュリティについても質問した。すると、クリントンは、ロシア大統領のウラジーミル・プーチンをめぐる問題で、トランプを攻撃した。トランプがロシアを唆して、民主党のメールを盗ませたのだと非難した。

「現在、国家からの、国家機関からのサイバー攻撃が増えてきているのを、私たちは目にしています」クリントンは回答した。

「そうしたなかで、最近の深刻な問題となっているのは、ロシアです。現在、わが国のあらゆる国家機関に対して、ロシアがサイバー攻撃を仕掛けてきていることは間違いないです」

ここからクリントンは、先ほどと同じ話題を持ち出した。それは、選挙が終わって以降に、民主党が広めた話だった。トランプを勝利させるために、プーチンが選挙を盗んだ。そのために、民主党全国委員会とヒラリー陣営ジョン・ポデスタ選対委員長にハッキングして、文書を漏洩（ろうえい）させたという話だ。

「私としては、この問題には、深く懸念を感じています。ドナルドが、プーチンを絶賛していることは知っています。しかし、プーチンとは、長期間にわたる厳しい戦いが行われてきています」ヒラリーは語り続けた。

「プーチンは、サイバー・アタッカーたちに、政府の文書に対するハッキングを実行させています。個人のファイルにもハッキングさせて、民主党全国委員会にもハッキングさせています」

サイバー攻撃をめぐるクリントンの回答に対して、トランプは、まったくバカげたことだと感じている態度を見せた。

「サイバー攻撃に関しては、クリントン元国務長官の意見には、部分的に賛成する」ようやく回答する機会を得たところで、トランプは発言した。

「わが国は、ほかのどこよりも優れているべきですが、おそらく、そうではないようだ。民主党全国委員会に入り込んだのが、ロシアであるかは、誰にも分からないだろう。

彼女は、『ロシアだ、ロシアだ、ロシアだ』と言っていて、そうだったのかもしれない。つまり、ロシアかもしれない。しかし、中国かもしれない。ほかの誰かであるかもしれない。ベッドの上に座っている体重四〇〇ポンド（約一八〇キロ）の誰かであるかもしれない。いいですか？」

クリントンと民主党が仕掛けてきた落とし穴に、トランプは、まんまと引っかかったりはしなかった。

ジュリアン・アサンジのウィキリークスが、民主党全国委員会の文書を公開したことによって、デビー・ワッサーマン・シュルツ委員長は辞任に追い込まれていた。そのダメージから立ち直るために、クリントンと民主党は、トランプに責任を押し付けようとしていた。

それが、トランプがロシアとの間で策謀を巡らせたという話である。ヒラリーを敗北させるために、ロシア政府が選挙での不正行為を企んで、実行したということだった。

トランプにしてみれば、そうしたバカげた策謀は、考えてみたこともなかった。そうした陰謀論を実在するがごとくに訴えている、ヒラリーの厚顔無恥さには、驚くほかなかった。ロシアの関与を示す証拠は、まったく出ていなかったからだ。ましてや、トランプが共謀した事実など、あるはずもなかった。

トランプが「デブだと辱めた」ミスコン女王

討論会の翌日の二〇一六年九月二十七日火曜日に、ヴォーグ誌では「アリシア・マチャドとは？　トランプが、デブだと辱めたミスコン女王」とのタイトルの記事が掲載されていた。(31) この事実は、第一回大統領討論会よりも前から、クリントン陣営と主要メディアの参加により、アリシア・マチャドを使った攻撃が準備されていたことを示唆していた。

「たいていのアメリカ人にとっては、マチャドの名前には、あまり馴染みはないだろう。しかし、私自身を含めてベネズエラ人のほとんどは、元ミス・ベネズエラのマチャドのことを覚えている。一九九六年に、ミス・ユニバースになっていたからだ。（ベネズエラでは、ミスコン大会は、ある種の国民的行事とされている）」と、ヴォーグ誌でパトリシア・ガルシアが書いていた。

「そして、とても侮辱的な出来事があったことも記憶されている。マチャドは、国際メディアの前で、トランプからデブだと恥をかかされていた」

ヴォーグ誌の説明によると、マチャドは二〇歳になる年に受賞者となった。しかし、体重は当初の一一七～一一八ポンドから、一六〇～一七〇ポンドに変化してしまっていた。体重が増えたことで、トランプから「食べるマシーン」と言われることになった。

ヴォーグ誌の記事は、トランプがマチャドに恥をかかせたときのことを記していた。

「マチャドが、トレーナーを伴って運動している姿を、九〇社ものメディアに取材させた。映像や写真を撮影させて、見世物にしていた」

ヴォーグ誌の記事の最後では、マチャドがインスタグラムへの投稿で、十一月八日にはヒラリーに投票すると書き込んでいることにふれていた。

「『米国市民であることを、とても誇りに思い、感激しています！ 投票に行きます！ 次の大統領@ヒラリー・クリントンを、私は全力で応援しています。ミス家政婦や、ミス子豚は、投票できるんですよ。@リアル・ドナルド・トランプさんへ』

アリシアさん、よくぞ言った」


予想された通り、トランプは反論した。二〇一六年九月二十七日火曜日に、トランプは、FOXニュースの朝の番組『FOX&フレンズ』に電話出演した。

「その人のことは知っている。ミス・ユニバースになった人だ」トランプは言った。

「だが、これまでのなかでは、最悪の人だった。最悪だった。完全に最悪だった。ありえない人だった」トランプは言った。

「ミス・ユニバースの出場者で、優勝している。ミス・ユニバースとしては、大変な時期を過ごしていた。優勝はしたが、それから、かなり体重が増えてしまった。そのことは、本当に問題だった。私たちにとっては、本当に問題だった。それだけでなく、態度もよくなかった。しかし、だいぶ前の出来事だ。ヒラリーは昔のことをほじくり返して、彼女のことを見つけ出して、まるでマザーテレサでもあるかのように語っていた。まったく違うのだが。まあ、いいだろう」(32)

こうして、討論会の翌日には、トランプはＦＯＸニュースに出演していたが、有効な反撃とはならなかった。第一回討論会が終了してから一時間後には、クリントン陣営が、事前に用意してあった二分間の映像を公開していた。

「彼の態度は、とても高圧的でした。私は、とても怖かったです」

映像のなかで、マチャドはスペイン語で語っていた。

「彼には、いつも怒鳴られてばかりでした。『おまえは醜い』とか、『おまえはデブだ』と言われました。時々、私のことを『笑いもの』にしました。『やあ、ミス子豚』とか、『やあ、家政婦』とかです」(33)

まるで号令でもかかっているかのような動きが生まれていた。「ミス子豚」問題が勃発したことを、ニューヨーク・タイムズ紙の極左派マイケル・バーバロが取り上げた。

「ミス・ユニバースに輝いて以来、二十年間にもわたり、アリシア・マチャドは、ドナルド・

J・トランプから受けた仕打ちに苦しんできた。体重が増えたことを理由に、何度も繰り返して侮辱を受けてきた」と、第一回討論会の翌朝のニューヨーク・タイムズ紙に、バーバロがミーガン・トゥーイーとの連名記事で書いていた。

「対面で叱責（しっせき）するだけでは、不十分であったようだ。ミスコン大会主催者のトランプ氏は、当時は一〇代だったマチャドさんを、ジムに連れていった。そこでは、何十人もの記者やカメラマンが、マチャドさんが運動する姿を取材した」と、バーバロとトゥーイーの記事は続いた。

「トランプ氏は、トレードマークのスーツとネクタイ姿で、カメラマンに向かいポーズを取った。その隣では、メディアの記者たちを前にして、マチャドさんが脂肪を燃焼させていた。

『この人は、食欲が旺盛なんだ』と、トランプ氏はジムで語っていた」(34)

バーバロとトゥーイーがアリシア・マチャドの記事を書いたのは、このときだけではなかった。二〇一六年五月十四日のニューヨーク・タイムズ紙でも、「限度を超えた言動　ドナルド・トランプのプライベートでの女性への態度」と題した連名の記事が書かれていた。この記事の中でも、マチャドのことが記されていた。(35)

記事のサブタイトルが、バーバロとトゥーイーの連名記事の狙いを表現していた。「インタビューで明らかとなる、望まない関係、野心への抜け目ない依存、職場での長年の不愉快な言動」と題されていた。

ニューヨーク・タイムズ紙は、六週間にわたり五〇人とのインタビューを行ったとしていた。具体的な出来事や会話の内容が、記事では引用されていた。そして、トランプのことを、女性を虐待する性差別主義者であると描き出していた。トランプは、ニューヨーク・タイムズ紙に対して、記事の内容は捏造であると語っていた。

「長年にわたり、いろんなことがでっち上げられてきた」トランプは記者に語った。「私は、女性に対しては、いつも敬意をもって接してきた。女性たちも、そのように言うはずだ」

ニューヨーク・タイムズ紙がセンセーショナルな記事を掲載したのは、ヒラリーを支援するためだった。以下のバーバロとトゥーイーの記事は、典型的なものだ。

「大統領指名候補者であるトランプ氏は、女性たちに対して、こうした態度を取っていた。品位に欠ける振る舞いをしていた。見せしめとして、人格を傷つける行いをしていた。番組『セレブリティ・アプレンティス』のなかでは、ある女性の出演者に対して、『跪いてくれたら、よい眺めだな』と発言していたこともある。ロージー・オドネルにも、『デブで、ブスだ』と言っている。赤ちゃんのために搾乳する弁護士には、『気持ち悪いな』と（トランプは）言っていた」

クリントン陣営は、アリシア・マチャドは被害者であると訴えていた。しかし、話の全体像までは語られていなかった。

「ベネズエラのミスコン女王は、ミス・ユニバースに輝いてから体重を増やしたことで、二年前にもニュースの見出しを飾っていた。しかし、またもやニュースの話題となっている」と、一九九八年一月二十三日にAP通信が報道していた。

「十一月に教会の外で起きた銃撃事件に関して、金曜日に、被害者の男性の弁護士が語っている。アリシア・マチャドさん（二一歳）は、銃撃の現場から男友達が逃走する際に、車を運転していたところを目撃されていた。フランシスコ・スバート・ムスコさんは、教会の外で頭部に二発の銃撃を受けて、脳に傷害を負った。そのとき教会では、彼の亡くなった妻の葬儀が行われていた」(36)

一九九八年二月五日に、AP通信からの続報があった。男友達が殺人未遂で有罪になると、マチャドは、マクシミリアーノ・フェンマヨール判事に対して、殺害の脅迫を行っていた。(37)デイリー・メール紙の報道によると、マチャドは証拠不十分のために、起訴は免れることになった。しかし、判事に対する殺害の脅迫と、殺人の共犯が起訴されて、刑事裁判で有罪判決を受けた場合には、最高一八か月の刑期となるはずだった。(38)

しかし、マチャドの人生の物語は、それだけで終わりではなかった。二〇〇五年に、大リーグ野球のフィラデルフィア・フィリーズ所属のスター選手、ボビー・アブレイユ外野手は、マチャドとの婚約を解消していた。メキシコのリアリティ番組で、同居人を演じていた俳優の男性と、マチャドがカメラの前で性行為をした後のことだった。

マチャドは、スペイン語テレビ放送の昼メロ番組では、成功を収めていた。そして、二〇〇六年には、メキシコ版のプレイボーイ誌でヌードを披露していた。

また、二〇一〇年のメキシコ紙エル・エコノミスタでは、麻薬カルテル組織の大物ホセ・ヘラルド・アルバレス・バスケス、別名「エル・インディオ」との間に、マチャドが子供をもうけていると、メキシコの司法長官が発言していることが報じられていた。(39)

ニューヨーク・タイムズ紙が、納税問題でトランプを攻撃する

二〇一六年十月一日土曜日にニューヨーク・タイムズ紙が、トランプの納税問題を報道した。ヒラリー陣営としては、この問題が大型スキャンダルに展開することを期待していた。

「ドナルド・J・トランプは、一九九五年の個人納税申告書で、九億一六〇〇万ドルの損失を計上していた。税額控除に充てた場合には、最長十八年間にわたって、連邦個人所得税の納税を、合法的に回避することができた。以上の事実が、ニューヨーク・タイムズ紙が取得した記録によって判明した」と、ミーガン・トゥーイーほかの四名の記者チームが、記事の冒頭のパラグラフで書いていた。(40)

同紙は、トランプの一九九五年の個人納税申告書が漏洩したことについて、情報源を明らかにしていなかった。クリントン陣営は、プーチンがトランプを勝たせるために、民主党全国委員会

をハッキングしたと騒ぎ立てていた。しかし、この件については、同じような姿勢を見せたりはしなかった。そして、ニューヨーク・タイムズ紙も、一九九五年の納税申告書の入手についてはコメントも解説もなく、九億一六〇〇万ドルの損失計上があったことを示す部分の写真だけが掲載されていた。

「一九九五年の納税記録が公開されるのは、これが初めてとなる。共和党大統領候補者のトランプ氏が、桁外れの金額の税制上の優遇を受けていたことが判明した。計上されていた損失は、一九九〇年代初期の財政面での苦境から生じている。アトランティック・シティでは、三件のカジノ経営で失敗していた。航空事業への進出にも挫折していた。マンハッタンのプラザホテルの取得も、時期を誤っていた」と、同紙は報じていた。

「本紙としては、税務専門家に依頼して、トランプ氏の一九九五年の納税記録の分析を行った。富裕層を特別に優遇する税制度により、トランプ氏は九億一六〇〇万ドルを損失計上することで、十八年分の個人所得税を税額控除の対象としていた」

ニューヨーク・タイムズ紙は、九億一六〇〇万ドルの損失計上によって、トランプのあらゆる個人所得が税額控除の対象となった可能性を指摘していた。そのなかには、『アプレンティス』の出演での各回五万ドルから一〇万ドルの出演料もある。また、上場企業の会長や社長として、一九九五年から二〇〇九年にかけて受け取っていた報酬額もある。そうした会社は、アトランティック・シティのカジノ事業のために設立されていたが、結局は、行き詰まっていた。

「しかし、こうした会社の普通株主にしてみれば、株価は三五・五〇ドルから一七セントにまで下落していた。数多くの請負業者も、トランプ氏のカジノ事業では債務不履行を受けていた。債権者が回収することができたのは、わずかでしかなかった」と、記事は記していた。

このニューヨーク・タイムズ紙の記事に対して、トランプは書簡を送付した。書簡には、こう記されていた。

「この問題についてニュースとなるべき事実があるとするならば、それは、ただひとつのことだけです。二十年以上も昔の納税記録とされるものが、違法に入手されていることです。

さらに、ニューヨーク・タイムズ紙についても、明らかになったことがあります。他のエスタブリッシュメントのメディアも同様ですが、クリントン陣営、民主党、グローバルな特定利益団体のための代理人となっていることです」(41)

また、書簡には、こう記されていた。

トランプは「きわめて有能なビジネスマンです。事業のため、家族のため、従業員のために負託された責任を果たしています。法律上の義務として課された相当の税額を、納税したということです」

つまり、重要な事実としては、ニューヨーク・タイムズ紙としては、トランプに法律違反があったことを証明できなかったということだ。また、以下の事実についても、正確に報道されていた。一九九五年当時においては、九億一六〇〇億ドルの損失計上をして、将来の税額控除に充てること自体には、何ら違法性はなかった。――トランプがしていたのは、ただ、それだけのことだった。

さらに書簡では、問題とされる期間において、トランプが何億ドルもの固定資産税、売上税、不動産税、市税、州税、雇用税、連邦税を納税してきたことが記されていた。そのほかにも慈善事業のために、かなりの金額を寄付していた。

「トランプ氏は、これまでのいかなる大統領候補者よりも、税法のことを熟知しています。税法をどのように改善したらよいかを知る、ただ一人の人物でもあります」

トランプから同紙への書簡では、以下の内容が続いている。

「トランプ氏に優秀な能力があることは、事業を成長させてきたことで証明されています。この国を立て直すためには、そうした能力が必要とされています。

さて、ヒラリー・クリントンは政府高官として腐敗していました。連邦法に違反する行為を犯してきています。

しかし、ドナルド・トランプは、並外れて優れた民間企業の経営者です。法律を遵守した上で、アメリカ国民のために、何万人もの雇用を生み出してきています」

クリントン陣営では、ニューヨーク・タイムズ紙の記事を、「爆弾ニュース」であると表現していた。そして、改めてトランプに対して、完全なかたちで個人所得の納税申告書を公開することを求めた。選挙期間を通じて、トランプは、一貫して公開を拒絶していた。

トランプの代弁者を務めていたニュージャージー州知事クリス・クリスティや、元ニューヨーク市長ルディ・ジュリアーニは、記事の内容は「ドナルド・トランプの類まれな能力」を示していて、「とてもよい」ものだと評価していた。

このニューヨーク・タイムズ紙の記事は、あっさりと失敗に終わった。

「私は、適正に納税している。(トランプも)適正に納税してきた」ジュリアーニは語った。

「もし、こうした税額控除や有利な方法を利用しない場合には、かえって訴訟のリスクが生じることになる」ジュリアーニは説明した。(42)

「自分の会社のために金を稼いだり、節約したりすることは、彼にとっては義務だ。だから、そうした方法を利用しないというのは、あり得ないことだ」

ニューヨーク・タイムズ紙の見解では、内国歳入庁が税法で定めている以上に、個人所得税を払うべき道徳的な義務が存在しているとされていた。しかし、それはいくら何でも、左翼的な立場が過ぎるのではないだろうか?

一九三五年に、グレゴリー対ヘルバリング事件の判決が出て以降、連邦裁判所の原則としては、ラーニド・ハンド判事の判決意見が支持されている。「納税額をできるだけ抑える行為は、何ら非難されるべきことではない」として、「租税回避」の原則が確立されている。つまり、適法とされた範囲内で、連邦個人所得税を必要最小限とすることは、犯罪に該当することではない。これに対して、違法なかたちで連邦個人所得税を逃れる行為が、「脱税」であり、犯罪に該当することだ。

しかし、ニューヨーク・タイムズ紙は、当初の記事から三〇日ほどが経ったときに、またもや恥ずかしげもなく、批判の矛先を変えた記事を放っていた。今度の記事では、トランプが九億一六〇〇万ドルの損失を繰り延べたことを問題視していた。

「顧問弁護士からのアドバイスにより、納税を回避する手段が講じられていた。しかし、法律的な観点からは疑問がある。内国歳入庁からの税務調査を受けた場合には、不適正であると判定される可能性が高い」(43)

結局は、同じことの繰り返しだった。この第二弾の記事は、二〇一六年十月三十一日のニューヨーク・タイムズ紙に掲載されていた。しかし、トランプには、違法性のある行為がまったくなかったことを、二度目に認める結果となっていた。

トランプが取っていた税務対策の方法は、その後の一九九五年以降になっても、議会で違法とされるようなことはなかった。つまり、ニューヨーク・タイムズ紙は、密かに入手したトランプの一九九五年の納税申告書の内容に、まったく犯罪的な要素がないことを認める結果となっていた。むしろ、トランプが弁護士や会計士の助言のもとで、連邦個人所得税についての法律を賢く適用して、経済的利益を守っていたことが証明されていた。

この問題で、クリントン陣営の動きは、裏目に出ることを繰り返した。一九九五年に九億一六〇〇万ドルの損失を発生させながらも、それを繰り延べて税額控除に充てていたことで、何百万もの人々は、たしかにトランプが言うように、納税申告書の公開など必要ないと理解するようになっていた。

また、トランプほどの資産家となると、複雑な税法を適用して作成された納税申告書の内容については、普通の人間にとっては読むことはおろか、理解できるような代物ではなかった。

さらに言えば、トランプは、一九九五年におよそ一〇億ドルもの損失を発生させていながらも、生き延びることに成功していた。この事実によって、数多くのアメリカ人は、トランプが自ら主張する通りの億万長者であると確信することができた。

これほど巨額の損失が生まれていたにもかかわらず、個人破産することもなく、生き延びている。そのような芸当ができる人が、はたして、ほかに誰かいるであろうか?

そして、最後に言うならば、トランプが巨額の個人負債から立ち直っていた事実が示していることがあった。オバマが積み上げた一〇兆ドルの債務を立て直すには、まさに適任者であるということだ。

オバマ政権の八年間では、それ以前の歴代アメリカ合衆国大統領による累計額に匹敵する債務が上乗せされて、国家債務が倍増する結果となっていた。

ペンス対ケインの副大統領候補者討論会
二〇一六年十月四日火曜日、バージニア州ファームビル　ロングウッド大学にて

政治評論家の多くは、最初で最後となる副大統領候補者討論会で、民主党のティム・ケイン上院議員が攻撃的な姿勢を見せていたと評していた。ツイッター上では、ケインは「不気味なピエロ」になぞらえられた。九〇分の討論時間のなかでは、合計で七〇回も、共和党のマイク・ペンス知事の発言を妨害していた。ペンスの方は、政治家らしい落ち着いた態度で、しっかりと自分の信念を語っていた。(44)

その結果、ロサンゼルス・タイムズ紙でさえもが、副大統領候補者討論会の結果は、ペンスの勝利と判定していた。(45)ただし、ニューヨーク・タイムズ紙は予想通りの党派性を見せて、討論会はケインの勝利になったと判定していた。そして、以下のように報道していた。

「場当たり的で混乱しがちな選挙運動のなかで語られている、ドナルド・J・トランプの発言や公約を、ペンス氏が擁護していることに対して、ケイン氏は執拗(しつよう)に異議を唱えていた。ペンス氏は、批判をかわすために、絶えず時間を取られることになった」(46)

CBSニュースのエレイン・キハノ記者による司会は、自分からペンスの妨害をしていない場

面でも、進行が乱れがちとなった。ケインからの妨害が入るたびに、ペンスから反論のための時間を求められていたからだ。

討論の冒頭部分は、以下の通りだ。興味深い流れとなっていた。

ペンス：　やはり現時点では、重要な事実を覚えておく必要があります。ヒラリー・クリントンは、自宅に設置されたメールサーバーで機密情報を扱っていて……。
キハノ：　ですが、三〇秒が終了しました。
ペンス：　……ドローン攻撃のことでした。アメリカ合衆国大統領からのメールが、そこに送信されていたのです。
キハノ：　はい。
ペンス：　私用メールサーバーは、外国からのハッキングにさらされていて……。
（発言が入り混じる）
キハノ：　シリアのことについてお伺いしたいのですが、知事。
ペンス：　サイバーセキュリティのことを、先に問題にしたいのですが。今後、国務長官になる人が、私用サーバーの設置をすることがないようにする必要がありますので。
（発言が入り混じる）
ケイン：　これまでの捜査の結論としては、いかなる検察官の合理的な判断としても、これ以上の措置は必要ないとのことです。あなたは、この問題の正邪を決める立場にはないはずです。それを担うのは、司法制度です。共和党員のＦＢＩ長官のもとで、捜査が行われました。そして、結論が出ています……。

キハノ：いいでしょうか、次のテーマに移ります。二五万人が……。

（発言が入り混じる）

ペンス：もし、私やあなたの息子が、ヒラリー・クリントンのような機密情報の扱い方をしたならば……。

キハノ：……一〇万人の子供たちが――知事……。

ペンス：……軍事法廷に呼ばれることになります。

ケイン：完全なウソです。ご存じのはずです。

ペンス：まったく本当の話です。

ケイン：ご存じのはずですが、知事。

キハノ：知事……。

ペンス：まったく本当の話なのです。

キハノ：お願いします、お二人とも。

ケイン：ＦＢＩとしては捜査をしたのです。

キハノ：お二人とも。

ケイン：　いかなる検察官の合理的な判断としても、これ以上の措置は困難であるとの結論です。残念ですが。

キハノ：　ケイン上院議員、ペンス知事、お願いします。(47)

討論会の冒頭で、ケインは自分たち夫婦が、海兵隊員の親であることを語っていた。「ドナルド・トランプが最高司令官になると思うと、ぞっとします」ケインは語った。ペンスにも、海兵隊員の息子がいた。冒頭では、こう発言していた。「この七年半の間に、世界の中でのアメリカの地位が低下しているのを、私たちは目の当たりにしています。増税、規制の拡大、化石燃料への攻撃、オバマケアとして知られる医療保険制度改革の失敗があったことで、経済は停滞しています。アメリカ国民は、変革が必要であることを分かっています」

次の質問が、ケインに向けられた。ヒラリーを信用できないとする有権者が六〇パーセントいる。クリントンのメール問題や、クリントン財団のことが原因であると考えるか、との質問だった。

まず、ケインは、ヒラリーがチャイルド・ディフェンス・ファンド（児童防衛基金）で、人権擁護派の弁護士として活躍してきた経歴を称えた。それから、トランプ批判に移っていった。「ドナルド・トランプは、いつでも自分のことを優先させる人間です」ケインは言った。

「たしかに、ビジネスを築き上げています。しかし、ある選挙陣営スタッフの言葉によると、『弱者を食いものにしてきた』とのことです。

候補者としては、選挙運動を始めたときの最初の演説で、メキシコ人のことを強姦魔で、犯罪者であると言い放ちました。それから、オバマ大統領がアメリカ生まれではないと、まったく信用ならない話を広めました。本当にあきれたウソでした」

ケインは、ヒラリーと対比して、トランプがアメリカを人種差別の時代に逆戻りさせようとしていると語った。

「あのような時代に戻ろうとしています。しかし、まったく痛ましい……。当時は、アフリカ系アメリカ人には米国市民権がなかったのです」ケインの発言は続いた。

「私には、ペンス知事のことが理解できません。ドナルド・トランプの『自分ファースト』は、他者への侮辱に満ちています。どうして、そんなことを擁護できるのでしょうか」

キハノは、この発言に関して、ペンスに質問を向けた。有権者の六七パーセントが、トランプが危険な選択であると感じている。また、有権者の六五パーセントが、トランプは大統領として「ふさわしい人格ではない」と感じているとのことですが、と尋ねた。

それに対して、ペンスは、ヒラリー陣営の選挙戦略の根底には、他者への侮辱があると指摘した。そして、ケインも、それに同調しているとした。

「さて、いいですか。まずは、言っておきたいことがあります。上院議員、あなたとヒラリー・クリントンは、侮辱本位の選挙運動を展開しています」ペンスは回答した。

「とても重大な問題があります。ヒラリー・クリントンが国務長官の任期を終えて以降、どうなったかということです。当時、オバマ政権の外交政策の立案をしていたはずです。世界のあらゆる場所で、特には中東ですが、まさに秩序が失われてしまいました。

現在のシリアで、時々刻々、起きている状況は、外交政策の失敗によるものです。あるいは、外交政策の拙さによるものです。現政権において、ヒラリー・クリントンが関与したことによって、もたらされた結果です。最近では、ロシアの攻勢も大胆になっています。ウクライナの問題だけでなく、現在は強硬な路線……」

ケインは発言を遮りながら、嫌味な調子で言った。

「あなたたちは、ロシアが好きなんでしょう。お二人が言ってきたことは……」

ペンスは、ケインの発言を無視した。

「……強硬な路線になっています」ペンスは遮られた言葉を、最後まで締めくくった。

ケインは即座に反論して、ロシアをめぐるクリントンの主張を訴えた。

「あなた方が言ってきたことですが。――お二人とも、指導者としては、ウラジーミル・プーチンの方が、わが国の大統領よりも優れていると」

キハノは、割って入ろうとした。ロシアのことは、後ほど質問で取り上げたいとした。しかし、ケインは、司会による進行を無視した。そして、ロシアをめぐる非難を続けた。

「この人たちは、ウラジーミル・プーチンのことを、優れた指導者であると称賛しているのです。そのようなことは……」

発言記録では、このときにケインとペンスの発言は入り乱れた。

キハノは、ケインに向かって言った。

「はい、上院議員。その問題は取り上げますので。それ（ロシアの問題）は、後でやります。しかし、今は……」


ケインは、執拗にトランプを非難した。何度も繰り返して、メキシコのことを持ち出していた。討論の時間のおよそ三分の一が経過していたときだった。ケインとしては受け入れがたい〝政治的に正しくない〟発言を取り上げて、トランプを非難した。

「当初からの発言の傾向について、言っておきたいです。ドナルド・トランプは、選挙運動のなかで、メキシコ人は強姦魔で犯罪者であると言ってきました」ケインは言った。

「女性に向かっては、ブタ、のろま、犬とも言いました。あきれた発言です。私としては、自分の妻や母親の前で、そのようなことは言えないです。

インディアナ州生まれの判事さんのことも非難しました。連邦裁判所で審理をする資格がないと言いました。理由は、両親がメキシコ人だからだそうです。

戦争捕虜となった経験がある、ジョン・マケインのことも非難しました。捕虜になったような人間は、英雄とは言えないとのことです。

アフリカ系アメリカ人は、地獄に生きているとも言いました。それから、偏見に満ちた、あきれたウソもついています。オバマ大統領は米国市民ではないと言っていました」

ケインの発言は、そこで終わらなかった。

「国民が尊重される社会を望むのであれば、そして、法律が遵守される社会を願うのであれば、ありとあらゆる集団に向かって見下した発言をするような人間を、トップにしてはいけないです」ケインは続けた。

「もう一度、言っておきます。ドナルド・トランプがやっているのは、侮辱本位の選挙運動です。私としては、ペンス知事がそのようなものを擁護することが、信じられません」

それから数分が経過したときだった。ケインは、メキシコ人のテーマを、また持ち出していた。

「ドナルド・トランプは、メキシコ人は強姦魔で犯罪者だと言いました。メキシコ移民のことをです。ドナルド・トランプは、インディアナ州生まれの判事さんのことも言いました。クリエル判事には、裁判を担当する資格がないとのことでした。両親がメキシコ人だからだそうです。

どうして、あなたはそのような人のことを擁護するのでしょうか。まったく理解することができません」ケインは言った。

少し前にしていた非難と、ほとんど内容は変わっていなかった。

さらに数分が経過したときだった。ケインは、またもやメキシコ人の話題に戻っていた。

「私たちの見解が異なっている問題があります。難民問題や、移民の問題です。ヒラリーも、私も、治安のことも考えています。しかし、人種として危険であるかどうか、ということを基準にしてもよいのでしょうか？」ケインは尋ねた。

「この人たちは、あらゆるメキシコ人が悪い人たちだ、と言っているのです」

とうとう、ペンスは我慢できなくなっていた。

「それは、まったくの間違いです」ペンスは異議を唱えた。

討論の最後の場面で、ケインからの非難を、ペンスは真正面から受けて立つことにした。メキシコ人のことをめぐる発言に、ペンスは反論を述べた。

以下が、そのやり取りの内容だ。

ケイン：　ドナルド・トランプは、（中絶した）女性は罰せられるべきだとか、メキシコ人は強姦魔で犯罪者だとか言っていますが……。

ペンス：　いいでしょうか……。

ケイン：……それから、ジョン・マケインは英雄ではないと。どんな人格なのかが、分かるというものです。
ペンス：上院議員、あなたはメキシコ人のことを、また言い出しています。いいですか……。
ケイン：あなたとしては、弁護するのですか？
ペンス：ティムさん、この国には、外国人犯罪者がいるわけですよ。そういう人たちが、不法入国してきて、暴力事件を起こしたり、アメリカ人を殺害したりしています。
ケイン：あなたは――だからと言って、あなたはメキシコ人を追い出したいということですか？
ペンス：彼（トランプ）は発言のなかで、ほとんどのメキシコ人は、善良な人たちであると断っています。しかし、あなたは、発言の引用にあたって、そういうことを省いています。そのことも含めて、お話しされるのでしたら、ぜひ、お話ししましょう。

CNNのダン・メリカ記者までもが、ケインには、批判的な反応を示していた。

「オハイオ州の投票先未定の有権者は、今晩の『ケインは、嫌なやつだった』と言っていた。

また、クリントンにとっては、不利な材料が『強まった』」と、ツイートしていた。

共和党全国委員会のラインス・プリーバス委員長も声明を発表していた。ケインのことを、「とにかく中身のない発言を繰り出して、妨害ばかりをしていた」と表現していた。(48)

二〇〇五年のトランプの映像が出てくる：「女性についての猥褻（わいせつ）な会話」

第二回大統領候補者討論会の二日前の二〇一六年十月七日金曜日に、ワシントン・ポスト紙が、ある映像を入手したことを報道した。

その映像のなかで、ドナルド・トランプは自慢めいた調子で、「女性にキスしたり、体に触ったり、セックスできるということを、卑猥な言葉遣いで話していた。二〇〇五年当時の会話が、隠しマイクの音声で録音されていたものだ。『スターであれば、何でもさせてくれる』と語っていた」。(49)

同紙は、この十一年前の映像の入手経路を、明らかにしていなかった。しかし、映像では、バスの車内でのビリー・ブッシュとトランプとの間の会話が、明瞭に録音されていた。ビリー・ブッシュは、当時、『アクセス・ハリウッド』の司会者を務めていて、バスの車体には、その番組名が記されていた。バスは、ハリウッドの撮影現場に到着していたところで、トランプが出演する場面が撮影される予定となっていた。

テレビやラジオ番組の有名司会者であるビリー・ブッシュは、ブッシュ家の一員であることでも知られていた。ビリーの叔父（父親の弟）にあたるのが、ジョージ・H・W・ブッシュ元大統領であり、いとこにあたるのがジョージ・W・ブッシュ元大統領と、ジェブ・ブッシュ元フロリダ州知事だ。

トランプの発言は、女性にキスしたり、性器に触ったりすることを自慢げに語っているように聞き取れた。ただし、そうした発言は、何か大事な会話のなかで行われていたようにも見えなかった。

ワシントン・ポスト紙から、この映像が公開されると、トランプは、短いビデオを通じて声明を発表した。

トランプは、「私は、そのような発言をしましたが、間違ったことでした。謝罪をします」と語りながらも、ビル・クリントンの言動は、自分の「バカな」発言とは比較にならないと述べていた。そして、ビルが女性たちに虐待行為をしてきたことや、ヒラリーも、その共犯者となっていたことを非難した。夫の被害者を黙らせるために脅迫行為をしてきたとした。

トランプは、このように語っていた。

「自分が完全な人間であるとは思ってはいない。そのように、偽ろうとしたこともない」

「自分の言動のことは、後悔しています。本日、公開された、十年以上も前の発言のことです。ただ、私のことを知っている誰もが、その発言が私の人格を表現しているわけではないことを理解してくれています」

現在の自分は、十一年前の映像にあるような人間ではない。トランプは、そう主張していた。

「私はアメリカの変革を訴えて、全米を遊説してきた。そのことは、私自身をも変える体験になった」トランプの発言は続いた。

「お子さんを亡くして、悲しみにくれている母親にも会った。他国に雇用を奪われたことで、失業している労働者にも会った。そうした様々な人たちが、よりよい未来を願っている。わが国には、素晴らしい人たちがいると知ることができた。私が謙虚になれるのは、信じてくれる人たちがいるからだ。

明日は、よりよい自分になることを誓う。絶対に、絶対に、みなさんの期待を裏切りません」

ただし、トランプはこの発言のなかで、別の話題についても語っていた。

「私たちが生きている世界の現実について、正直なところを述べたい」トランプは言った。

「この問題は、現在、私たちが直面している重大な課題から、注意をそらすものでしかない。雇用は失われている。八年前と比べれば、治安も悪化している。連邦政府は、まったく機能していない。ヒラリー・クリントンたちは、国を荒廃させてしまった」

最後に、自分の発言は、クリントンがしてきた性的虐待の行為とは違うものであると説明した。

「私は、バカなことを言った」トランプは認めた。

「だが、これとは比較にならない、発言と行動をした人がいる。ビル・クリントンは、実際に女性を虐待してきた。そして、その被害者たちを、ヒラリーはいじめて、非難して、侮辱して、脅迫してきた」

トランプからの反撃は、予想された通りのものだった。クリントン支持派の主要メディアは、さらに攻勢を強めていた。

エリン・グロリア・ライアン（デイリー・ビースト シニア・エディター）の記事では、映像のなかで「同意なく女性の体を触ること」が自慢げに語られているが、トランプの「女性に対する品位に欠ける態度は、かねてから指摘されていた」と記されていた。(50)

二〇一六年十月七日に、この話題が持ち上がったことを受けて、ヒラリー・クリントンは以下のツイートしていた。

「恐ろしいことです。このような人物を、大統領にしてはいけません」

副大統領候補のティム・ケイン上院議員も、ラスベガスで記者団に語った。トランプの発言の音声について、「あまりにも不快な内容だ」としていた。(51)

アリシア・マチャドからの非難が生まれていたなかで、ビリー・ブッシュの映像までもが公開されていた。こうした流れからは、クリントン陣営と、党派的な主要メディアとのあいだに共犯関係があることが示唆されていた。女性に対する「嫌悪すべき」「性差別主義」の発言だとする、トランプ叩きが仕組まれていた。

数日前の二〇一六年十月四日火曜日には、ニューヨークのＡＰ通信からの報道も出ていた。『アプレンティス』の司会者をしていた頃のドナルド・トランプは、「番組の関係者によると、性的な言葉で女性を傷つけることを、幾度となく繰り返していた。女性の出演者のことを、胸の大きさで評価していた。そして、どの人とならセックスをしたいかとか言っていた」(52)

AP通信は、元番組スタッフ、映像編集者、出演者たち二〇人以上にインタビューしたとしていた。この長寿番組の舞台裏では、トランプが「下品なふるまい」をしていたとされていた。

AP通信は、トランプ陣営が報道内容を否定していることも伝えていた。

「根拠に欠ける、完全に虚偽の内容です。不満を持っている元社員が、世間の注目を集める目的で捏造したものです。まったく事実無根です」と、トランプ陣営の広報責任者ホープ・ヒックスは述べていた。

「『アプレンティス』は、プライムタイムの番組としては、史上最高ランクの成功を収めました。何年間にもわたり、何百人ものスタッフが参加して制作されてきました。そうしたスタッフの多くが、トランプ候補を支持しています」

AP通信は、メールで送付した質問事項に、ホープ・ヒックスからの回答はなく、インタビューにも応じなかったと伝えていた。

トランプのサプライズ記者会見

二〇一六年十月九日、日曜日の夜、第二回大統領候補者討論会が開始される前に、トランプは、報道陣を招いて記者会見を開催した。トランプが用意していた出席者たちに、報道陣は驚くことになった。そこに同席していたのは、ビル・クリントンが性的虐待、もしくは、レイプをしたとされる――ポーラ・ジョーンズ、キャスリーン・ウィリー、ワニータ・ブロードリックだったからだ。

一九九八年十一月十三日に、ビル・クリントンはポーラ・ジョーンズとの裁判を、八五万ドルで和解していた。ポーラ・ジョーンズは、ビル・クリントンと長年の愛人関係にあったが、「四年半以上の徹底的な法廷闘争」の末に、セクシャル・ハラスメント裁判を取り下げることに同意していた。(53)

キャスリーン・ウィリーは、一九九三年十一月二十九日にビル・クリントンに大統領執務室で性的暴行を受けたことを証言していた。(54)また、元介護施設責任者のワニータ・ブロードリックは、一九七八年四月に、当時はアーカンソー州司法長官だったビル・クリントンに、ホテルの部屋で性的暴行を受けたと証言していた。(55)

ＦＯＸニュースの報道によると、トランプは、このミズーリ州セントルイスでの記者会見の映像を、第二回討論会の開催時刻まで九〇分を切っていた時点で、フェイスブックのページに掲載していた。

ビル・クリントンの妻ヒラリーに対する不貞行為のことは、すでによく知られていた。しかし、この記者会見で問題とされていたのは、そのことではなかった。ポーラ・ジョーンズ、キャスリーン・ウィリー、ワニータ・ブロードリックの全員が、ビル・クリントンから受けた性的暴行やレイプのことを、犯罪行為であると非難していた。

さらに、この三人の女性たちの全員が、夫の性犯罪については、ヒラリー・クリントンも同罪であると訴えていた。つまり、性的暴行の被害者たちを黙らせるために、脅迫や攻撃をしたことは事後従犯にあたり、〝イネーブラー〟（依存症者を助長する人）でもあるとしていた。

「この問題は、不貞行為ではなく、軽率な行動でもなく、不倫関係でもなく、ガールフレンドとの関係でもなく、合意に基づくセックスのことでもないのです」と、二〇一六年五月に、ウィリーはCNNに宛てた公開書簡で記している。

「これは、四十年間にわたって、ビル・クリントンが繰り返してきた、性的暴行やレイプという問題なのです。そして、被害を受けた女性たちを、ヒラリー・クリントンが威嚇し、脅迫し、痛めつけ、恐怖心を与えてきたという問題です。ただ、それだけのことなのです」

ポーラ・ジョーンズの裁判で、ウィリーは証言のために召喚されていた。そのときから、ヒラリーは、ウィリーを脅迫して黙らせようとしていた。

「ですから、大統領執務室での事件があって以来、クリントンの取り巻きの記者たちからは、悪意ある攻撃を受けてきました。その四年後に、ポーラ・ジョーンズのセクハラ裁判で、宣誓証言を行うことになりました。すると、その二日前に、ゴロツキたちが現れて、私の子供たちの生命を狙うと脅迫してきました。私を黙らせることが目的でした」と、クリス・クオモ（CNNの番組司会者）宛ての公開書簡で、ウィリーは記している。

「彼女（ヒラリー・クリントン）は、そういう連中を使って、さらにひどい攻撃を仕掛けてきました。とうてい言葉では言い表せないくらい、凶悪なものでした」と、ウィリーは記している。ヒラリー・クリントンがもたらした恐怖の体験を、まだ公表しかねているとのことだった。

「私は証言をするために、弁護士と一緒に、何か月も戦いました。もう、あまり語りたくはない話ですが」

ウィリーは、ポーラ・ジョーンズの裁判での証言のことを思い出そうとすると、当時の恐怖が甦（よみがえ）ってくるとした。

「何か月もの間、脅迫行為が続いて、恐怖を感じました。ペットも行方不明になったり、寿命でもないのに、不審死したりしました」と、ウィリーは公開書簡のなかで、状況を詳しく記していた。

「車も壊されました。あるときには、午前三時に、地下室への扉の前に不審者が立っているのを発見したこともありました。不審な脅迫電話も続きました。深夜に、上の階で就寝していたときに、誰かが家の中に侵入していたこともありました」(56)

ビル・クリントンによる性犯罪の被害者たちは、ウィリーの訴えに同調していた。

「ヒラリー・クリントンは、イネーブラーであるだけではないです。共犯者なのです」

〝ビリー〟・クリントンの幼馴染みの恋人で、元大統領夫妻の陰惨な結婚生活のことを誰よりもよく知る、ドリー・カイルは述べている。(57)

「ワニータ・ブロードリックが、一九七八年にビルにレイプされた後に刑事告発をしていた場合、ヒラリーも事後に脅迫行為を行っていたので、従犯として訴追される可能性があった」と、カイルは書いている。

「穏当な表現を取るとしても、イネーブラーということになるでしょう」

カイルが、ポーラ・ジョーンズの裁判で証言することを決意すると、ヒラリーからの攻撃は熾烈を極めた。ビル・クリントンと長年の愛人関係にあった事実が、公表されてしまうことになるからだった。

「それから、ヒラリーとビルは、あらゆる手段を使って、私を破滅させようとしてきました。虚偽の情報が、全米のメディアにばらまかれたこともありました。完全に存在を無視されたこともありました」と、カイルは書いている。

「その後に、連邦裁判所での宣誓証言で、ビリーは、私のことについて偽証をしています。他の人にも、私のことについて偽証するように唆していました」

ヒラリーは、自分でしたことを分かっているはずだと、カイルは記している。

「私は、自分を攻撃した報道を、すべて見つけているかは分かりません。ヒラリーが、あまりにもたくさんのメディアを使ってきたからです。私の信用を傷つけるために、汚い手を使ってきました」

カイルは、最後に結論を述べている。

「ヒラリーという人は、敵であると見なした相手には、まったく手段を選ばずに、攻撃を仕掛けてきます。ヒラリーにとって、女性の支持者たちは、『長年のお友達』とかではないのです。ただの票でしかないです。そのことが、いつになったら分かるのだろうかと思います」(58)

記者会見には、キャシー・シェルトンも出席していた。わずか一二歳のときのシェルトンをレイプした男の弁護士を務めたのが、ヒラリー・クリントンだった。一九七五年五月十日に、自転車に乗っていたシェルトンは、アルフレッド・トーマス・テイラーと遭遇して、トラックで谷まで連れ去られていた。テイラーは、この少女のことを「ビッチ」と呼び、「いいか、分かるだろ」と言ってレイプしていた。テイラーは、自分で弁護士を雇うことができなかったので、クリントンが弁護人を引き受けることになった。

「ブライトバート」は、弁護人のクリントンが、被害者の少女による証言の信憑性を疑問視したことを報じている。そして、被告人側が選定した医師による精神検査を、シェルトンに受けさせることを求めていた。(59)

「告訴人は、精神的に不安定です。年上の男性に依存して、妄想にふける傾向があるとのことです」と、クリントンは記していた。

「また、過去にも、暴行されたと虚偽の被害を訴えたことがあるとのことです」

この一二歳の少女は、「自分の思い通りにならないと、異常なまでの頑固さを示すことがあります」と、ヒラリーは述べていた。

鑑識で、テイラーの血液と体液が付着した下着の分析が終わると、汚れた部分は検査後に廃棄されていた。そこで、ヒラリーは証拠の残された部分を、ニューヨークの著名な法医学専門家のところに持ち込んでいた。そこでは、もう一度検査をするために必要なだけの血液量が残されていないので、証拠物にはならないと判断された。クリントンは、この法医学専門家への相談の内容を、検察官に申し入れていた。

シェルトンは暴行を受けて、意識不明となっていた。レイプのために、その後の人生は狂ってしまった。子供が産めなくなり、麻薬中毒に陥って、男性恐怖症にもなってしまった。

一九八〇年半ばに、クリントンは、この事件のことをジャーナリストのロイ・リードに語っている。そのときの記録が、二〇一四年になって出てきていた。

「彼は、ウソ発見器を受けていたのですよ！　ポリグラフ検査を受けさせたのですが、パスしてしまいました。この件で、私としては、もうポリグラフ検査のことは、完全に信用できなくなってしまいました」

この事件を振り返っているヒラリーが、笑い声を上げながら語っていた声が、明瞭に記録され

ていた。この音声は、アーカンソー大学図書館の特別資料部で視聴可能となっている。(60)

ＦＯＸニュースの報道によると、トランプは記者会見で、四人の女性を紹介したとき以外では、ほとんど発言していなかった。

「とても勇気のある四名の女性を、ここにお招きしています。私たちとしても、支援することができるのは光栄なことです」トランプは語っていた。

最後の場面で、ある記者が、トランプに向かって質問しようとしていた。有名人には女性の体に触る資格があると思っているのですか、と大声を上げていた。

これに対して、ポーラ・ジョーンズが答えていた。

「どうして、あなたたちは、そのことをビル・クリントンに聞かないのでしょうか？」(61)

トランプは、この四人の女性たちが、第二回討論会の会場で参加できるように、座席を用意していた。

ビル・クリントンは、告発者たちが会場にいることに気づくと、こっそりと視線を投げかけていた。そのときに、眉をひそめて、やましそうな、打ちひしがれたような表情を見せていた。そのことは、すぐに話題となって拡散された。(62)

トランプ対クリントンの第二回大統領選候補者討論会
二〇一六年十月九日日曜日、ミズーリ州セントルイス　ワシントン大学にて

冒頭弁論が終わったところで、CNNのアンダーソン・クーパーは、最初の質問をドナルド・トランプに向けた。ビリー・ブッシュの映像のことが焦点となった。

「トランプさん、私たちのもとには、オンラインで多数の質問が寄せられています。金曜日に公開された映像のことです。お察しのこととは思いますが」クーパーは言った。「あなたは、その発言のことをロッカールームでの冗談のようなものだとしています。しかし、あなたは、同意なく女性にキスすることや、性器を触ることについて語っていました。そうした行為は、性的暴行にあたります。つまり、あなたは、女性に性的暴行をはたらくことを自慢げに語っていたのです。あなたは、そうしたことを理解していますか?」(63)

トランプは言葉を挟んだ。クーパーの聞き方に、異議を唱えていた。

「いいえ、私は、そのようなことは、まったく言っていない」トランプは回答した。「私としては、あなたこそ理解していないように思われる。――あれは、いわゆるロッカールーム・トークだったんだ。

誇りに思えるようなことではなかった。家族にも謝っている。アメリカ国民にも謝ります。た

しかに、誇りに思えるようなことでない。あれは、ロッカールーム・トークだったということだ」

そして、トランプは話題を変えた。イスラム国で人間の首が斬り落とされていることについてふれた。そして、十年以上も前の不適切な発言を議論することよりも、はるかに深刻な問題があると訴えていた。

それでも、クーパーは十分に満足していなかった。女性に不適切な発言をした事実だけを、問題にしていたわけではなかった。トランプに、語っていたような行為をしたことがあるのか、ないのかを確答させたいと考えていた。

「ただ、はっきりとさせておきたいのですが。十一年前に、あのバスで話していたことですが。実際には、同意なく女性にキスしたり、同意なく女性の体に触ったりしたことはないということですか？」クーパーは、質問を畳みかけた。

トランプは、女性には、とても敬意をもって接していると回答した。それでも、クーパーは諦めなかった。

「それでは、はっきりとさせたいのですが。あなたは、そのようなことはしていないと言うのですか？」

クーパーが、この質問をするのは三度目だった。改めて、トランプは回答した。

「正直のところ、私が、そのようなことを言ったのは事実です。あなたも、お聞きの通りだ。

私としても恥ずかしい思いをしている。しかし、私は、女性に対しては、とても敬意を払っている」

それでも、クーパーにとっては、期待していた回答ではなかった。そこで、聞き方を変えて、四回目となる質問をした。

「そうした行動を取ったことはありますか」

トランプは、こうした質問を受けて、実際に、発言したようなことを、行動として行ったことはないと否定した。

「女性たちも、私に敬意を持ってくれている」

そして、トランプはもう一度、言った。

「みなさんに、言っておきたいです。いいえ、そのようなことはしていない」

クリントンは、自分の番が回ってくると、映像のことを非難した。まるで台本が準備されていて、リハーサルをしていたかのようだった。

ヒラリーは、道徳的な高みに立とうとしていた。しかし、被害者の女性たちから、自分たち夫妻に共犯関係があると告発されていることは、完全に無視していた。そうした暴行事件の履歴は、ビル・クリントンがアーカンソー州司法長官をしていた頃にまで遡るものだった。

第二回討論会が始まった時点で、司会者のクーパーが、主要メディアと連携していることは明白となっていた。クリントン陣営の視点から、大統領選を取り上げていたからだ。

ところが、この数十年の間に性道徳が変遷してきたことを、クリントンは十分に理解していなかった。

一九五〇年代のオフィスビルのエレベーターでは、女性はセクハラ行為を受けていたものだった。当時のドワイト・D・アイゼンハワー元帥は、戦時中に運転手を務めていた愛人のケイ・サマースビーと別れざるを得なかった。(64) 第二次世界大戦が終結したときに、アイゼンハワーは、妻メイミーのもとに戻っていた。一九五〇年代の政界の実情としては、離婚歴がある人物は、大統領に当選することはできないと考えられていた。

一九六〇年代のケネディ大統領には、いくつもの不倫関係があった。しかし、主要メディアやスタッフたちは子犬のように従順であり、完全なまでに報道を控えていた。

トランプのことについて言えば、たしかに若かりし頃には、女性関係を自慢するような「ロッカールーム・トーク」的な発言には心当たりがあるだろう。そして、近年になるまでは、よくあることだった。しかし、ドナルド・トランプは、クリントン夫妻とは違っていた。性的暴行や性的虐待を告発する訴訟に成功するような女性は、長年にわたって皆無だった。

二〇一六年のクリントン夫妻は、モニカ・ルインスキーの問題については、うまく収めていた。ビル・クリントンがレイプや性的暴行をした被害者への対応についても、国民からは咎(とが)められたりはしていなかった。

しかし、ヒラリーには、フェミニストとしての信条があった。そのために、コメディアンのビル・コスビーが刑事裁判に追い込まれていた事情を、十分に理解してはいなかった。コスビーは、二〇〇四年当時の母校の大学職員との関係を、重罪となる性的加重暴行の容疑とされていた。十年以上も前の出来事だったが、セクハラ行為であるとして公に非難されていた。(65)

それでも、ヒラリーは、思い止まることはなかった。女性であることを、選挙運動の中心テーマとして訴えることを決意していたからだ。トランプに対しても、女性の敵であるとして批判していた。女性たちを擁護することを訴えて、女性初の大統領になることを目指していた。

第二回討論会は、そうした戦略のハイライトとなった。――ビリー・ブッシュの映像が公開された後には、クリントン陣営とＣＮＮが共謀関係にあることも明白となっていた。

「さて、私もみなさんと同じように、この四八時間で、見たり聞いたりしている問題について、ずいぶんと考えていました」クリントンは話し始めた。これから語ろうとしている内容について、まったく偽善を感じてはいない様子だった。

「これまでの共和党指名候補者とも、政治的な見解、政策、理念をめぐっては、立場が異なることはありました。しかし、大統領としての資質については、疑問に思ったことはありませんでした。

しかし、ドナルド・トランプは違います。私は、六月以降、彼には大統領、そして、最高司令官としての資質がないと言ってきました。数多くの共和党の人たち、無党派の人たちも、同じことを言っています」

ここで、またもや、クリントンが極左派の立場であることが明らかとなっていた。ものごとの善悪は、〝政治的な正しさ〟をもとに判定されるとの姿勢を見せていた。自分たちの考えに賛同しない者は、道徳的に劣っている。そして、犯罪者同然であると断定していた。つまり、とんでもなく低劣な、馬鹿者ということだ。そうした人々が、社会への参加を許されるには、思想の改造が必要ということだった。

クリントンは、大統領になるための道徳的な資格要件を語っていた。しかし、その定義についての考え方は、合衆国憲法に依拠していたわけではなかった。

「金曜日に、ドナルドが女性について語ったことを、私たちは見たり、聞いたりしました。女性をどのように見ているか、女性にどのようにふるまっているか、という問題です」ヒラリーの発言は続いた。

「彼は、映像の内容は、自分の人格を表現するものではないと言っています」

ここから、ヒラリーは徹底的な攻撃を開始した。トランプの様々な発言は、極左派の立場からは、〝政治的に正しくない〟ものだった。嘲笑（ちょうしょう）するべき対象だった。

「しかし、あの発言を聞いた誰もが、まさしく彼の人柄を表していると感じたことは、明らかです」ヒラリーの発言は続いた。

「なぜなら、選挙戦を通じて、そうした姿をずっと見てきたからです。女性を侮辱するところを見てきました。女性を容姿で評価して、一から一〇でランク付けするのを見てきました。テレビでも、ツイッターでも、女性に恥ずかしい思いをさせるのを見てきました。第一回討論会が終わってからの一週間では、元ミス・ユニバースの方を、侮辱するのを見てきました。とても辛辣(しんらつ)な個人攻撃でした」

ヒラリーは、道徳的な非難の結論を述べた。あたかも聴衆のすべてが、自分に賛同するに違いないと、確信しているかのようだった。

「ですから、そうなのです。これが、トランプという人物なのです」ヒラリーは言った。そして、非難の言葉を締めくくった。

「しかし、大統領としての資質に疑問を呈したのは、決して女性のことだけではないです。この映像だけではないのです。

なぜなら、彼が攻撃の対象としてきたのは、移民でした。アフリカ系アメリカ人でした。ラテン系の人たちでした。身体障害者でした。戦争捕虜でした。イスラム教徒でした。そういう様々な人たちでした。

ですから、ドナルド・トランプというのは、そういう人なのです。

私たちが、そして、わが国が、いま問われている問題への答えとしては、このようなことは、わが国のあるべき姿ではないということです。

だからこそ――質問のことに戻って――メッセージを送りたいと思いますが――私たちみんなにとって――少年たちや少女たちにとっても、世界中の人たちにとっても、アメリカはすでに偉大なのです。

私たちは、すでに偉大です。なぜなら、私たちは素晴らしく、お互いに敬意を持ち、お互いに力を合わせ、多様性を尊重することができるからです」

ヒラリーにしてみれば、女性に対する不適切な発言をしたことよりも、さらに大きな罪をトランプは犯していた。その罪とは、現代の民主党が神聖なものとして奉じている、極左イデオロギーに対して異議を唱えていることだ。それは、決して許されないことだった。

「私にとっては、とても大事な価値観です。なぜなら、それが、私が知っている、そして、愛しているアメリカであるからです」ヒラリーは述べた。

あたかもヒラリーは、独立宣言に記された「自明の真理」を再定義しているかのようだった。

「今夜、私は、みなさんに誓います。私が大統領になることができたならば、これこそが、私が尽くすことになるアメリカなのです」

およそ一般通常人ならば、賛成しないはずはないって？

ようやく、トランプが回答できる機会が巡ってきた。トランプは、ヒラリーが訴えている極左イデオロギーは、ただの絵空事であると指摘した。ヒラリーと民主党は、空疎な言葉を弄(もてあそ)んでいるだけである。現実には、民主党の支持層にさえも、その訴えは十分には届いていないとした。

「みなさん、そんなことは、ただの言葉だけだ」トランプは反論した。

「言葉だけのことだ。そんな言葉を、何年もの間、私は聞かされてきた。ニューヨーク州で上院議員に出馬していたときにも、そんな言葉を聞かされた。ヒラリーは、ニューヨーク州北部に雇用を取り戻すと言っていたはずだが、できやしなかった」トランプの発言は続いた。

「ヒラリーが、いつものように、インナーシティ（都市中心部の貧困地域）では教育も、雇用も、治安も荒廃し切っていると語っているときにも、そんな言葉を聞かされている。アフリカ系アメリカ人の力になりたいと。ラテン系の人たち、ヒスパニックたちの力にもなりたいと。インナーシティの人たちの力にもなりたいと」

そして、トランプは訴えかけた。

「彼女がしてきた仕事は、アフリカ系アメリカ人にとっては、ひどいことばかりだった」トランプは述べた。

「彼女は、票が欲しいだけだ。しかし、実際には、何もしてあげてはいない。それなのに、また四年後になると戻ってくる。彼女が連邦上院議員だったときに、私たちは、そうしたことを目の当たりにしてきた。選挙運動の中心は……」

そこで、ABCニュース司会者のマーサ・ラダッツが割り込んだ。トランプが話している論点が、広がりすぎたと考えたようだった。オンラインで質問が寄せられているので、それを質問したいと言った。

「ヒラリーには回答させていたのに。私には、回答させてもらえないのか」トランプは尋ねた。すぐさま、ラダッツは、ブッシュの映像のことに話を戻して、トランプに問いかけた。当時のトランプは五九歳だった。しかし、あのバスでの出来事の以降で、どのように人間として変わったのかと質問した。

「あなたは、あのときとは違う人間になったというのですか？　それとも、あのようなふるまいは、最近まで変わってはいないのですか？」ラダッツは尋ねた。

トランプには、二分間の回答時間があるとされた。

「あれはロッカールーム・トークだった。お話したとおりだ」トランプは答えた。

クーパーに答えたのと同じ言葉を繰り返した。聞き方が違っていたとはいえ、クーパーのときと同じことが質問されていた。

「あれは、ロッカールーム・トークだった。誇りに思えるようなことではないが」トランプは続けた。

「私は、他人に対しては、とても敬意をもって接している。家族に対しても、この国の人たちに対しても、そうしている。たしかに、そのことは誇りに思えるようなものではなかった。起きてしまったことではあるが」

そこで、トランプは反撃の機会をつかんだ。討論会前の記者会見で明らかにしていたことを、この討論会の場でも、強く訴えかけた。

「ビル・クリントンのことを見たらいい。もっとひどいことをしている」トランプは述べた。

「私は、言葉だけだ。しかし、彼は、実際にやったんだ。女性たちにやったんだ。これほどのひどい仕打ちを女性に対してした人は、この国の政治史のなかでは、いまだかつていなかった。どのように言うかは、みなさん次第です。しかし、ビル・クリントンは、女性のことを虐待したんだ」

次に、トランプは攻撃の矛先を、ヒラリーに対しても向けた。ビルの性犯罪の共犯者であるとした。

「ヒラリー・クリントンも、そうした女性たちのことを攻撃した。ひどいやり方で攻撃した」トランプは言った。

「その四名の方が、今晩、ここに来てくれている。そのうちの一人の方は、素晴らしい女性ですが、一二歳のときにレイプされた経験があります。ヒラリーが弁護を引き受けたことで、レイプした男は釈放されてしまった。その後に、この事件のことを、ヒラリーは二回も笑いとばしている。レイプされた少女がいるというのに、笑っていたんですよ。

その少女が、キャシー・シェルトンさんだ。今晩、ここに来てくれている」

ここで、トランプは、明確な違いがあることを、はっきりとさせていた。クリントン夫妻は性犯罪を行った。それには証拠がある。しかし、自分は、まったくそのようなことはしていない、ということだ。

「だから、私の言葉の件を言うのは、やめてほしい」トランプは強調した。

「そうした発言については、本当に、謝罪します。ただ、そんなことを言う人はいるものです。しかし、クリントン大統領は、実際にやったことで弾劾された。弁護士資格も失った。その女性の一人には、罰金として八五万ドルも払っている。そのポーラ・ジョーンズさんも、今晩、ここに来てくれている」

聴衆からは、好意的な反応が生まれていた。

「だから、ヒラリーが、このことを取り上げて、私の十一年前の発言のことをあげつらうならば、恥知らずだ。正直なところ、自分自身のことを恥じるべきだと思う」トランプは、自分の主張を締めくくった。

発言記録によると、このとき、会場からは拍手が起きていた。

シナリオ通りに進めるために、ラダッツは、クリントンに向かって回答を求めた。

「はい、最初に言っておきたいことがあります。いまの彼の発言のほとんどは、正しくないです。どのようなやり方で選挙運動をするのかは、彼が決めることですが」クリントンは言った。

トランプが、クリントンの性犯罪の事実について発言したことに関しては、完全に無視していた。

「自分が言いたいことを、彼は言うことができます。国民からの質問を無視したり、私たちの公約について語らなかったり、よりよい生活や国の将来のためのプランにふれないのは、彼が選んでいることです」クリントンは言った。

会場では、ポーラ・ジョーンズと三人の女性たちが目の前にいたが、完全に無視するつもりでいるようだった。

「このようなことを聞かされるときに、思い出すことがあります。友人のミシェル・オバマが、私たちに教えてくれていることです。

『低いふるまいをする人がいたとしても、私たちは高くありたい』」

ここでも、聴衆からの拍手が起きた。しかし、トランプのときと比べると、明らかに拍手は少なかった。司会者は、トランプに拍手が起きたときには、注意をしていた。しかし、クリントンのときには咎めたりはしなかった。

それから、ヒラリーはさらにトーンを上げて、トランプを攻撃した。極左イデオロギーの視点から見たならば、政治的に正しくない発言を繰り返してきたトランプが、大統領にふさわしいはずはなかった。

「これが一つの映像だけのことならば、今晩、彼が言っていることも理解できるでしょう。しかし、今の時点で、映像の人物であろうと、いま演台に立っている人物であろうと、女性に対する敬意を持っている人物であるかどうかは、すべての人が結論を出しているはずです。それでも、誰に対しても、何についても、彼は謝らないというのです」クリントンは言った。

そして、別の話題に移った。

「カーン夫妻に対しても、まったく謝罪していません。ご子息のカーン大尉がイラクでの任務で戦死して、金星章のご家族となられている方です。それなのに、ドナルドは何週間にもわたって、宗教のことで侮辱し、非難し続けました」クリントンは言った。

「インディアナ州生まれの高名な判事さんにも、まったく謝罪をしませんでした。ドナルドが言うには、両親が『メキシコ人』なので、判事としては信用できないということでした。

全国放送で、ある記者の物まねをして、からかったときにも、子供たちも見ていたというのに、まったく謝罪をしませんでした。

オバマ大統領は米国生まれではないという、人種差別的なウソについても、まったく謝罪をしませんでした。大統領に謝るべきです。国民にも謝るべきです。自分の言葉と行動に対して、責任ある態度を取るべきです」

つまり、ヒラリーにしてみれば、トランプが非難されるべき理由とは、極左派の扇動政治家たちが要求するように――罪を告白して、謝罪の意思を表明しないことだった。その罪とは、極左派が自明の真理とする考え方に対して、決然として異議を唱えていることだった。現代の民主党は、そうした考え方を、すべてのアメリカ人に有無を言わせず受け入れさせようとしていた。

そこで、トランプはクリントンに対して、ウィキリークスによって民主党全国委員会のメールが暴露されている問題では、民主党員たちに謝罪しないのかと尋ねた。ヒラリー・クリントンの指名を確実にするために、デビー・ワッサーマン・シュルツ委員長が、予備選挙で対抗馬のバーニー・サンダースが負けるように工作していたことが判明していた。

ヒラリーが謝罪を求めたことは、トランプを勢いづかせた。

「謝罪のことについて言うならば、あなたには、本当に謝罪しなければならないことがあると思う。あなたが謝罪する必要があるのは、三万三〇〇〇件のメールを削除して、廃棄したことだ。それから、先週、オフィスから運び出されて行方不明になっている、二箱分のメールなどのことだ」トランプは訴えた。

「それでは、そこまでは言うつもりはなかったが、言っておきたい。そこまでは言いたくはなかったが。

もし、私が勝ったときには、あなたの問題を調査するために、司法長官に特別検察官を任命させたい。これほどのウソや、これほどの欺瞞は、いまだかつてなかったからだ。私は、特別検察官を任命したい」

トランプは、自らの主張を強く訴えていた。

「私が発言すると、この国の人たちは怒りを露わにする。私が見るところ、長年、ＦＢＩで仕事をしてきた人たちが、怒りを露わにしている」トランプの発言は続いた。

「こんなことは、いまだかつてなかったことだ。召喚状が出されて、召喚状を受け取った後で、三万三〇〇〇件のメールを削除して、漂白（ブリーチ）していた。とても費用がかかる作業だったそうだ」

そして、ヒラリーが恥知らずだとの結論を下して、「恥を知って当然だ」と言った。

トランプの発言は事実でないことばかりだと、クリントンは反論した。

「前回の第一回討論会では、何百万人もの人たちが、ファクトチェックをすることになりました。今回も、何百万もの人たちに、さらにファクトチェックしてもらいたいと思います。なぜなら、ドナルド・トランプのような気質の人物が、わが国の法の担い手ではないことは、とても幸いなことです」クリントンは言った。

トランプは、即座に言い返した。

「あなたが、刑務所行きになるからだろ」

会場からは、また拍手が沸き上がった。クーパーは、会場では声を上げたり、拍手をしたりしてはいけないと注意を促した。

「時間を無駄にすることになりますから」

クーパーは、聴衆の反応を咎めていた。

この第二回討論会では、ニューヨーク・タイムズ紙でも、クリントンが勝ったと判定することはできなかった。クリントンにとっては、「比較的に控えめな成果」だったと表現されていた。トランプが大統領にはふさわしくないと語りながら、自身には公職を担った実績があると訴えていたことを記していた。(66)

第二回討論会では、間違いなく、トランプの方が優勢だった。クリントンと直接対決するかたちで、メール問題のスキャンダルと、クリントン財団での金銭スキャンダルの両方を攻撃することができたからだ。トランプは、クリントンから道徳的優位にあることを前提とした攻撃を受けていた。しかし、クリントンこそが「女性の敵である」と切り返して、反撃することができていた。第二回討論会の結果、クリントン陣営は、当選に向けて圧倒的な女性票を固めなければならないと理解するようになった。

クリントン陣営としては、トランプが、これまでの人生で女性に対する乱暴な発言をしてきたとして、二倍にも、三倍にもトーンを上げて非難する作戦を取っていた。ヒラリーにしてみれば、自らが考えるところの「女性の敵」という基準に照らしたときに、トランプが大統領にふさわしいはずはなかった。また、同じ基準でみたときに、自分こそが勝者になるべきだと考えていた。フェミニズムの立場からすれば、女性で初めての大統領を目指している以上は、そうなって当然であると考えていた。

十月いっぱいかけて、クリントン陣営は、トランプから性的な虐待を受けたと主張する女性たちを、代わるがわる登場させていた。告発の内容は、三十年以上も遡り、一九八〇年代初めから二〇一三年までのものだった。(67)

しかし、こうした告発者たちの出現には、疑問があった。どうして、トランプが共和党大統領候補者となった今になって、急に名乗り出てきているのかということだ。誰一人として、その理由を説明することができなかった。また、誰一人として、証拠を示していなかった。

さらに、告発者たちの信憑性が疑われる事実も出てきていた。トランプを非難させるために、女性たちに多額の金銭が提供されていたことを示す証拠が、様々な調査から判明していた。トランプ陣営にダメージを与えることを目的として、クリントン派の工作員たちが「捏造された完全なデマ」を作り出していたことが暴露される結果となった。(68)

トランプは、告発者たちのことを、ウソつきだと非難した。虚偽の記事を報道するメディアに対しては、裁判で訴えると脅しをかけた。

「私が女性に対して不適切な行為をしたとの訴えが出てきているが、まったく、完全なる虚偽だ」と、二〇一六年十月十三日にフロリダ州ウエスト・パームビーチで開催された熱気あふれる選挙集会で、トランプは語った。

「そうした訴えは、完全にでっち上げだ。まったくの作り話だ。とてつもないウソだ。そうした出来事は、まったくありもしなかった。そんなことを言っている本人たちだって、本当は分かっているはずだ」(69)

ジュリアン・アサンジのウィキリークスが「ポデスタのEメールのファイル」を公開する

二〇一六年十月七日に、ジュリアン・アサンジが、ウィキリークスから「ポデスタのEメールのファイル」の公開を開始した。第一弾としては、二〇六〇件のメールと一七〇件の添付ファイルが投下された。ウィキリークスは、二〇一六年大統領選ヒラリー・クリントン陣営のジョン・ポデスタ選対委員長から、全部で五万件以上のメールからなる膨大なデータを密かに入手していた。

ポデスタは、ワシントンを本拠とする進歩派の大手ロビー会社ポデスタ・グループを経営したほか、ワシントンの進歩派の著名シンクタンク「アメリカ進歩センター」の創立者兼会長でもある。(70)

ウィキリークスは「ポデスタのEメールのファイル」を、一滴ずつ落としていくようなかたちで、順次、公開していった。一日当たりでは、最大五〇〇〇件のメールが公開されていた。最後の投下が行われたのは、投票日の十一月八日以降になった。

クリントン陣営にとっては、きわめて重大なダメージが生まれていた。民主党全国委員会や、クリントン陣営の幹部たちが書いていたメールが公表されたことで、様々な事実が暴露されてしまっていたからだ。メールを書いていた人たちのなかには、クリントン財団の中枢メンバーもいた。また、クリントンが国務長官をしていた当時に、国務省で仕事をしていた最側近たちもいた。メールを書いていた当人たちが、まさか公開されるとは思ってもみなかったことは明らかだった。数多くのメールの内容は、まったく本音を吐露したコメント、批判、アドバイス、提案、反論となっていたからだ。

ウィキリークスが公開した「ポデスタのEメールのファイル」のなかでも、最大級のダメージとなったのは、二〇一三年に、クリントンがゴールドマン・サックスで講演をしたときの発言記録だ。この講演では、二二万五〇〇〇ドルの報酬が支払われていた。トランプは選挙戦のなかで、発言内容の公開を求めていたが、クリントン陣営は公開を拒否していた。ダメージをもたらす可能性を理解していたからだった。(71)

この講演のなかで、クリントンは、公然とは語れない発言を数多く行っていた。ニューヨーク州選出の連邦上院議員として、あるいは国務長官として、ウォールストリートを支援してきたことを語っていた。また、その結果として、ウォールストリートの大口献金家との間で、ハイレベルでの緊密な関係が築かれていたことを示唆していた。

ドッド・フランク法が「政治的な理由」で成立していたことを認める発言もしていた。その理由は、こう語られていた。

「下院議員として選出された立場にあると考えてみて下さい。自分の選挙区では、有権者の雇用が失われて、会社も倒産しています。そして、メディアが一斉に、ウォールストリートの責任

を追及しています。そうした状況になったときに、ただ、手をこまねいていることはできなかったのです」(72)

ウィキリークスが公開したポデスタのメールでは、ほかにも重大なダメージが生まれていた。ワシントンの主要メディアの記者たちが、民主党およびクリントン大統領選陣営との協力関係にあった事実が暴露されてしまっていた。

以下は、ポリティコ誌が報じた内容だ。主要メディアの有名記者たちが、「ポデスタのハエ取り紙に吸い込まれて」いた実情が明らかにされている。「〝クリントン・ワールド〟のインサイダーとなる情報源の人物に、恥も外聞もなく追従を述べながら、親密な様子をみせていたことで、大いに恥じ入らざるを得ない」結果を招いていた。

メールの内容を読むと、CNBCとニューヨーク・タイムズ紙で寄稿者を務めるジョン・ハーウッドが、ヒラリー・クリントンを称賛しながら、選挙運動についての提案まで行い、ポデスタに取り入っていた様子が暴露されている。

別のメールでは、ワシントン・ポスト紙のジュリエット・イールペリン記者が、ポデスタに記事の概要を事前に提供して、掲載の「予告」をしていた。また、CNBCのベッキー・クイックからは、オバマが指名したシルビア・マシューズ・バーウェル（二〇一四年に厚生長官に就任）を「擁護します」

との約束が記されていた。

ニューヨーク・タイムズ・マガジン誌のマーク・レーボビッチ記者（ワシントンの人々の不変の生態を批判した著書で知られる）から、クリントン陣営の広報責任者ジェニファー・パルミエリには、オフレコでの候補者インタビューについて、その一部の使用許可を求める依頼が行われていた。パルミエリからレーボビッチ記者宛てには、きわめて簡潔なメールで、回答が伝えられていた。「お仕事できて嬉しいです！」とだけ記されて、取引めいた不気味な印象を漂わせていた。

ポリティコ誌のグレン・スラッシュ記者は、何本かの執筆途中の記事を、ポデスタに送信していた。「何かヘマを起こさないように、念のために確認しておきたいと思いましたので」と付記されていた。[73]

ウィキリークス以外でも、「ザ・インターセプト」（ニュースサイト）が、二〇一五年一月当時のクリントン陣営の戦略に関する文書を入手していた。そのなかでは、マギー・ハバーマンのことが――当時はポリティコ誌に、現在はニューヨーク・タイムズ紙に在籍している――クリントン陣営とは「きわめて良好な関係」にある記者だと記載されていた。「以前から記事を用立て」てくれてきた実績があり、決して期待を裏切ったことがないとも記されていた。

「ブライトバート」の報道によると、ヒラリー・クリントンが出馬表明する二日前には、陣営チーフ・ストラテジストのジョエル・ベネンソンの自宅で、非公開でのオフレコの集いが開かれていた。数名のトップ・ジャーナリストのほか、テレビ局の番組司会者たちが、参加予約に「はい」との返信をしていた。また、ワシントンのジョン・ポデスタの自宅でも、夕食会が開かれていた。招待者リストの対象は、クリントンの選挙遊説を報道する予定の記者に限定されていた。(74)

ポデスタほか、クリントン陣営幹部の夕食会に招待されて、取り込まれていたメディアを挙げると、NBC、ABC、CBS、CNN、MSNBC、CNBC、ニューヨーク・タイムズ紙、ワシントン・ポスト紙、ウォールストリート・ジャーナル紙、デイリー・ビースト、ロサンゼルス・タイムズ紙、マクラッチー、ピープル誌、ニューヨーカー誌、ブルームバーグ、ハフィントン・ポスト、バズフィード、ポリティコ誌となる。

また、ジャーナリストで抱き込まれていたのは、ニューヨーク・タイムズ紙のエイミー・チョジック、マギー・ハバーマン、ジョナサン・マーティン、パトリック・ヒーリー、ゲイル・コリンズのほか、ABCのジョージ・ステファノプロス、ダイアン・ソイヤーだ。(75)

「漏洩したメールでは、従順なジャーナリストたちが好意的なニュースを報じてくれていることを、ヒラリー・クリントン陣営幹部たちが誇らしげに語っていたことが暴露されていた。親密な記者たちからは、政治的な助言が行われることもあった。また、どのジャーナリストが、候補者にとって『友好的』なのかという情報が交換されていた」と、ワシントン・タイムズ紙は記している。

「ウィキリークスから公開されている、クリントン陣営の膨大なメールからは、今後も、さらなる暴露情報が出てくる可能性はあるが、以下のことだけは明白だ。

主要メディアのほとんどが、クリントン候補を応援して、共和党の対抗馬ドナルド・トランプを敵視していた。そのことについて、クリントン陣営の幹部たちは、はっきりと自信を滲ませていた」(76)

ウィキリークスが「ポデスタのＥメールのファイル」を公開したなかで、ほかにも深刻なダメージをもたらした情報があった。討論会でクリントンに予定されていた質問の内容が、ドナ・ブラジルから、事前にクリントン陣営に漏洩していたことが暴露されていた。

ドナ・ブラジルは、クリントンの長年の側近で、クリントン陣営を支える重要な政治活動家として知られていた。ウィキリークスの情報公開を受けて、デビー・ワッサーマン・シュルツが委員長を辞任すると、ＣＮＮのコメンテーターを務めていたブラジルは、民主党全国委員会の暫定委員長に任命されていた。

二〇一六年十月三十一日のワシントン・タイムズ紙は、ブラジルが、クリントンに情報を漏洩していたことを報じている。二〇一六年三月五日付のメールでは、クリントン陣営責任者のジョン・ポデスタ宛てに、「明日、湿疹のある女性から、ＨＲＣ（ヒラリー・ロダム・クリントン）

に質問予定」との件名で送信されていた。メールの本文では、「女性の家族は鉛中毒になっています。ヒラリーが大統領になったら、（ミシガン州）フリント（の人たち）のために、何かをしてくれますかと聞く予定です」と記されていた。(77)

ウィキリークスから証拠が出た後でも、ブラジルは、クリントン陣営に情報を漏らしたことについては、シラを切り通した。二〇一六年三月十三日にCNN主催で開催されたタウンホール集会のときにも、ブラジルは、クリントンに予定された質問を、事前にジェニファー・パルミエリに知らせていた。

オハイオ州のほか三〇州が、すでに死刑を廃止している州に追随するべきかとの質問だった。全米死刑廃止連盟による一九七三年以降のデータでは、死刑囚とされた後に釈放されていた囚人が一五六人いた。質問内容は、そのデータを前提として行われる予定となっていた。

ブラジルは、パルミエリ宛てのメールで書いていた。

「その時々ですが、私は、質問内容を事前に知ることがあります」(78)

二〇一六年十月三十一日に、CNNは、すでに同月に提出されていたブラジルの辞表を受理した。この二通のメールの内容で、ブラジルは、罪を自白していたのも同然だった。この時点では、一通目のメールがウィキリークスから公開されていた。

「CNNのコメンテーターとして在職していた期間に、彼女がクリントン陣営との間で交わしのていたやり取りについては、きわめて不快なものであると受け止めています」と、広報責任者のローレン・プラタパスが声明で発表していた。

「ＣＮＮとしては、討論会やタウンホール集会が開催される前に、いかなる質問、事前資料、参加者名簿、背景情報、会議内容であっても、ブラジルに知らせたことはありません」(79)

ニューヨーク・タイムズ紙の記事は、ブラジルの件をきっかけにして、党派色のある政治活動家と契約して、コメンテーターとして出演させてきたことについて、ＣＮＮには「厳しい視線が投げかけられている」と論評していた。また、トランプ陣営の最初の選対責任者コーリー・ルワンドウスキと契約していた件でも、ＣＮＮが、すでに批判を受けていることを指摘していた。ルワンドウスキはトランプ陣営からは退任していたが、非公式アドバイザーとして、コンサルタント料の支払いは継続されていた。トランプ陣営は、退職金の位置づけだとしていた。(80)

ブラジルの一件からは、クリントン陣営と主要メディアのあいだには、きわめて深い連携関係があることが、アメリカ国民の前に明らかとなっていた。ブラジルのメールからは、テレビ放送されている討論会の内容が、事前にヒラリーに伝えられていた事実が判明していた。それにもかかわらず、主要メディアはアメリカ国民に向けて、あたかも偏見なく公正であるかのように見せかけていたのである。

ビル・クリントンの黒人息子ダニー・ウィリアムズが、DNA鑑定を要求する

最終回の第三回大統領候補者討論会が開始される数時間前に、ラスベガスでは、ダニー・ウィリアムズの弁護団が、ビル・クリントン元大統領が父親であることを確認するためのDNA鑑定を求める訴訟を起こすと発表していた。三〇歳のダニー・ウィリアムズは、自分はビル・クリントンの黒人息子であると、長らく主張してきていた。(81)

弁護団の訴えによると、ダニーは出生して以降、クリントンからの養育費を受けることができなかった。政治的配慮のために、ヒラリー・クリントンからの意図的な妨害が行われたとしていた。

「本日、私は、ニューオリンズのジョージ・V・ゲイツ四世と、ワシントンDCのブルース・ファインを弁護士として、私の父が居住するニューヨーク州での裁判を起こします。裁判所の監督の下でDNA鑑定を実施することを求めます」と、記者会見でウィリアムズの声明が発表された。

ウィリアムズは、自分がビル・クリントン元大統領と、アーカンソー州リトルロックの黒人娼婦との間の婚外子であることを訴えてきていた。少なくとも一九九九年以来の訴えだった。

「私が、ビル・クリントンの息子であることは、間違いのないことです」ウィリアムズは、公

開された映像の冒頭で語っていた。

「このことは、私が育ったアーカンソー州では、よく知られています。どこに行っても、誰もが私を指さして、こう言います。

『あそこにいるのは、ビル・クリントンの息子だよ。ビル・クリントンにそっくりじゃないか？　見てごらん。ダニー・ウィリアムズは、黒人のビル・クリントンだね』」(82)

保守派のドキュメンタリー映画製作者ジョエル・ギルバートは、『ビル・クリントンの黒人息子は追い払われた：ダニー・ウィリアムズの知られざる物語』とのタイトルで、九分の映像を制作していた。外見的な類似性を示す、一連の比較写真も公開していた。このギルバートの映像は、二〇一六年十月十一日にユーチューブで公開されて以降、投票日までに三〇〇万回以上の再生回数となった。(83) 最終的には、二四種の配信元を経由して、合計三六〇〇万回以上の再生回数となっていた。

「ビル・クリントンは、私の人生に関わろうとはしませんでした。そのことを、私はいつも残念に思ってきました」映像のなかで、ダニー・ウィリアムズは語っていた。

「私が黒人だからですか？　私に、何か問題があるのですか？　自殺したいと思ったことも、何度もありました。こんなことは、正しいことではないはずです。とても傷ついています」

母親が麻薬で捕まって、刑務所に入った後は、叔母のルシル・ボルトンによって育てられたことも、率直に語っていた。

「ダニー・ウィリアムズの母親は、私の姉のボビー・アン・ウィリアムズです」ダニーの叔母のルシルが、映像のなかでスカイプを通じて語っていた。

「姉は、娼婦をしていました。（リトルロック市街の）一七丁目と大通りの交差点の辺りで立っていました。ビル・クリントンとは路上で出会って、一三回の交際がありました。五、六か月ほどの付き合いがあって、このような結果になりました。ビルの子を妊娠したと言っていました」

現在でも、ダニー・ウィリアムズは、自分がビル・クリントンの息子であることは疑いないと考えている。

「自分の子供たちにも言っています。そうなんだよ、これは、本当の話なんだよと。私の父親は、ビル・クリントンなんだよと。いつか、きっと会ってもらえる日が来るはずだと」ダニーは、映像のなかで語っていた。

映像は、ダニーからのお願いの言葉で終わっていた。

「ヒラリーさん、どうか、私の存在をなかったことにしないで下さい。私は、あなたの義理の息子です。チェルシーさんは、私の姉です。ビルさんは、私の父親なんです」

どうしてダニー・ウィリアムズが問題となるのか

しっかりとした世論調査の結果によると、アフリカ系アメリカ人の有権者の圧倒的多数が、ダニー・ウィリアムズがビル・クリントンの捨てられた息子であると信じていた。外見的な類似性だけではなかった。フォーカスグループ調査でも、黒人有権者が、ダニーの母親と叔母の話には信憑性があると考えているとの結果が出ていた。

ヒラリーと、黒人有権者とのつながりは、従来から希薄だった。ヒラリーが、一九九四年犯罪法を支持していたことが理由だ。この法律が施行されて以来、黒人男性の若年層では、少量の薬物所持という凶悪性のない容疑での投獄が、全般的に増加する結果となっていた。

このクリントン犯罪法では、粉末コカインよりもロックコカインの所持に厳罰を科すことが定められていた。この法律の内容は、富裕な白人層にとっては有利に働いたが、貧困層のアフリカ系アメリカ人が狙い撃ちされることになった。また、ビル・クリントンは知事時代に、アーカンソー州の連邦裁判所で、警察がレイシャル・プロファイリング（特定の人種を捜査対象に絞る手法のこと）を実施することに、賛成意見を表明していた。

主要メディアが、ダニー・ウィリアムズの主張を取り上げることはなかった。存在そのものが無視されていた。ただし、ＣＮＮやＦＯＸの番組のなかで、共和党陣営の代弁者が、司会者に発言を遮られるまで、話題に出すくらいのことはしていた。

もっとも、ダニー・ウィリアムズの存在が、白人のあいだで知られるかどうかということには、私たちも、さほどの関心を向けてはいなかった。むしろ、この問題は、新しいメディアが有効に活用された具体的な実例となった。

ギルバートの映像は、涙なくして見ることはできなかった。この映像のターゲティングに関しては、地域としては、クリーブランド、デトロイト、ミルウォーキー、マイアミ、シャーロット、ファイエットビル、フィラデルフィアなどを対象にして、特定のテーマとしては、音楽、年齢層、黒人文化、都市文化などを対象に定めていた。この感動的な映像作品は、一八歳から三〇歳のアフリカ系アメリカ人のあいだでは、圧倒的に視聴される結果となった。

ユーチューブは検閲をかけようとして、ダニー・ウィリアムズのアカウントを一時的に凍結する動きを見せていた。しかし、猛烈な抗議があった末に、アカウントは復活していた。

オルタナティブ・ヒップホップ音楽グループ「フリーノーツ」は、ダニーの物語が拡散されていたことに触発された。そして、ビルとヒラリーが偽善者であると告発する、キャッチーなラップ・ミュージックを制作した。この楽曲の映像は、「ワールドスター・ヒップポップ」（映像投稿サイト）だけでも五〇〇万回再生された。さらに、「ヒップ・ホップ・ウィークリー」、「ドラッジ・レポート」、「インフォウォーズ」のほかに、数多くの黒人系メディアでも紹介された。

一九九九年には、タブロイドのスター誌がＤＮＡ鑑定を行ったとされていた。そのときには、ビル・クリントンがダニー・ウィリアムズの父親ではないことが判明したとされていた。このような怪しげな主張が生まれるように工作していたのは、クリントン夫妻である。

社会派調査ジャーナリストのジェローム・コルシ博士が、スター誌のＤＮＡ鑑定をめぐる事情を解き明かしている。このときの話は、実際には、クリントンの弾劾裁判のときのケン・スター独立検察官の報告書を元にしていた。つまり、新たにＤＮＡ鑑定が行われていたわけではなかった。

「クリントンのＤＮＡ鑑定が、実際に行われたかについては、まったく見た記憶はないです」

スター誌のフィル・バントン元編集長は、「ＷＮＤ」に語っている。

「私たちとしては、記事としては何も掲載してはいないのです。それでも、メディアの記者からは、たくさんの電話がかかってきました。ニューヨーク・タイムズ紙の記者もいました。ＤＮＡ鑑定の結果は、いつ出るのかといった内容でした」バントン元編集長は語っている。

「息子であることが証明されると思っていました。しかし、ＤＮＡ鑑定についての結論が出てみると、記事にするようなことは、何もありませんでした」

コルシによると、スター報告書のなかでは、法的に有効とされる二種類のＤＮＡ検査が行われたことを、ＦＢＩ捜査官が証言していた。しかし、不思議ではあるが、スター報告書では、一種類の検査の結果しか記載されていなかった。

「スレート」、「スノープス」（ファクトチェック・サイト）、ニューヨーク・デイリーニューズ紙が、いずれも報じているのは、スター報告書では、父親であることを証明するために必要となる二種類の検査のうち、一種類の検査結果だけしか記載されていないことだ。ポリメラーゼ連鎖反応（ＰＣＲ）検査だけで、ＦＢＩのラボで行われる制限酵素断片長多型（ＲＦＬＰ）検査には言及されていなかった。

言い換えるならば、父親であることを確認するためには、異なる二種類のＤＮＡ検査が必要となるが、スター報告書では、ＰＣＲ検査のデータだけしか示されていなかった。つまり、これだけでは、父親であるかどうかの結論は出せないことを意味していた。

スター誌としては、クリントンの血液、もしくは、他の体液の実際のサンプルがない以上は、より信頼度が高い「制限酵素断片長多型検査」、すなわち、「ＲＦＬＰ検査」を実施することはできなかった。つまり、検査能力を備えたラボで、ウィリアムズの体液を使用したＲＦＬＰ検査の結果と、クリントンのＤＮＡのスペクトログラムを照合することができなかった。

一九九九年一月十二日のロサンゼルス・タイムズ紙によると、バントン元編集長は、スター誌が何らかのＤＮＡ鑑定の結果を入手したとの記事を出したのではなく、電話をかけてきた記者に、こう語っていただけだった。

「一致したとか、その可能性があるとかは、まったくないです」

二〇一六年十月三日に、オンラインのファクトチェック・サイト「スノープス」が、ビル・クリントンはダニー・ウィリアムズの父親か否かという問題を検証した結果を公表している。このサイトは、概して民主党寄りだが、訴えの内容が「虚偽」であると証明することはできずに、「不明である」との結論を記していた。(84)

「ダニー・ウィリアムズは、あまりにもビル・クリントンに似ていました。――髪の毛から、何から何まで。あのときには、これで決まりだと思っていました。だから、グッディング記者から一致したとの結果は出せないと言われたときに、もう、その内容に目を通す意欲をなくしてしまいました」

グッディングからの報告を聞いて、結局、バントン元編集長は、記事としては出さないことに決めた。ビル・クリントンがダニー・ウィリアムズの実父であると証明できなかったことに、失望してしまったからだ。

そうしたわけで、バントンとしては記事を掲載したことはなく、電話をかけてきた記者に、「一致したということはない」との結論を伝えただけだった。

バントンは、「一致するはずだと、本気で信じていたのですが」と強調している。

「アーカンソーでは有名な話でしたから。ビル・クリントンと関係があったという女性がいました。リトルロックで、この子はビルの息子だと言って回る人がいたそうです。しかし、私たちが知っていることは、それくらいでした」

著名な法医学専門家のヘンリー・リー博士も、二種類の検査結果を比較しないかぎりは、父親であることは確定できないと指摘している。つまり、スター誌としては、結論を出すために必要なデータを欠いていた。したがって、ビルがダニーの父親である可能性を排除することもできていなかった。

この問題をめぐる全体像としては、さらに興味深い事情があった。スター誌のオーナーは、クリントンの仲間のロジャー・アルトマンだった。アルトマンは、クリントンの有力献金者で、クリントン政権では財務副長官を務めていたが、ホワイトウォーター疑惑に関して、クリントン夫妻に捜査情報を漏洩したことで辞任していた。

ほかにも、コルシによって確認された事実がある。この騒動の当時に、スター誌の法律顧問を務めていたのは、戦闘的なことで知られるクリントンの弁護士デビッド・ケンダルだった。

コルシによるインタビューのなかで、スター誌の元編集長は、いかなるＤＮＡ鑑定の報告書も見てはいないことを認めている。それにもかかわらず、当時のＡＰ通信や、ワシントン・ポスト紙のハワード・カーツ記者は、ＤＮＡ鑑定によってダニー・ウィリアムズの主張が否定されたと報じていた。しかし、それは明らかに虚偽報道だった。

番組『ザ・ケリー・ファイル』のなかでも、トランプの代弁者が、この話題を持ち出そうとしたことがあった。しかし、やはりメーガン・ケリーも、そうした言い分を愚かしくも繰り返すだけだった。

当初、ウィリアムズは、クリントン元大統領に対して、自発的にＤＮＡ鑑定に応じてくれるように訴えかけていた。モニカ・ルインスキーにも協力を求めた。精液が付着したとされる青いドレスを、現在も持っているはずであり、ビル・クリントンの本物のＤＮＡサンプルとして使用できるからだ。しかし、ルインスキーが応じることはなかった。

しかし、そうした試みを通じて、ダニー・ウィリアムズの存在は、全米規模でかなり認知されることになった。ウィリアムズの弁護士は、現在、アーカンソー州の裁判所で、父親であることの確認を求める訴訟を準備中だ。

結局のところ、有効なＤＮＡ鑑定が行われることはなかった。しかし、そのことは問題ではなかった。何百万人もの黒人有権者が、この話を聞いて、本当の話だと確信することになっていたからだ。

これは、正当な選挙活動である。主要メディアが報道を拒んでいた事実をもとに、ヒラリー・クリントンから、アフリカ系アメリカ人の支持層を切り崩す結果につながった。最終的には、ダニー・ウィリアムズの映像のターゲットとなる黒人層では、六ポイントが動いた。つまり、選挙の結果に対して、この映像は、重大な影響を与えたということだ。(85)

「デイリー・コーラー」は、以下のように報じている。

「オバマのときは、黒人層では圧倒的な優勢で、対ロムニーでの得票率では九三パーセント対七パーセントとなっていた。しかし、クリントン対トランプでは、八八パーセント対八パーセントでしかなかった。黒人有権者の投票率が全般的に低下したことが、決定的な要素となったことがうかがえる。ほんの数日前の時点でも苦戦しているとされていたミシガン州、ペンシルベニア州で、トランプが接戦を制して勝利する結果をもたらした」(86)

こうした投票率の問題は、重大だった。私たちとしては、黒人有権者からのヒラリーへの支持が脆弱であることを確信していた。

二〇一五年七月の「クック・ポリティカル・レポート」では、ヒラリー・クリントンにとっては、勝利の鍵が、黒人有権者の投票率にあることが、すでに指摘されていた。二〇一二年にバラク・オバマが黒人層から獲得していた得票に及ばない場合には、勝利への道が閉ざされるとしていた。(87)

・「現在の民主党の支持基盤のなかでは、黒人票がきわめて重要だ。このことは、どれほど強調してても足りないくらいだ。選挙人団制度のもとでは、なおさらのことだ。

二〇一二年の出口調査のデータによると、以下の七つの州では、オバマの勝利を決めた得票差は、アフリカ系アメリカ人の有権者から生み出されていた。それは、フロリダ州、メリーランド州、ミシガン州、ネバダ州、オハイオ州、ペンシルベニア州、バージニア州だ。これらの州で、合計一一二人の選挙人票を獲得していなければ、オバマは大敗していたはずだ。

ウィスコンシン州でも、オバマ勝利を決めた得票差の大部分は、アフリカ系アメリカ人から生まれていた。メリーランド州を除き、これらの州は、二〇一六年にもきわめて重要な激戦州となるはずだ」

・「たしかに、アフリカ系アメリカ人の投票率が、二〇〇八年よりも以前の水準で維持されるのであれば、ヒラリー・クリントン候補が敗北するとは限らない。しかし、多くの接戦州で、得票差の状況は、きわめて不利になるはずだ。

例えば、バージニア州の投票でのアフリカ系アメリカ人の占める割合が、二〇一二年の二〇パーセントではなく、一八パーセントであったとしたら？　オバマの勝利は、三・九パーセント差ではなく、一・六パーセント差に縮小していたと推計される。

オハイオ州での割合が一五パーセントではなく、一三パーセントであったとしたら？　オバマの勝利は三・〇パーセント差ではなく、〇・八パーセント差に縮小していたと推計される。

ペンシルベニア州での割合が一三パーセントではなく、一一パーセントであったとしたら？　オバマの勝差は、五・四パーセント差ではなく、三・四パーセント差に縮小していたはずだ」

・「ヒラリー・クリントンが、アフリカ系アメリカ人の有権者で――白人有権者でも――善戦するのか苦戦するのかは、まだ定かではない。十一月の対戦相手が、誰になるかにもよるからだ。

しかし、選挙人票を制するためには、民主党の支持基盤としては、アフリカ系アメリカ人が、きわめて重大な課題となることは明らかだ。

したがって、アフリカ系アメリカ人の選挙への関心を高めるために、しっかりと取り組む必要がある。その取り組みは、増加するラテン系有権者以上のものである必要はないかもしれないが、同じくらいの時間を費やすことが必要だ」

ドナルド・トランプは、「二〇一六年の重要な激戦州」とされた六州のうち四州（オハイオ州、フロリダ州、ミシガン州、ペンシルベニア州）を制した。トランプが勝利を決めるためには、これら四州だけではなく、ノースカロライナ州を制することも必要となっていた。ノースカロライナ州では、二〇〇八年には僅差でオバマが勝利していたが、二〇一二年には僅差でのロムニー勝利に覆っていた。ウィスコンシン州も、やはり重要な激戦州とされていたが、勝算があるとの見通しはなかった。

投票日の前には、複数の調査により、期日前投票での黒人有権者の投票率が出ていた。二〇〇八年と比較すると、いくつかの重要な激戦州では、低調な数字となっていた。バラク・オバマと同じ水準の熱狂を、ヒラリー・クリントンが生み出せていない状況が示されていた。(88)これが、ダニー・ウィリアムズ効果である。

・「大統領選の帰趨（きすう）を決める複数の激戦州で、アフリカ系アメリカ人の有権者は、四年前ほどの強い勢いを示していない。投票日が一週間後に迫り、ドナルド・J・トランプへのリードを失いつつあるなかで、ヒラリー・クリントンを悩ませる問題となっている。

今回の大統領選では、アメリカ国民の数千万人が、過去最高の規模での期日前投票を行っているが、その状況は、民主党で多くの人たちが懸念していた方向に向かっている。わが国で初めての黒人大統領が、今回は候補者となっていないことから、投票率の落ち込みが示されつつある」

このニューヨーク・タイムズ紙の記事は、特に、フロリダ州とオハイオ州に関心を向けている。結局、両州では、トランプが勝利した（ラストベルトの三州での結果と比べても、大きな票差となり、トランプを圧勝させることにつながった）。

・「フロリダ州では、期日前投票が拡大されている。二〇一二年には、投票のために何時間も並んで待つ人たちの長い行列ができていたからだ。しかし、直接に投票所に出かけた有権者のうち、アフリカ系アメリカ人が占める割合は、現在のところ、四年前の二五パーセントから一五パーセントに減少している……」

二〇一二年と比較して、アフリカ系アメリカ人の投票率が低下している。

フロリダ大学政治学部のダニエル・A・スミス教授は、マイノリティ人口が多いマイアミデイド郡、パームビーチ郡、ブロワード郡における、現時点までの期日前投票の状況を、二〇一二年のデータと比較している。今回の期日前投票での内訳は、黒人票が二二パーセント、白人票が四〇パーセント、ヒスパニック票が三一パーセントであることが判明している。二〇一二年の内訳では、黒人票が三六パーセント、白人票が三五パーセント、ヒスパニック票が二三パーセントとなっていた。

『クリントン陣営が、対策を強化することができなければ』との前提では、『フロリダ州は危ぶまれている』と、スミス教授は語っている」

・「オハイオ州でも、期日前投票での黒人層の投票率が低下している。民主党が強い地域であるクリーブランド、コロンバス、トレド近郊でも、投票率が低下している。それでも、クリントン陣営によると、州内のアフリカ系アメリカ人の教会では、日曜日に、投票所に出かけるように一生懸命に働きかけているとのことだ」

ニューヨーク・タイムズ紙は、クリントンがコロラド州とネバダ州で優勢であることについては、的確に指摘していた。したがって、ノースカロライナ州、フロリダ州、オハイオ州を落としても、当選の可能性があるとしていた。しかし、ペンシルベニア州、ウィスコンシン州、ミシガン州で投票率のことが問題となる可能性には、まったく言及していなかった。

地元紙のフロリダ・トゥデー紙でも、フロリダ州の期日前投票で、アフリカ系アメリカ人の投票率が低調となっている状況が報じられていた。(89)

・「フロリダ州では、黒人有権者の投票率が低調であることが、ヒラリー・クリントン以下の民主党候補者にとっての深刻な問題となっている。全体での投票率は上昇しているが、黒人有権者の投票率は、二〇一二年と比較して『かなり低調』となっている……。

クリントンにとっての懸念は、フロリダ州の一七〇万人の黒人有権者で、投票率が低調となっていることだけではない。アフリカ系アメリカ人からの得票率は、およそ八〇〜八五パーセントとなっているが、二〇一二年のときのオバマが、九五パーセントの得票率だったのと比較すると、かなり低い数字だ」

選挙後の調査研究では、黒人票とトランプ勝利の関係についての見解としては、一般的には、ヒラリー・クリントンが投票率を上げられなかった点が強調されている。フィラデルフィア・トリビューン紙も、そうした解釈を取っている。つまり、選挙結果は、トランプの勝利というよりも、クリントンの敗北であったとの印象で記述している。(90)

・「今回の投票率について、黒人票という視点からみると、黒人層の政治的な力が十分に発揮されなかったことが問題となる。当初の出口調査のデータでは、二〇一六年の投票総数のうち、黒人票の割合は一二パーセントとなっていた。これは、二〇一二年と比較すると、わずか一パーセント減少しているだけだ。

二〇一二年には、黒人有権者の投票率は、白人有権者よりも強い勢いを見せていた。全米での投票総数のうち、黒人票の占める割合は一三パーセントとなっていた。総人口に占める人口比と同じ割合を示す結果となっていた」

・フィラデルフィア・トリビューン紙は、さらに投票率についての分析を掘り下げて、アフリカ系アメリカ人の有権者層で、深刻な状況が起きていたことを明らかにしている。当初に期待されていたほど、支持基盤としては固め切れていなかった。

投票日の夜に集計された投票総数は、一億三一七四万一五〇〇票だ。出口調査データをもとに、黒人票の割合が一二パーセントであるとすると、黒人票の合計は一五〇〇万八九八〇票となる。しかし、二〇一二年には、全米で一億三〇三〇万の投票総数に対して、黒人票は一六九三万八〇〇六票となっていた。この二回の大統領選を比較したときに、黒人票が一一・四パーセントも減少したとの憂慮すべき結果が示されている。

ペンシルベニア州の結果を受けて、リベラル派コラムニストのアル・ハントは、同州でクリントンが敗北したのは、オバマ並みの支持がなかったことが原因であるとした。(91)

・「クリントンは、ピッツバーグやフィラデルフィアでは、想定通りの得票差を獲得することができた。しかし、四年前と比較すると、フィラデルフィアでは約一〇万票も得票を減らしていた。郊外の四つの郡では、オバマと比べても優勢となったが、得票の伸びは期待されたほどではなかった。――そのひとつであるチェスター郡では、二〇一二年には、共和党のミット・ロムニーが勝ち、今回の投票日直前には、メラニア・トランプが選挙演説に訪れていた」
・「民主党の地盤であるにもかかわらず、トランプが強い勢いを見せた地域があった。トランプは、スクラントンで接戦となる戦いをした。二〇一二年には、オバマと、同地を出身とするジョー・バイデンが、一六パーセント差をつけていた地域だ。また、オバマが圧勝していたウィルクスバリやエリー郡でも、トランプは勝っている」
・「ペンシルベニア州の出口調査では、三〇歳未満の有権者層でも、クリントンへの支持が、オバマへの支持よりも弱かったことが判明している。投票総数のなかで、この世代の有権者が占めた割合は、クリントンにとっては期待外れのものとなった。二〇一二年には一九パーセントだったが、今回は、わずか一六パーセントとなっていた。

さらに言えば、黒人票では、圧倒的多数がクリントンに投票したとはいえ、投票総数に占める割合では一〇パーセントとなっていた。前回の一三パーセントからは低下していた。もし、ペンシルベニア州全体の投票総数の一二パーセントに達していたならば、クリントンは同州で勝利することができたはずだ」

ニューヨーク・タイムズ紙は、特に、ミルウォーキーの黒人票に焦点を当てて、ウィスコンシン州の結果を分析している。この地域でも、ヒラリーの人気は低調だった。(92)

・「ウィスコンシン州では、ヒラリー・クリントンの勝利が予想されていた。従来から、全米有数の投票率が高い州であるとされている。今年の投票率六八・三パーセントも、五〇州中で五位だ。しかし、ウィスコンシン州としては残念なことに、過去十六年間では、最低の投票率となった。この棄権者の存在が、重大な結果をもたらした。わずか二万七〇〇〇票差で、この州をトランプ氏が制したからだ」

・「ミルウォーキーの最低所得者層の居住地区を見たときに、今回の投票率の問題を理解することができる。市内の一五地区のうち、貧困度で下位の五地区では、その他の地区と比較したときに、二〇一二年から二〇一六年では、投票率が大幅に落ち込んでいた。この五地区での投票数の減少は、市内全体での減少の半分を占めていた」

・「最大の落ち込みが見られたのは、第一五地区だ。色褪（いろあ）せた木造住宅が並び、サンドイッチ店やファーストフード店では、黒人の店が八四パーセントを占めている。ミルウォーキー市選挙管理委員会エグゼクティブ・ディレクターのニール・アルブレヒトによると、この第一五地区での投票率は、二〇一二年と比較して一九・五パーセントも低下していた。この地区は、ミルウォーキーの最貧困層の居住地域だ。二〇一六年のドキュメンタリー映像『ミルウォーキー５３２０６』では、人口当たりの投獄率が、全米で最も高い地域だとされている」

このニューヨーク・タイムズ紙の記事を、ニューヨーク・マガジン誌が取り上げている。ミルウォーキーの黒人居住地区の低学歴層の有権者は、トランプが人種差別主義者であるとの主張に、憎悪を煽（あお）られることはなかったと指摘している。トランプの公的な発言をめぐって、ヒラリーに投票するとの流れは生まれていなかった。(93)

・「ミルウォーキーのアフリカ系アメリカ人の有権者は、トランプが偏見に満ちた人物で、女性差別的であるとの主張に、憎悪を煽られたりはしなかった。民主党で多くの人たちが期待していた方向には、動かなかったということだ。

民主党陣営とジャーナリストたちは、トランプのマイノリティに対する乱暴な発言が、民主党の支持基盤を燃え立たせるはずだと考えていた。そして、トランプの戦いは、さらに厳しいものになるはずだと考えていた。そうした見通しを、自信満々に語ったり、書いたりしてきた。しかし、現実には、そのようなことは起きてはいなかった」

投票日の翌日に、ウェブサイトの「ミシガン・ライブ」は、トランプがミシガン州で僅差の勝利となった理由として、デトロイトやフリントで、ヒラリーの支持が低調だったことを指摘している。(94)

・「非公式な調査結果によると、黒人有権者の割合が最も高い地域で、クリントンは、四年前のオバマ並みの得票を獲得できなかった。デトロイト都市圏のウェイン郡、オークランド郡、マコーム郡が、そうした地域にあたる。

これらの郡での投票総数は、十一月八日火曜日の州全体での投票総数の三七パーセントを占めている。この地域でのクリントンの得票率は、五五パーセントだった。しかし、同じ地域で、四年前には、オバマの得票率は六九パーセントとなっていた。

・「この熱量の落差は、ジェネシー郡でも現れていた。この郡の中心都市であるフリント市では、黒人は有権者の五六パーセントを占めている。クリントンは、五二パーセント対四二パーセントで勝ったが、票差は一万九〇〇〇票だった。

これは、二〇一二年の共和党ミット・ロムニーに対するオバマの実績には及ばない結果だ。オバマは、六三パーセント対三五パーセントで勝ち、票差では五万七〇〇〇票が開いていた」

・デトロイト市が含まれるウェイン郡では、黒人は有権者の三九パーセントを占めているが、クリントンの得票率は六六パーセントにとどまった。オバマがロムニーと対戦したときの得票率は七三パーセントだった。

「ものすごく大きな違いです」と、インサイド・ミシガン・ポリティクス編集者兼発行人のスーザン・デマスは語っている。

「アフリカ系アメリカ人の投票率が低下しましたが、他方で、トランプ支持の地方の白人層で、投票率は上がりました。こうした事情で、ミシガン州では、トランプが善戦して勝利する結果となったのです」

・「サギノー市が含まれるサギノー郡では、トランプは、得票率では四七パーセント対四六パーセントで勝っていた。サギノー郡で共和党候補が勝ったのは、一九八四年以来のことだ。このとき、ロナルド・レーガンは全米にわたる地滑り的勝利で、ウォルター・モンデールを破っていた。サギノー郡での投票率は、二〇一二年には六五パーセント以上あったが、今年は六〇パーセントに低下していた。投票日の火曜日に、サギノー市内のイーストサイド各地区での投票率は四一～五一パーセントとなっていた。――これらの地区は、黒人とヒスパニックが多い地域である」

ダニー・ウィリアムズの苦難の人生を知った有権者が、もはやヒラリーには投票しなかったであろうことは、疑うべくもなかった。ダニーの叔母は、ヒラリー・クリントンに赤ん坊を見せに行こうとしたが、断られてしまったという話もしていた。そうした証言を、黒人の有権者は完全に信じていた。

アーカンソー州の州警官の二名は、ダニー宛てのクリスマスのプレゼントを、母親の自宅に届けたことがあると証言していた。州警官をしていたラリー・パターソンが語った映像は、かなりの反響があった。毎月の初めには、アーカンソー州政府のプレートが付いた車を使って、七枚の一〇〇ドル紙幣の新札が入った封筒を届けていたと証言していた。この話は、フェイスブックを通じて拡散された。

ドナルド・トランプが、大統領選の選挙運動を通じて、アフリカ系アメリカ人に向けて、いつも問いかけていたことがある。オバマ大統領の民主党政権の八年間で、経済的に生活がよくなったのか、ということだ。

「これ以上に、何か失うことがあるだろうか？」

トランプは、アフリカ系アメリカ人に向かって、二〇一六年の選挙では支持政党を変えて、共和党に投票してほしいと訴えかけていた。

ダニー・ウィリアムズのスキャンダルは、クリントン夫妻からは完全に無視されていた。しかし、すでに見てきた通り、アフリカ系アメリカ人のあいだでは、幅広く共有されていた。ジョエル・ギルバートの映像が拡散されたほか、ダニーの物語をテーマとしたラップ・ミュージックの映像が広まっていたからだ。

もちろん、ダニー・ウィリアムズの話だけが理由で、かなりのアフリカ系アメリカ人の有権者が、共和党への投票に転向したわけではない。ダニーの話が拡散されたほかにも、クリントン犯罪法のことがあり、経済面での改善がないこともあった。そうした様々な理由があって、アフリカ系アメリカ人のコミュニティの中では、ヒラリー・クリントンへの熱量が高まることはなかった。その結果、黒人の投票率は低調になった。このことが、トランプが選挙で最終的に勝利を収める上では、きわめて重要な要因となった。

クリントン・レイプTシャツ

クリスチャン・ジョシのことを、ご存じない方もいるかもしれない。クリスチャンは、私のために「クリントン・レイプTシャツ」のキャンペーンをしてくれた。さらに、このキャンペーンを成層圏にまで吹っ飛ばしてくれたのが、アレックス・ジョーンズだ。

たしかに、これは完全なるゲリラ戦術だった。しかし、主要メディアの報道管制を破るためには、ただひとつの方法だったことも事実だ。ビル・クリントンの性的暴行のことも、ヒラリーが脅迫による隠蔽工作の共犯者であることも、主要メディアが報道することはなかったからだ。

クリスチャンは、政治工作員としては最高に優れた才能を持っていたが、それを発揮しようとはしなかった。――もっとも、私に次いで最高、という意味だが。私は、そうしたクリスチャンのことが好きだ。とても若い頃から、政治の世界では、かなり成功はしていた。しかし、ある時、「突然」に転身して、名の知られるジャズ・シンガーとなってしまった。

ヒラリー・クリントンについての本を書いたこともあった。ヒラリー・クリントン本が流行になる以前のことだ。はっきり言えば、クリスチャンの頭脳の中には、あらゆることが散らかっていた。おそらく、それが有能である理由だった。気難しくて、落ち着きはないが、有能だった。

政治的な「工作活動」を成功させるためには、真実であるだけでなく、面白さも必要となる。どちらか一方が欠けても、成果は生まれない。しかし、その両方が揃ったときには、強力な武器となる。影響力のあるメッセージとなって、伝わっていく。

真実であるだけでは、十分ではない。それだけで伝わるならば、素晴らしいとは思う。しかし、この世の中では、そうはならないものだ。誰しも何かと忙しいものであるし、ほかに注意を引くものは、いくらでもあるからだ。高校時代の教師の名前や、鍵を置き忘れた場所と同じように、真実であることでも、記憶のどこかに埋もれてしまうものだ。

真実のことを心に刻んでもらうためには、何かほかのものと、一緒に覚えてもらうことだ。特に、面白いことや、ショックなことであるとよい。高校時代に聞いたジョークは、誰が言っていたかよりも、その内容の方を、よく覚えているものだ。

クリントン夫妻をめぐる問題については、あまりにも大量に、ネガティブな情報があふれていた。しかし、不思議なことに、それが、かえって好都合な結果となっていた。あまりにも情報過多である場合には、ただのノイズに聞こえてしまうからだ。つまり、合唱団のなかで、それぞれが別々の曲を歌っているようなものだ。

そして、何か「頭から離れない」メッセージを、効果的に届けたいのであれば、徹底的に絞り込む必要がある。どのようなメッセージを行き渡らせたいかを考えて、何度も繰り返し考えて、煮詰めていくことだ。

つまり、どのようなメッセージを伝えたいのかを選び出すことは、どのように伝えるかと同じくらい大事なことだ。では、クリントン夫妻のことであれば、何を選び出したらよいのだろうか？

クリントンの数々のスキャンダルのなかには、主要メディアとしては報道せざるを得ないものもあるだろう。そうしたヒラリーに不利な報道については、ジャーナリストたちは客観性を装いながらも、リップサービスの言葉を添えてくれることだろう。

Ｅメール・スキャンダル、クリントン財団の献金ビジネスの側面、ビルの不倫問題なども、まったく報道しないわけにはいかない。もっとも、それほど数多くは報道しない。メディアとして許される限りで、抑え込むことになる。そして、左翼の視点からしか語られることはない。「チェック済の印をつけました」とするために、短い否定的なコメントをしておいて、無視したとの批判を招かないようにしておくことになる。

ヒラリーは、世界で「最も高く、最も硬いガラスの天井」を破るために出馬していた。しかし、そのときにメディアとしては、ビルがどれだけ人間として倒錯した振る舞いをしてきたかを調べることも、報道することもできたはずだった。そうした事実は、簡単に入手することができたからだ。

ビル・クリントンの性的暴行やレイプについての訴えは、政治に関心を持つ人たちの間では、一九九〇年代からよく知られていた。しかし、当時のメディアは、全力を挙げてワニータ・ブロードリックの証言を隠し通した。

メディアの不公正な対応のために、ポーラ・ジョーンズの名前は、深夜番組でのジョークのネタの扱いにされてしまっていた。ジョーンズやブロードリックの本当の話を、有権者が聞かされることはなかった。だから、本当の話が知らされる必要があった。ワニータ・ブロードリックに関しては、そもそも存在さえもが語られていなかった。

一九七八年に、ビル・クリントンは、アーカンソー州リトルロックのホテルでブロードリックをレイプしていた。その恐るべき話は、一九九九年に彼女が証言するまでは、広く報道されることはなかった。

ほとんどの主要メディアが無視するなかで、NBCニュースだけが、ブロードリックの独占インタビューを行っていた。放映されたのは、このたった一回だけだった。クリントンがモニカ・ルインスキー事件での偽証で弾劾裁判となり、失職を免れた後でのことだった。見逃してしまった人は、この話を知ることができなかった。

この話も、簡単に取材することができたはずだった。

クリントン夫妻がホワイトハウスを去って以降の十六年間のなかで、左翼の進歩派は、これまで以上に、文化を変容させることに取り組んできた。特に、大学のキャンパスで、若者たちを対象にした動きは顕著だった。

酔った勢いでの性行為は、かつては通過儀礼のようにも扱われていた。しかし、酔っていたのが男だけではない場合でも、また、男の側から行為を始めたのではない場合でも、男の側にだけ責任が問われるようになった。さらに、そうしたことを告発する者が、英雄扱いされるようになった。そして、どんな場合であっても、そうした人を信じてあげなければならないとされるようになっていた。

コロンビア大学の学生のエマ・サルコウィッツは、「マットレス・ガール」として知られている。レイプされたとの被害を訴えたときに、大学側としては証拠がないとする対応を取った。すると、この女子学生は、レイプのときに使われたとするマットレスを持って、大学内の教室をめぐり歩いた。やがて、サルコウィッツは、女性の権利を守る旗手として、持ち上げられるようになった。現在でも左翼の人たちからは、そうした扱いを受けている。

ローリング・ストーン誌でも、「キャンパスでのレイプ事件」と題する虚偽の記事が掲載されたことがあった。大学内の左翼派は、「ジャッキーさん」の告発を、とにかく信じてあげるべきだと訴えていた。ウソがばれて、記事が撤回された後も、そうした訴えは続けられていた。

このようなメンタリティは、特に、ミレニアル世代の有権者には根強かった。ワニータ・ブロードリックのレイプ事件が、クリントン夫妻を攻撃する有効な武器となるための環境が整っていたのである。

二〇一五年十一月に、ヒラリーは、「すべての性的暴行を受けた人たちは、話を聞いてもらい、信じてもらい、支援してもらう必要がある」とツイートしていた。このときに、ヒラリーは、自らの立場を鮮明にしていた。しかし、「信じてもらう必要がある」と発言したことによって、明白な疑問が投げかけられる結果を招いていた。

ヒラリーは、ワニータさんのことを信じてあげたのだろうか?

この疑問は、その一か月後に公開の場で、クリントンにぶつけられることになった。

「ええ、どのような人であっても、まずは信じてもらう必要があると、私は思います。証拠に基づいて信用できないと判断されるまでは」と、クリントンは言った。

このツイートが削除されてしまう前に、私たちは引用掲載しておいた。

ビルとしては、ブロードリックからの告発については、まったく語ったこともなければ、否定したこともなかった。ほとんどの国民も、そうした話は、まったく聞いたことがなかった。そうしたなかで、ヒラリーは自己の絶対的な信念を、はっきりと表明していた。

したがって、何が必要とされているかは明白だった。このクリントン夫妻にまつわる話を、まったく聞かされていなかった有権者に向けて、真実を知らせることだ。

最善のメッセージとは、シンプルなメッセージだ。そうして私の頭に閃(ひらめ)いたのが、ビル・クリントンの「〝レイプ〟Tシャツ」だった。二〇〇八年の選挙戦で、バラク・オバマが看板にした

「ＨＯＰＥ（ホープ）」にならい、クリントンの「ＲＡＰＥ（レイプ）」が誕生した。クリーブランドの党大会のときに、報道陣向けのネタとして試してみると、瞬く間にヒットした。

　このＴシャツが発売されると、すぐにクリントンの選挙集会で、Ｔシャツを着た人たちが現れるようになった。もちろん、そのような動きは、偶然に発生していたわけではなかった。

　アレックス・ジョーンズは、このＴシャツ姿でテレビに映ることができた人には、誰でも一〇〇〇ドルを払うと約束していた。また、クリントンの選挙集会の会場で、このＴシャツ姿で「ビル・クリントンは強姦魔（レイピスト）だ！」と大声を響きわたらせることができた人には、誰でも五〇〇〇ドルを払うと約束していた。結局、アレックス・ジョーンズが払ったのは、合計一二万五〇〇〇ドル以上となった！

　こうして、火蓋（ぶた）が切って落とされた。

　乱暴なやり方のように思われるかもしれない。しかし、抜群の効果があった。

　全米各地のクリントン選挙集会で、「ビル・クリントンは強姦魔だ！」と大声で叫ぶ参加者が出現している様子が、テレビでライブ中継されるようになった。メディアとしても報道せざるを得なくなってしまった。たしかに、たいていの場合は、軽蔑を込めたトーンで語られていた。それでも、話の経緯についても、語らざるを得なくなっていた。つまり、ワニータ・ブロードリックに言及することになったのである。

　それまでに、この話を聞いたことがなかった人たちが、ワニータの名前を検索し始めた。そして、民主党とメディアが必死で隠蔽してきた話があることに、ようやく気づくことになった。

ヒラリーとしては、「信じてもらう必要がある」という時代の流れに乗ろうとした。しかし、だからこそ、夫の行為が暗い影を落とす結果につながっていた。女性層とミレニアル世代での反応が顕著となっていた。

投票日の結果としては、女性層とミレニアル世代で、ヒラリーは十分な成果を上げることができなかった。特に、郊外の女性では、そうだった。そうなった理由としては、私が見るところでは、少なからずワニータ・ブロードリックのことが関係していたはずだ。そして、有権者がワニータさんのことに気づいたのは、Tシャツが存在していたからだ。ワニータさんの話を、世の中に知らせようとした努力は、実を結んだのである。

狙い通りに、ことが運んだ。してやったりだった。

それまで、報道機関は、ワニータさんの話を完全に無視してきていた。しかし、もはや、なすべき仕事をするしかなくなっていた。そして、政治活動家たちも、弁護しようもないことを擁護しなければならない状況に陥っていることを理解した。しかも、それは自陣営の候補者のことではなく、その夫に関しての問題だった。

それまでに、ドナルド・トランプの人格について、そして、その女性への発言について、散々に語られてきたことがあった。しかし、そうして語られたことのすべてに、ビル・クリントンがワニータ・ブロードリックにした仕打ちのことが、亡霊のように付きまとうことになった。もし、Tシャツが存在せずに、世の中に知らせる努力もなかったならば、どうであっただろうか。主要メディアが、ワニータ・ブロードリックの名前にすら言及しなかったであろうことは、疑いの余地がない。

ワニータ・ブロードリックを、全米が注目する舞台の最前線に立たせたことで、他にもクリントンと関係した女性たちが、表に出てくることになった。ヒラリー陣営としては、語られることを望まない人たちだった。

ただのTシャツと、最終局面で出現した「レイプ・ホイッスル」が、一〇億ドル規模の選挙キャンペーンを、次第に追い詰めていた。そして、ついには打ち倒すことになった。

最後の数週間に入ったときに、オフィシャル版の「クリントン・レイプ・ホイッスル」が発売された。「ホイッスルを鳴らす人たち（ブロアー）」（告発者の意味もある）が何十人も出現して、クリントンの選挙集会を混乱させ始めた。このホイッスルはプラスチック製なので、合衆国政府のシークレットサービスによる金属探知機をすり抜けることができた。

そこには真実があった。しかし、それは単純なことだった。破壊的なやり方ではあったが、心に届く方法だった。いずれにせよ、成功したということだ。

トランプ対クリントンの第三回大統領候補者討論会
二〇一六年十月十九日水曜日、ネバダ州ラスベガス　ネバダ大学にて

最終回の第三回大統領候補者討論会でも、ドラマが生まれていた。FOXニュースの日曜日の番組の司会者クリス・ウォレスと、クリントンが、トランプへの質問を突き付けていた。問い質していたのは、十一月八日の選挙で敗北した場合に、不正選挙であるとして法的な異議申し立てをすることを、事前に放棄するのかということだ。

この最終回の討論会の開催前に、CNNは、NBC／ウォールストリート・ジャーナルによる世論調査の結果を報じていた。全米レベルで見たときに、クリントンはトランプに対して一一ポイントのリードとなっていた。この世論調査によると、クリントンは女性層では二〇ポイントのリードをしていた。また、トランプの男性層でのリードは、わずか三ポイントとなっていた。回答者の三分の一以上は、ビリー・ブッシュの映像によって大統領にふさわしくないことが示されたので、トランプは選挙戦から撤退するべきであるとしていた。[95]

ヒラリー陣営では、すでにホワイトハウスへの政権移行の準備が計画され始めていた。最終回の討論会から二日後の二〇一六年十月二十一日には、ポリティコ誌が、クリントンの非公式な移行チームが「アクセルを踏み出して」いると報じていた。スタッフを準備して、履歴書をもとに

選別を始めているとのことだった。また、民主党の有力者にも、密かに接触が始まっていた。(96)

第三回討論会では、開始から一時間が経過したときに、ウォレスが、トランプに重大な質問をぶつけていた。

「しかし、この国には伝統があります。実際に、それは、この国の誇りでもあります。権力の平和的な移行のことです。選挙戦がいかに激しいものであったとしても、選挙戦が終わったときには、敗者が勝者に負けたことを認めることです。あなたが勝者になるとか、敗者になるとかを言っているわけではないです。しかし、敗者が勝者に負けたことを認めることで、国のために団結することができるのです。

あなたは、この原則を守ることを、今は約束できないと言うのですか？」(97)

ウォレスがこの質問をしていたときに、明らかに無視していた事実があった。それは、二〇〇〇年に、アル・ゴアがジョージ・W・ブッシュに異議申し立てをしていたことだ。そのときに、ゴアは敗北宣言を行わずに、フロリダ州での票の再集計を要求していた。

「今、私が言っているのは、そのときが来たら言いますということだ」トランプは言った。もし、負けた場合にも、法的手段が選択肢として残される、慎重な発言をしていた。

「ハラハラしていてもらいたい。いいですか？」

ウォレスが同じ質問を向ける前に、クリントンが割って入った。トランプを非難するためだった。しかし、自分が選挙に敗北したときに、異議申し立てをしないかに関しては、言及してはいなかった。

「クリスさん、回答させてください。それは恐るべきことですから」

クリントンは、トランプを非難した。

「ドナルドは、物事が自分の思い通りにいかないと、どんなことであれ、自分は不正をされていると主張するのです」クリントンの発言は続いた。トランプのことを、負け惜しみを言う人であるとした。

「私のメールのことでは、ＦＢＩが一年がかりで捜査をしました。そして、事件性はないとの結論に達しました」クリントンの発言は続いた。この機会に、自分が被害者であることも訴えていた。

「彼は、ＦＢＩには不正があると言いました。アイオワ州の党員集会で負けたときも、ウィスコンシン州の予備選挙で負けたときも、共和党の予備選挙には不正があると言っていました」クリントンの発言は、あたかもリハーサルをしていたかのようだった。

「トランプ大学が詐欺やゆすりで訴えられたときも、司法制度や連邦判事には、自分に対する不正があると言っていました。

自分のテレビ番組が、三年連続でエミー賞を獲得できなかったときにも、エミー賞には不正があると、ツイートをしていました」

トランプは、静かに言葉を挟んだ。

「受賞できていたはずだった」と、エミー賞について言及した。聴衆からは、笑い声が起きた。クリントンは、またしてもウォレスの質問を待たずに、発言を始めていた。そして、トランプへの非難の言葉を続けた。

「これは、考え方の問題なのです」クリントンは述べた。まるでトランプの頭の中を、お見通しであるかのような口ぶりだった。

「これが、ドナルドの考え方なのです。面白いですが、本当に困ってしまいます」これで、ヒラリーは決め言葉にもっていけるはずだった。つまり、選挙結果に対してトランプが疑問を呈することは、「わが国の民主主義」を損なう行為である。――ヒラリーにとっては、それは自明のことだった。しかし、厳密に言うならば、アメリカ合衆国は民主制というよりも、立憲制の共和国である。

「そのようなことでは、わが国の民主主義は、うまくいかなくなります」ヒラリーは、トランプへの説教を続けた。

「わが国には、およそ二百四十年の歴史があります。自由で公正な選挙を行ってきました。望ましくない結果が出たときでも、それを受け入れてきました。本選挙の討論会でステージに立つ者には、そうした姿勢が求められているはずです。

オバマ大統領も、先日、言っていました。戦いが終わってもいないのに、泣き言を言ったりするなと……」

このとき、会場から拍手が沸き起こった。

「静粛に。静粛に、みなさん」ウォレスは、制止する発言をした。

ヒラリーは、発言を最後まで続けた。会場からの反応は、まったく気にかけていない様子だった。

「……それは、あなたが、その職務にはふさわしくないことを示しています」

ヒラリーは、非難の言葉を締めくくろうとしていた。

「彼が言っていること、そして、それが何を意味しているのかを、明らかにしておきたいです。彼は貶めているのです。わが国の民主主義を傷つけているのです。二大政党の一方の指名候補者が、そのような立場を取っていることに、私としてはあきれてしまいます」

トランプとしては、クリントンからの非難を、言わせたままにするわけにはいかなかった。

「FBIがしたことや、司法省がしたことや、アリゾナ州の滑走路で、司法長官が彼女の夫と機内で面会していたことは――恥ずべきことだ」トランプは言った。

「恥ずべきことだ」

討論の前半で、トランプは「なんて嫌な女だ」とも発言していた。ヒラリーが社会保障制度の見直しをめぐり、トランプを非難していたときのことだった。

討論会では、様々な政策課題が論じられていたが、CNNの見出しは、「ドナルド・トランプ選挙結果を受け入れるか回答を拒絶」となっていた。

ＣＮＮの報道では、ステファン・コリンソンが、この問題で、トランプが驚くべき姿勢を見せていたと記していた。(98)

「ラスベガスの対決でのトランプの発言は、近年の大統領選における、直前の数週間の出来事のなかでは、とりわけ驚きを禁じ得ないものとなった」と、コリンソンは書いていた。

「トランプの姿勢は、アメリカ政治の基本原則を揺るがす恐れがある。その原則とは、現職の大統領から、当選により正当性を認められた後任者に、混乱のないかたちで、平和的な権力の移行が行われることだ」と、ＣＮＮの記事は続いていた。

トランプが投票日に敗北を受け入れることを拒絶しているのは、自滅行為ではないかと指摘していた。

「選挙戦の最終段階にあって、トランプは討論会で、そうした姿勢を見せていた。まだ投票先を決めていない有権者からの得票は、きわめて難しくなってしまった」と、コリンソンは続けた。

「この討論会では、選挙結果をめぐる発言のほかに、『やつら（オンブレ）』（ラテン系の人たちへの俗称）との発言もしていた。この言葉遣いは、ラテン系の人たちを傷つける恐れがあるとされるものだ。さらに、クリントンに向かっては、『なんて嫌な女だ』とまで発言していた」

このＣＮＮの記事で、トランプは、選挙結果をめぐる発言で「勝負に出ている」と記されていた。また、デラウェア州やオハイオ州の選挙集会では、「私が勝ったとき」には、選挙結果を受け入れたいと発言していたことも記されていた。(99)

第9章　最終弁論

ヒラリーには活力がない。本当に活力がない。家に帰って、四時間も、五時間も昼寝をしないといけない。それで、やっと戻ってくる。

トランプは昼寝なんかしないぞ！　昼寝なんかはしない。私は、昼寝はしない。時間がないからな！　時間がないから……。

ヒラリーは出てきても、プロンプターを読み上げるだけだ。それで、また家に帰ってしまう。それから三日か、四日は出てこなくなる。それで、また出てくるというわけだ。

二〇一六年七月二十五日、バージニア州ロアノークにて　ドナルド・J・トランプ(1)

一九八〇年の大統領選のときに、ジミー・カーター大統領は、対抗馬のロナルド・レーガンが、アメリカ大使館の人質問題で「オクトーバー・サプライズ」をめぐる工作を仕掛けてくるのではないかと心配していた。アヤトラ・ホメイニが革命を起こして、イラン国王を政権から放逐して以降、イランの過激派たちが人質たちを拘束していた。それから、四四四日が経過して——レーガンの就任式の日に、ようやく人質は解放されることになった。

この頃から、大統領選の候補者は、「オクトーバー・サプライズ」が起きるのかを気にするようになった。それは、大統領選の帰趨を決める、最終段階での予期せぬ重大な出来事のことだ。

二〇一六年にも、「オクトーバー・サプライズ」が生まれていた。FBIは、ヒラリー・クリントンの国務省時代のメール問題について、再捜査を開始することを発表していた。いったんは、捜査が終結されていたはずの問題だった。

ヒラリー・クリントンは、またもや疑惑の渦中の人物となった。大統領候補者の立場であるにもかかわらず、犯罪捜査の容疑者となっていた。まさしく予期せぬ出来事となった。投票日までの日数は、残りわずかとなっていた。

コミーFBI長官が捜査を再開する

二〇一六年十月二十八日金曜日、投票日まで、あと二週間を切っていたときのことだ。ジェームズ・コミーFBI長官は、連邦議会に書簡を送付して、ヒラリー・クリントンの私用メールサーバーの問題で、捜査を再開することを通知した。クリントン陣営にとっては、致命的な打撃が生まれる恐れがあった。(2)

「別件の捜査のなかで、ＦＢＩは、本件の捜査と関係する可能性があるメールが存在していることを発見しました」と、コミー長官は書簡で記していた。

「昨日、捜査チームからの報告を受けて、必要とされる捜査への着手を承認したことを、お知らせします。今回の捜査では、メールの内容を検証して、機密情報が含まれていないかを確認します。また、本件の捜査に関わる重要な内容が含まれていないかを精査します」

コミー長官の書簡は、連邦議会の主要な委員会に送付されていたが、そのすべての宛先は、共和党の委員長となっていた。例えば、下院監査・行政改革委員会の委員長を務めるジェイソン・チェイフェッツ下院議員、上院司法委員会の委員長を務めるチャールズ・グラスリー上院議員、下院司法委員会の委員長を務めるロバート・グッドラッテ下院議員、下院情報特別委員会の委員長を務めるデビン・ニューネス下院議員だ。

予想された通り、クリントン陣営では、激しい怒りの嵐が巻き起こった。選対責任者のジョン・ポデスタが、怒りの声明を発表していた。ポデスタは、ＦＢＩが金曜日の決定を行った背後には、共和党からの「圧力」が働いていると非難した。また、いかなる新事実によって、終結されていたはずの捜査が再開されたのかを、明らかにするように求めていた。

「コミー長官の書簡によると、別の事件の捜査で、メールの存在が判明したとのことだ。しかし、そのメールの内容は明らかにされていない。コミー長官は、メールの内容が重要なものではない可能性も示唆している」と、ポデスタは述べていた。

「大統領選を一一日後に控えている時点で、このようなことが起きるのは、異常な事態だ」(3)

クリントンも素早い対応を見せて、アイオワ州デモインで、緊急に五分間の記者会見を開いた。そして、コミーからの発表に対する見解を述べた。

「今、コミー長官から議会に送られた書簡を見たところです」と、クリントンは話し始めた。

「今回の選挙は、私たちの人生のなかで、おそらく最も重要なものとなりますが、残すところあと一一日となっています。投票は、すでに行われている最中でもあります。

アメリカ国民の前に、速やかに、十分かつ完全な事実関係が明らかにされるべきです。書簡で言及されているメールの内容が、重大なものであるかどうかは、長官自身も分からないと述べています。

ただ、私としては確信しています。メールの内容がいかなるものであったとしても、七月に出た結論が変わることはないはずです」

ヒラリーは、ＦＢＩが速やかに今回の捜査の件を説明することを求めていた。

「私としては、十一月八日に勝利して、現在のアメリカ国民が直面している、重大な課題に取り組みたいと考えているところです。わが国のよりよい未来を築くために、すべてのアメリカ人と協力していくことを願っています」

クリントンは、明らかに苛立(いらだ)っていた。このニュースが飛び出したことによって、突然に、当選が危ぶまれる事態に陥っていたからだ。直近での信頼できる各種の世論調査では、圧倒的なリードが示されていたので、当選確実の情勢であるはずだった。

記者からの質問に対して、クリントンは、ＦＢＩからは事前に何の連絡も受けていないことを明らかにした。ＦＢＩからの発表内容を知ったのは、議会の共和党議員たちに書簡が送付された事実が公になったときであるとした。そして、ＦＢＩとして把握している新たな情報のすべてを、直ちに公開することを求めた。

「かなり以前の段階で、国民としては、メールの問題についての判断は終わっていたと思います」クリントンは述べた。

「そして、すでに国民は、この問題を判断材料とした上で、大統領を選んでいるところです」(4)

その後の報道では、ロレッタ・リンチ司法長官とサリー・イエーツ司法副長官が、書簡が送付される以前の段階で、コミーＦＢＩ長官に懸念を伝えていたことが判明していた。司法省の業務指針としては、選挙直前の六〇日の期間に、政治的にセンシティブな内容には言及しないことが定められていた。書簡を送付することは、そうした指針に違反している疑いがあるとの指摘だった。

しかし、リンチ司法長官としては、コミーＦＢＩ長官に対して、書簡の送付を認めないとの方針を出すことまではしていなかった。コミー長官としては、リンチ司法長官とイエーツ司法副長

官からの懸念が伝えられたことは無視して、自らの職権において書簡を送付することを決定していた。(5)

「通常の場合であれば、ＦＢＩが捜査中の案件について、連邦議会に対して通知を行うことはありません」と、コミーは議会宛ての書簡で記していた。

「しかしながら、直近の数か月で、捜査を終結させたことについて、繰り返し言明してきた経緯があります。したがって、今回の対応を行うべき必要が生じているものと考えます」

そして、コミーは付け加えた。

「ここで捜査を完結させておくことを怠れば、アメリカ国民からの誤解を招くおそれがあると考えています」

ＦＢＩは、アンソニー・ウィーナー元下院議員から押収したノートパソコンから、フーマ・アベディンが保管していた、何万件もの国務省のメールを発見していた。ニューヨーク・タイムズ紙が、そのことを最初に報じていた。

ＦＢＩとしては、一か月ほど前に、ウィーナーの携帯電話やｉＰａｄなどの電子機器を押収するための捜査令状の発行を受けていた。この捜査は、ウィーナーがノースカロライナ州の氏名不詳の一五歳の少女に対して違法な性的な内容のメール送信をした事件に関するものだった。(6)

ＦＯＸニュースによると、ＦＢＩ関係者は、新たに発見されたメールが、ヒラリー・クリントンのメール問題とは別件の捜査で押収されたことを認めていた。ウィーナーのノートパソコンを押収したことを受けて、この新たなメールが発見されていた。(7)

報道されてはいなかったが、これ以前に、背景となる事情があった。二〇一六年八月二十二日に、ワシントンを本拠とする市民監視団体ジュディシャル・ウォッチは、七二五ページにわたる国務省の文書を公開していた。この文書のなかでは、ヒラリー・クリントンの最側近フーマ・アベディンがやり取りしていたメールの内容が、新たに明らかになっていた。

アベディンは、クリントン財団の有力な寄付者に対して、国務長官への特別待遇での面会を手配していた。そして、そうした寄付者への優遇対応は、多くの場合、クリントン財団幹部のダグラス・バンドからの特別な要請を受けて行われていたことが判明していた。(8)

国務省が文書を開示したのは、二〇一五年五月五日付の連邦裁判所の判決を受けたものだった。この判決は、ジュディシャル・ウォッチが、情報公開法（ＦＯＩＡ）をもとに国務省を提訴した件に関連して出されていたものだ。

「ＷＮＤ」シニアスタッフ・ライターのジェローム・Ｒ・コルシは、このメールの内容に重大な関心を示した。前述した二〇一六年の著作『犯罪者たち　ホワイトハウスを私的利益に換金するクリントン家の企み』では、クリントン財団のことを「巨大な犯罪組織」であると告発していたが、その実態が解明されることにつながると考えたからだ。(9)

ジェローム・コルシが最初に気づいたのは、ジュディシャル・ウォッチから公開された七二五ページの文書にあるフーマ・アベディンのかなりの分量のメールが、一〇〇パーセント編集済とされていたことだ。この事実は、メールの内容には、国家安全保障に関わる機密性が高い情報が含まれていることを意味していた。国務省は、すべてのメールについて非公開、もしくは、「編集済」とする処理をしていた。完全に判読可能となっていた情報は、メールの発信者名、受信者名、送受信の日時、件名だけとなっていた。

二〇一六年八月二十五日の「ＷＮＤ」に掲載された記事で、ジェローム・コルシは、こう記している。

「七二五ページのうち二五〇ページ以上は、内容の一〇〇パーセントが編集済とされていて、ページには、『閲覧不可』との大文字のスタンプが押されていた」(10)

クリントンのメールが以前に公開されたときには、国務省内の機密性が高い情報が、クリントンの私用メールサーバーを経由して送受信されていたことが判明していた。オバマ政権としても、その事実を認めざるを得なくなっていたことを、コルシは指摘していた。

「七月七日、国家情報長官室でインテリジェンス・コミュニティ監察官を務めるチャールズ・マカルーが、下院監視・行政改革委員会で、クリントンの私用メールサーバーで送受信されたメールに関する証言を行った。議会からはメールの閲覧の請求を受けているが、国家情報長官室としては、その情報についてのセキュリティ・クリアランスを持っていないことを認めていた」と、コルシは書いている。
マカルーは、編集済とされた内容について、その機密ランクが最高機密に該当することを証言していた。また、ある政府機関からの明示的な承認がない限りは、国務省から議会に情報共有することが禁じられているとしていた。マカルーは、その政府機関の名称を公表することはできないとした。

さらに、ジュディシャル・ウォッチが公開した七二五ページの文書のなかで、コルシが発見していた事実があった。この文書にあるフーマ・アベディンのメールの三分の二以上は、アベディンが自分宛てに転送していたものだった。つまり、国務省が管理するメール・システムの外にある個人メールアカウントに送信されていた。また、そのメールアカウントは、ヒラリー・クリントンがニューヨーク州チャパクアの自宅で使用していた、私用メールサーバーの管理下にもないものだった。

「最近、ジュディシャル・ウォッチから公開された文書にある一六〇件を超えるメールのうち——三分の二に相当する——一一〇件のメールは、アベディンが個人で使用するアドレスのhumamabedin@［以下、編集済］とhabedin@［以下、編集済］に転送されていた」と、二〇一六年八月二十九日の「ＷＮＤ」の記事で、コルシは書いている。(11)

「つまりは、アベディンのメールの半分以上が、安全性を確保されていない個人のアカウント宛てに転送されていた。そして、そうしたメールの内容は、国務省としては、連邦議員やアメリカ国民の前に公開するには、機密性が高すぎると考えていたものだった」

コルシが精査をするなかで、さらに発見していた事実があった。この七二五ページの文書のなかで、メールアドレスhumamabedin@yahoo.comが、検閲の対象から外れていた事例が見つかった。この事実から、こうした国務省のメールの三分の二にあたる分量が、どこに転送されていたのかが確認された。ヒラリー・クリントンの国務省のアドレスや、私用メールサーバーのアドレスからのメールは、アベディンのYahoo.comの個人メールアカウント宛てに送信されていたということだ。

ジュディシャル・ウォッチが公開した資料からは、その大半が編集済とされている大量のメールが、アベディンの個人アドレス宛てに転送されていた事実が判明していた。コルシは、安全性が確保されていないYahoo.comの個人メールアカウントで、アベディンが国務省のメールを記録保管していたのではないかと推測した。

アベディンが下院特別委員会で証言をする以前の二〇一五年十月十五日に、ナショナル・レビュー誌に掲載された記事によると、humamabedin@［以下、編集済］のドメイン名が編集対象とされたのは、個人情報保護のためであると、国務省は説明していた。⑿

二〇一五年八月十四日のワシントン・タイムズ紙の報道によると、アベディンと、クリントンが国務長官をしていた当時のシェリル・ミルズ首席補佐官が、国務省の業務のなかで、私用メールサーバーのアドレス clintonemail.com のほかに、個人メールアカウントも使用していたことを、国務省は連邦判事に認めていた。(13)

アベディンが、機密性が高いとみられる国務省の重要なメールを、自分の個人メールアカウント宛てに転送していた事実は、ジュディシャル・ウォッチからメールの内容が公開されて、同じ週にコルシの記事が出るときまでは、明らかにはなっていなかった。二〇一六年八月二十九日に「WND」に掲載されたコルシの二番目の記事により、アベディンが、国務省のメールを Yahoo.com のアカウントに記録保管していたことは、ようやく広く知られることになった。(14)

これほど大量の国務省のメールを Yahoo.com の個人アカウントに記録保管していたことでは、国家安全保障に関わる重大な法律違反として、刑事訴追の可能性が生じていた。そこで、コルシは、ニューヨークやシカゴの法律家や情報専門家の協力のもとで、調査の次の段階を検討した。

二〇一六年九月八日の「WND」の記事で、コルシは、クリントンから送信された二〇〇九年八月八日付のメールを、アベディンが Yahoo.com の自分のアカウントに転送していた証拠を掲載した。このメールが、「機密」に該当することは明白であり、まさしく犯罪行為であることの証拠が示されていた。(15)

この二〇一六年九月に、コルシは、ある可能性を疑うことになった。アベディンが、クリントンから送信された何千件ものメールを、Yahoo.com の個人アカウントに記録保管していたとしたら、外国組織など、本人ではないユーザーからのアクセスを許して、ファイルを読み取られていた恐れがあった。

アベディンのYahoo.comのアカウントのユーザーネームとパスワードにアクセスできる者がいた場合には、送信されたメールのすべてを、リアルタイムで、編集済とされない完全なかたちで読むことができたはずだった。

こうして、二〇一六年九月中には、Yahoo.comに対して、アベディンの個人アカウントへのアクセスに関する、すべてのＩＰアドレスを開示させるための法的手段が検討されることになった。アクセスを試みた、あるいは、アクセスに成功したインターネットユーザーを特定するためだ。しかし、残念ながら、この調査に協力した弁護士は、ＩＰアドレス情報の開示を求めて提訴するための当事者適格を見出すことができなかった。

最終的に、コルシが疑念を抱かざるを得なかったのは、アベディンが国務省のメールをYahoo.comの個人アカウントに記録保管していた目的だ。国務省からの指定や承認がされていないコンピューターや電子機器を使用していた理由としては、極秘にするべきプロジェクトの存在が疑われた。

また、そうしたアベディンのノートパソコンや電子機器が、ウィーナーと同居するニューヨーク市内の自宅で保管されている疑いもあった。こうしたわけで、コルシの調査に参加していた関係者たちは、未成年の少女に性的なメールを送信した件をもとに、ウィーナーがニューヨーク市警とFBIから、再度、捜査を受けるべき理由が生まれていると考えていた。

ウィーナーが自分の携帯機器を使用して、未成年の少女に性的なメールを送信した問題は、「ウィーナーゲート」と称されていた。この事件を受けて、ウィーナーは二〇一一年に下院議員を辞職していた。(16)

また、コルシの調査に参加していた関係者たちは、FBI内部に、クリントンへの再捜査を断念していない捜査官たちがいることも確信していた。七月に、コミー長官はEメール・スキャンダルでのクリントンの刑事訴追を断念していたが、そのことを快く思っていない捜査官たちがいるはずだった。

FBIニューヨーク支局の捜査官たちには、クリントンのメール事件への再捜査については、連邦政府からの許可が出ることはなかったが、未成年者への性的な不法行為の容疑での捜査について、ニューヨーク市警と協力することに関しては、別件だった。

ニューヨーク市警がウィーナー元下院議員への捜査令状を執行するにあたり、FBIニューヨーク支局が協力することについては、ワシントンDCのFBI本部から、事前に許可を受ける必要はなかったのである。

二〇一六年十月三十日日曜日のウォールストリート・ジャーナル紙は、FBIの捜査で押収されたウィーナーのノートパソコンから、国務省に関係する六五万件のメールが発見されたことを報じていた。ノートパソコンは、妻のアベディンと共同で使用されていた。(17)

また、ウォールストリート・ジャーナル紙は、六五万件のメールのメタデータの解析の結果についても記していた。そのうちの数千件のメールが、ヒラリー・クリントンが国務長官在任当時に使用していた私用メールサーバーを経由して、送受信されたものである可能性が判明していた。

「こうしたメールに関して、以下のことを確認するためには、最低でも数週間を要することになる。アベディン氏が、クリントン氏の下で国務省に勤務していた当時の、業務に関連するものであるのか。ＦＢＩでの検証作業のために、何種類のコピーが作成されているのか。機密情報が含まれているのか。クリントンのメール問題の調査に関して、新たな重要な証拠が発見されるのか」と、同紙は記していた。

ただし、ウォールストリート・ジャーナル紙の記事は、ＦＢＩがウィーナーのコンピューターの捜索を行った理由について、あくまでも児童ポルノに関する容疑であり、クリントンのメール問題とは別件であることが明記されていた。

しかし、記事のなかで、はっきりと書かれていないこともあった。もはや、この案件をめぐっては、ワシントンのＦＢＩ本部が判断を迫られていたということだ。

ニューヨーク市警はウィーナーのノートパソコンを押収していたが、その内容をダウンロードするだけの時間も確保していたはずだった。それでも、クリントンのメール問題としての捜査までは着手されていなかった。そして、アメリカ国民に対しても、メールの内容は公表されてはいなかった。

コミーが再捜査を終結させる

七月に、クリントンのＥメール・スキャンダルは、幕引きされていたはずだった。コミー長官は、民主党陣営から称賛されていた。しかし、投票日のわずか一一日前に再捜査を開始すると、一転して、今度は非難を浴びることになった。

引退を控えた上院院内総務で、ネバダ州選出のハリー・リード上院議員は、七月の時点では、コミー長官に対して「公正で公平な長官だ」とする賛辞の言葉を述べていた。しかし、二〇一六年十月二十九日から三十日にかけての週末には、ただちにコミーへの書簡を送りつけていた。

コミーの行動が、ハッチ法と称される連邦法に違反している恐れがあると指摘していた。ハッチ法では、「ＦＢＩ当局者は、職権の行使により、選挙に影響を及ぼすことが禁じられる」と規定されていた。

リード上院議員は、センシティブな情報への対処をめぐるコミーの対応が、「ダブル・スタンダード」であると非難した。そして、「党派的な行動であり、法律に違反している可能性が高い」と発言したことを、ＦＯＸニュースは報じていた。[18]

二〇一六年十一月六日の日曜日、投票日の火曜日が二日後に迫っていたときに、コミー長官は連邦議会への通知を行った。ウィーナーのコンピューターから発見された、大量の国務省のメールからは、ヒラリー・クリントンを刑事訴追しないとの結論を覆すような、新たな証拠は発見されなかったとした。⑲

この二〇一六年十一月六日付のコミー長官の書簡は、二〇一六年十月二十八日付の書簡のときと同じく、連邦議会の主要な委員会を預かる、共和党の委員長たちを宛先として送付されていた。コミーは、「検証作業を行った結果、クリントン元長官に関する捜査において、七月に出した結論を変える必要はないものと判断いたしました」と説明した。⑳また、ウィーナーのコンピューターから発見された六五万件のメールの検証作業を実施するために、ＦＢＩの捜査チームは「昼夜を問わずに取り組んだ」と説明した。

「この作業を通じて、国務長官在任中のヒラリー・クリントンと送受信されていた通信内容については、すべてを検証しています」と、コミーは述べていた。

「八日間では、六五万件のメールを検証するのは無理なはずだ」と、トランプは、日曜日の選挙集会で語っていた。コミーが議会に書簡を送付して、事実上、再捜査が中止されたことを知った後での発言だった。㉑

しかし、もはや後の祭りだった。投票日の直前に、コミーが再捜査に踏み切ったことで、クリントンの最終盤の勢いには、完全にブレーキがかかってしまっていた。また、投票日の直前の時点で、またもやクリントンが無罪放免とされたことでは、民主党からの政治的圧力が、コミーを屈服させたようにも見えていた。

ウィーナーのノートパソコンから発見された六五万件のメールが、わずか八日間のFBIの捜査で、潔白が証明されてしまう程度のものであるならば、どうしてコミーは、投票日の直前であるにもかかわらず、クリントンへの刑事捜査を再開するだけの重大性があると考えたのであろうか?

選挙の終了後に、アンソニー・ウィーナー元下院議員のノートパソコンからクリントンのメールが発見された件で、コルシが、ニューヨーク市警の広報部門から確認できたことがあった。十一月八日の大統領選が数日後に迫っていた時点で、ニューヨーク市警は、ワシントンのFBI本部から捜査を終結させて、ノートパソコンと六五万件のメールのすべてを引き渡すように要請されていた。

ワシントンDCのFBI本部が、ニューヨーク市警の捜査を終結させたことを受けて、コミーは、十一月六日に議会宛ての書簡を送付していた。この書簡では、新たにメールが発見されたことを受けても、刑事訴追をしないとの当初の結論は変わらないとしていた。

また、この他にも、「WND」がニューヨーク市警から確認していた事実があった。ワシントンのＦＢＩ本部からニューヨーク市警に対しては、ウィーナーが未成年の一五歳の少女に「性的なメール」を送信した事件に関して、逮捕者を出さないようにと干渉していたのである。(22)

トランプは最後に優勢となる：一九四八年のデジャブが甦る

ハリー・Ｓ・トルーマンが一九四八年に起こした奇跡は、二〇一六年に、トランプによって再現されていた。――トルーマンも、出馬を表明したとき以来、世論調査でも、メディアや政治評論家からも、早晩、選挙戦からは撤退するはずだと言われていた。しかし、その劣勢を逆転して、大統領に当選していた。

トランプの当選は、主として最後の三か月の選挙運動で決まった。アメリカ合衆国の大統領選では、最も重要とされている期間で、勝利を収めることができた。――つまり、トランプは、〝最終弁論〟で勝利したということだ。

近年の大統領選では、全国指名大会が開催されて、主要政党の候補者による討論会が終わって以降の最終盤が、選挙戦で最も重要な時期であるとされている。主要政党の候補者は、対立候補との直接対決の舞台を離れて、アメリカ国民に向けて、最終弁論を行うことになる。大統領選の最終盤が、候補者にとってきわめて重要である理由は、次期アメリカ合衆国大統領として、自らが最善の選択であることを、アメリカ国民に向かって訴えかける最後の機会となるからだ。

一九四八年にも、すでに証明されていたことで、二〇一六年にも、やはり確認されたことがある。それは、勝利の行方が、必ずしも本命とされていた候補者には傾かないということだ。勝者になるのは、最終弁論を成功させることができた候補者だ。

アメリカ政治の歴史のなかで、最終弁論を成功させた一番の人物は、一九四八年のハリー・トルーマン大統領だ。「ホイッスル・ストップ」での地方遊説を展開することによって、世論調査での劣勢な結果をものともせずに、共和党の対立候補トーマス・デューイを破っていた。

トルーマンは現職の大統領だった。一九四五年四月十二日に、フランクリン・D・ルーズベルト大統領が脳卒中で死去したので、副大統領を務めていたトルーマンが就任宣誓をすることになった。デューイは、きわめて人気がある候補者だった。ニューヨーク州検事として組織犯罪と対決したことで、名声を高めていた。このときのデューイの大統領選出馬は、二度目となっていた。一九四四年には、フランクリン・D・ルーズベルトと戦って、敗北していた。ルーズベルトは、この選挙をどうにか勝つことで、四期目を迎えていた。

トルーマンにとって、〝ホイッスル・ストップ〟という地方遊説のアイデアが生まれたのは、ほとんど偶然のことだった。きっかけとなったのは、保守派でオハイオ州選出の共和党ロバート・A・タフト上院議員の発言だ。タフトは、トルーマンのことを「全米各地の〝ホイッスル・ストップ〟で、議会のことを罵倒(ばとう)している」と批判していた。

トルーマンが〝ホイッスル・ストップ〟での地方遊説をしていた一九四八年当時は、ドナルド・トランプも、ヒラリー・クリントンも、まだ幼い頃のことだ。しかし、これが、ひとつの先行事例となった。およそ六十八年後になって、トランプも、数多くの聴衆を集める選挙集会を、各地で展開することになった。

さて、それでは「ホイッスル・ストップ」という言葉は、いったい何を意味しているのだろうか？

エコノミストであり歴史家でもあるザカリー・カラベルは、二〇〇〇年の名著『最後のキャンペーン：ハリー・トルーマンが一九四八年の選挙に勝利した方法』で、〝ホイッスル・ストップ〟の意味を、的確に記述している。

「あまり重要ではない小さな町なので、通常は、鉄道は停車しないことになっている。したがって、そこで乗車したい人は、口笛（ホイッスル）を吹くことによって、列車が停車してくれるように合図を送ることになっていた」(23)

ベストセラー作家のデビッド・マカルーが、一九九二年に執筆した有名な伝記のなかで、トルーマンについて書いている。

「これまでの歴史のなかで、国民からの支持を集めることに、これほどまでに熱心に取り組んだ大統領はいなかった。そこまでする必要はないと思われるほどのものだった。その後は、これほどの鉄道キャンペーンに挑戦する大統領候補者はいなかった」(24)

トルーマンは二万マイルを旅して、三〇州をめぐり、二八〇回の演説を行った。こうした〝ホイッスル・ストップ〟での演説では、「立派な理念に基づくテーマ」が語られたりはしなかった。「高尚な思想」が開陳されたりもしなかった。(25)

トルーマンは、平易な言葉で語りかけていた。共和党では暮らしはよくならないと叩(たた)き、民主党こそが、国民のための政党であると訴えていた。

ザカリー・カラベルの記述によると、トルーマンは〝ホイッスル・ストップ〟での演説では、「自分たちと彼らたち、怒りと苦しみ、持てる者と持たざる者、という図式」で訴えていた。また、次の四年の任期を勝ち取るために、トルーマンは「不和の種をまいて、怒りをかき立て、敵対陣営を中傷することを厭(いと)わなかった」。(26)

保守派の権威であるフィリス・シュラフリーは、一九六四年に自費出版した有名な著書『同調ではなく選択を』で、一九四八年にデューイが敗れた理由を論じている。(27)それは、デューイが〝私も同じ〟の候補者であり、リベラル思想と真正面から対決していなかったからであるとした。ニューディール政策についても、トルーマンを厳しく批判していなかった。また、熱烈な保守派としての政策を、対案として示すこともしていなかった。

デューイが熱烈な保守派の立場から、トルーマンを批判していたとしたら、一九四八年の有権者には訴えが届いていたはずだ。シュラフリーは、そのように考えていた。当時は、大恐慌と第二次世界大戦から立ち直ったばかりの状況にあった。

二〇一六年には、シュラフリーは、最も早い段階でトランプへの支持を表明した保守派指導者となっていた。(28)トランプを応援するために執筆した『トランプを支持する保守派の主張』は、最後の著作となった。この著書のなかでシュラフリーは、「トランプ運動」として知られる動きが、何を意味しているのかを明らかにしていた。(29)

シュラフリーは、かつてロナルド・レーガンを熱烈に支持したが、同じように、トランプのことも熱心に擁護していた。

「アメリカを取り戻すための革命が始まった」と、シュラフリーは書いている。

「アメリカは、これから始まる。ある種の人々には、ドナルド・トランプには見込みがないように映っていることだろう。しかし、トランプは、アメリカ国民が切望してきたことを訴えている。それは、『同調ではなく選択を』である。政治的な正しさや、リベラルなメディアの脅迫には屈しない候補者となっている」

シュラフリーにとっての最後の選択は、大統領としてドナルド・トランプを支持すると決めたことだった。トランプは勝てるはずだと確信していた。しかし、残念ながらシュラフリーは、トランプについての予言が実現するのを、生きて見届けることはできなかった。しかし、その政治に対する鋭い洞察力によって、二〇一六年には、共和党がホワイトハウスを奪還することを見通していた。共和党としては、その目標を、過去六回の大統領選で四回も逃していた。

もちろん、トランプがレーガンとは異なるタイプであることは理解していた。しかし、「レーガンと同じように国を再建する」であろうと考えていた。(30)

トランプの選挙集会

ポリティコ誌の首席政治記者グレン・スラッシュは、クリントン派であることを隠すこともなく、選挙後の分析を行っている。スラッシュは、トランプの選挙集会が「選挙運動の中核」をなしていたことを、的確に理解していた。

しかし、選挙集会での発言が場当たり的なものであったことについては、トランプと、最初の選対本部長のコーリー・ルワンドウスキを批判していた。スラッシュが見たかぎりでは、トランプは、「スタンドアップ・コメディアンが、ショーのネタを披露するように、政策や見解を語っていた」。

そのことについて、ルワンドウスキの言葉を引用しながら説明している。

「トランプは、活気を生きがいにしている」と、ルワンドウスキは語っていた。

「聴衆の熱気を感じ取ることにかけて、これほどまでに長けている人はいない」とも、ルワンドウスキは、選挙運動のさなかにスラッシュに語っていた。

「その場で、すぐに反応が返ってくるから……。どういうメッセージがベストであるのかを、試してみることもできた。どういうものが、手応えがあるとか。どういうものが、そうでなかったかとか……。そうしたなかで、『ちびのマルコ』とか、『ウソつきテッド』という言葉が生まれたのです」

スラッシュによると、トランプは、当初は「ちびのマルコ（リトル・マルコ）」と言っていた。しかし、その後に「ちび（リル）」という言い方に変えていた。その方が、笑いが取れると分かったからだ。

トランプは出馬表明のときに、メキシコ人は「強姦魔だ」と発言していた。この発言に関しても、自社のゴルフリゾートで二人の国境警備隊員と雑談していたときに、着想を得たとのことだった。そのようにして、話の材料については実地調査がされていた。しかし、そうしたトランプのやり方を、スラッシュは見下していた。(31)

スラッシュをはじめとする政治評論家にとっては、テレビ時代の政治が常識となっていた。だから、トランプのスタイルは常識外のものに映っていた。しかし、テレビが誕生した時代を記憶している人であれば、トランプのやり方は、トルーマンに倣（なら）うものであることが分かったはずだ。

「これまでの数ある候補者のなかでも、ここまでやってのけたのは、トルーマンだけだった。徹底的なまでに群衆を熱狂させて、行動に駆り立て、投票日に自分に投票させていた」と、カラベルは書いている。(32)

トルーマンの発言は、テレビ時代の政治意識に照らしてみると、極端そのものだった。大衆扇動のようにも聞こえた。しかし、カラベルによると、地方遊説でのトルーマンは、特定の町での限られた聴衆だけに向けられた発言であると分かったうえで、演説していた。

「地方遊説での演説は、過激になりがちだった。現実とかけ離れた話になることもあった。敵を口汚く罵倒することもあった。それでも、トルーマンは、せいぜい記者団から批判されるか、バカにされる程度だと思っていた」と、カラベルは書いている。

「記者たちは、ネガティブな記事を書いたかもしれない。コラムニストたちも、公正な姿勢や道徳性を訴えていたかもしれない。しかし、有権者の大半は、そうした記事はあってもなくても、たいして影響を受けることはなかった。

記事で演説の内容を知る人もいれば、論説での批判を読む人もいたことだろう。ラジオで演説を聞いて、拒絶感を持つ人もいたことだろう。しかし、新聞やラジオは、その後に出現したテレビほど、感情的な反応を生み出すことはなかった」(33)

この点から見ると、トランプは特異な存在だ。テレビ時代であるにもかかわらず、トルーマンと同じ演説スタイルを貫くことができたからだ。一九四八年に、トルーマンは〝ホイッスル・ストップ〟での地方遊説を展開することで、劣勢を逆転して、当選していた。

最初に出馬を表明したとき以来、トランプは、主要メディアからは、まともな候補者として見られていなかった。主要メディアにとって、トランプは嘲笑（ちょうしょう）の対象でしかなかった。政治評論家たちも、勝算はないものとして扱った。失言や失敗が生まれるたびに、これで候補者としては完全に終わった、とする論評を続けていた。

そもそも、メディアの見解としては、共和党大会の第一回投票で必要な代議員票を確保することは、絶対にできないはずだった。しかし、トランプは第一回投票で指名を勝ち取ってしまった。すると今度は、メディアも、政治評論家たちも、当選に必要な二七〇人の選挙人票に到達するためには、「険しい道のり」になると論評していた。

ヒラリーがニューヨーク州とカリフォルニア州を獲得するのが確実であるのと同じくらい、トランプがオハイオ州とフロリダ州で敗れるとの見方が、ほとんど一致した見解となっていた。また、メディアや政治評論家たちは、トランプがペンシルベニア州、ミシガン州、ウィスコンシン州で勝つことは不可能であるとしていた。それだけでなく、ヒラリーが戴冠式の準備をする段階に入っていることを、嬉々として有権者に向かって伝えていた。

しかし、ポール・マナフォートは、ヒラリー・クリントンを打倒する作戦のために、絶好の決断を下していた。共和党の世論調査専門家トニー・ファブリツィオを、陣営に参画させていた。ファブリツィオは、ブルドッグのような戦闘性のある男だ。終盤戦において、トランプ陣営はウィスコンシン州とミシガン州に攻め込むべきであり、ペンシルベニア州にも勝負をかけた攻勢をするべきであると主張した。

トランプ陣営は、ネット広告を展開する作戦から、これらの州を集中的に攻略する戦略に転換した。トランプ本人が、この三州での遊説に入ったことが、選挙結果を完全に覆すことにつながった。ファブリツィオは、この作戦を採用することでしか、トランプは勝利できないと主張していた。まことに正しい判断だった。

トランプが成功できた理由は、まさにトルーマンのように、自分の考えを率直に語っていたことにある。アメリカの有権者は、〝政治的な正しさ〟を投げ捨てたいと思うようになっていた。まさにそのときに、トランプが〝政治的な正しさ〟を投げ捨ててくれていた。

オバマ政権の八年間は、アメリカを「根本的な変革」に導こうとした。しかし、アメリカ中西部の人々にとっては、極左派の政策など、まったく願い下げだった。二〇一六年に、アメリカ国民の大部分は、いかなる差別もよくないものだと考えてはいたが、ＬＧＢＴコミュニティが受け入れられて、同性婚が容認されるようにまでなっていた。

ホワイトハウスでは、軍隊でのトランスジェンダーや性転換手術への対応や、小学校でのユニセックス・トイレの問題が、政治的なテーマとして議論されるまでになっていた。アメリカ中西部の人々は、極左派の政策が、ついに限度を超えるところまで来てしまったと考えていた。

もはやアメリカ人は、聖書をクローゼットの中にしまい込んだまま、開こうとも思わないところまで来ていた。銃器の所有もやめて、地元の警察に預けてしまう方がよいと思うところまで来ていた。しかし、まさにそうしたときに、イスラム過激派のテロが、ヨーロッパで混乱を巻き起こしていた。アメリカ合衆国でも、同様の事件が起き始めていた。

合法的な移民を、寛容に受け入れるだけではなくなっていた。凶悪な犯罪者、麻薬密売組織、中東のテロリストに対しても、国境が開放されていた。左翼のグローバリズムが、愚かな次元にまで到達していることを意味していた。

トランプは、テレビ時代でありながらも成功することができた。その理由としては、トランプの一連の発言に対して、映像メディアと活字メディアが一丸となって、徹底的な非難を浴びせかけていたこともあった。ヒラリーも、そうしたトランプの発言を、嘆かわしいものだと表現していた。

しかし、トランプは、そうした主要メディアからの批判を、何百万人もの有権者たちを燃え上がらせるための材料としていた。ワシントン政治のインサイダーや、クリントン支持派の独善的な政治評論家や、左翼記者たちに、有権者は不満を抱いていた。

トルーマンと同じように、トランプは国民との関係を築くことによって、勝利を収めることができた。トランプ集会を見たならば、聴衆からのエネルギーを受け止めて、トランプが活力を奮い立たせていたことは明白だ。トランプは聴衆を煽（あお）り立てて、ヒラリーのことを貶（けな）していた。選挙集会に来ている報道陣のことを指さして、メディアは敵であると訴えた。そして、いつも報道陣に向かっては、自分が立っている演台を映すだけでなく、カメラの向きを変えて、会場の様子を撮影するようにと求めていた。会場は、応援に来ている支持者たちで満席になっていた。

二〇一六年大統領選の最終盤で、トランプ陣営は、可能な限りの回数の選挙集会を、一日のスケジュールのなかに詰め込んだ。何千人もの人たちが押し寄せて、トランプを一目見るために、何時間もの行列に並んでいた。定員一杯になってしまえば、遅く会場に来た人が、入場できなくなることが分かっていたからだ。

最終盤で、トランプは自分のメッセージを、ごく単純なフレーズに絞り込んでいた。それが、「壁を作ろう（ビルド・ザ・ウォール）」「沼地を一掃しよう（ドレイン・ザ・スワンプ）」「あの女を牢獄に（ロック・ハー・アップ）」だった。トランプの選挙集会に押し寄せていた群衆たちは、演説の折々に、この三種類のスローガンを一斉に連呼した。

実際のところ、トランプが、こうしたテーマをどのような順番で取り上げるかは、さしたる問題ではなかった。数千人の聴衆にとっては、トランプの演説に参加することができて、三つのスローガンを連呼することができたならば、それで満足だった。

トランプは、自分のメッセージを、ごく簡単なフレーズにまとめることにかけては達人だ。そうすることで、たくさんの有権者を動かして、投票に行かせることに成功した。

トランプの公約である「アメリカを再び偉大な国に」は、ツイッターでは「＃ＭＡＧＡ」と書き込まれていた。＃ＭＡＧＡで表現されていた公約とは、アメリカに雇用を取り戻すことであり、減税と政府規制の削減による経済成長だ。また、国境の開放を終わらせることであり、イスラムのテロを取り締まることだ。そして、「再び、勝利する」ことだ。

かつてのオバマ陣営は、コンピューターを駆使した「投票に行こう（ＧＯＴＶ）」戦略に取り組んでいた。そうした戦略によって、二〇〇八年大統領選では、バラク・オバマは得票総数と選挙人票の双方で、圧倒的な勝利を収めることができた。しかし、トランプ陣営は、そうした戦略は取らなかった。

トランプは、テレビ広告をあまり出さなかった。インターネット時代の到来により、テレビネットワークやケーブルテレビ局が、急速に廃れていく存在であることを理解していたからだ。テレビを通じて、六〇秒間にパッケージ化されたメッセージを伝える代わりに、トランプは、「恐竜型のメディア」であり、テクノロジーによって中抜きされていく存在であると考えていた。頻繁にツイッターで発信した。そうすることで、有権者と直接につながることができた。一九六〇年代以来の選対陣営が、コミュニケーション手段として信頼を寄せてきたのは、伝統的なラジオ、テレビ、活字メディアだ。しかし、トランプは、そうした壁を飛び越してしまっていた。

主要メディアは、トランプに強烈に引き込まれていった。その結果、二四時間のケーブル放送のニュース番組は、事実上の「アーンドメディア」（ＳＮＳなど情報拡散のための無料メディア）と化して、ほとんど無制限に、出演の時間を確保できるようになっていた。

ＦＯＸニュースでさえもが――唯一の共和党寄りのケーブルニュース局であるが――トランプには冷淡だった。ＦＯＸニュースは、共和党指導部のエスタブリッシュメントの味方をしていたからだ。とりわけミット・ロムニーは、予備選挙の期間を通じて、トランプのことを徹底的に批判していた。しかし、もはやそんなことは問題ではなくなっていた。

クリントン陣営では、トランプが大規模な選挙集会を続けていたことの重大性が、あまり理解されていなかった。二〇一二年のロムニーも、党大会以降の終盤戦では、同じように大規模な集会を開いていたではないかと論じられていた。

ロムニーのときと同様に、トランプ集会の参加者は、大半が白人だった。ただし、女性のトランプ支持者も多かったことは、注目された。トランプの演説を子供に見せるために、家族連れで参加している人たちもいた。たしかに、二〇一二年のときにも、大規模な集会が開催されていた。しかし、何百万人ものキリスト教福音派の人々や、保守派の白人有権者は、実際には投票に出かけていなかった。

民主党陣営では、同じことがトランプにも起きるだろうと考えていた。選挙集会に何千人もの聴衆が押しかけている理由を、トランプが有名人であるからにすぎないと思っていた。まともな職業政治家ではないと見られているに違いないと考えていた。

そのように考えていたために、民主党陣営には理解できていないことがあった。テレビで取り上げられていたことで、大統領選挙は、まるで有名人のスキャンダル並みの話題となっていた。有権者にとっては、トランプに投票することが、あたかもテレビ番組の『ダンシング・ウィズ・ザ・スターズ』（ダンス・リアリティ番組）の視聴率調査に回答するのと大差なくなっていた。

トランプの動員能力の意味を理解できなかったために、民主党陣営は、典型的な失敗を犯すことになった。二〇一六年大統領選の最終盤で、トランプが演説集会の開催を重ねていたのは、一九四八年にトルーマンが〝ホイッスル・ストップ〟での演説を行っていたのと同じことだった。一九四八年と同様に、報道陣は世論調査に基づいて、ヒラリーの当選を既定のものと見なしていた。結果として、トランプの選挙集会に大勢の人たちが集結していることの意味を見過ごしていた。

「記者や政治評論家たちは、すでに選挙結果は確定しているものと判断していた。そのために、異なる結果が出る兆候が現れていても、注意を向けたりはしなかった」と、カラベルはトルーマンの一九四八年の選挙運動について書いている。

「いかなる怠慢な観察者から見たとしても、デューイと比較したときに、トルーマンを迎え入れていた聴衆の規模や熱気の方が、勝っていたことは明らかだった」

しかし、そうした状況は見過ごされていた。

「別の説明の仕方もできるが……。トルーマン大統領のアドバイザーたちは、報道陣に対して、聴衆の規模を見れば、潮目の変化が生まれていると分かるはずだと説明していた。有権者は、まだ投票を決めかねているので、トルーマンには再選の可能性があると述べていた。しかし、記者や政治評論家たちが、そうした状況を真剣に受け止めることはなかった。世論調査では、まったく正反対の結果が示されていたからだ」

もちろん、トルーマンの最側近のアドバイザーたちにも、確証があったわけではなかった。「大統領の随行者たちは、正式なインタビューをすれば、参加者の状況からは、よい兆候がうかがえると喧伝していた。しかし、車内のラウンジでの私的な酒席で話を聞けば、それとは違う反応を見せていた。デューイが当選した暁には、国家の行方どころか、自分の運命がどうなるだろうかと思い悩んでいた」と、カラベルは書いている。(34)

カラベルの記述によると、「関心を向けている人たち」が見たならば、十月に入ってから、トルーマンはさらに多くの地方遊説をこなしていた。演説での発言も、さらに過激になっていた。まさしく同じことが、二〇一六年のトランプの選挙集会でも起きていた。

マナフォートが選対本部長を務めていた当時、トランプはプロンプターを使って、用意された原稿をもとに演説をしていたこともあった。その頃の選挙戦の段階では、トランプのメッセージには自制が必要とされていた。

しかし、終盤戦に入った段階での選挙集会では、ルワンドウスキの「トランプはトランプらしく」の方向と、マナフォートの「脱線しないメッセージ」の方向が融合されていた。そして、最終段階で、トランプはスティーブ・バノンの天才的な能力を見出していた。トランプのメッセージは、強力なスローガンとなり、選挙集会に集まる何千人もの聴衆が連呼するようになっていた。

一日のスケジュールのなかでは、いくつもの州の街をまわるために、四回から五回の集会が詰め込まれていた。トランプは、何日間も連続して、飛行機での旅程を続けていた。平均での睡眠時間も、四時間（あるいは、それ以下）となっていた。それでも、トランプが平常心を維持していた陰には、ケリーアン・コンウェイの卓越した才覚による貢献があった。

トランプが、そうした過酷な日々を過ごしていることは、二〇一六年十一月二日のフロリダ州ペンサコーラでの選挙演説でも示唆されていた。

「しっかりと冷静でないといけない」と、トランプは声を張り上げていた。

話が脇道にそれないように、自分に対して言い聞かせているかのように、報道陣には感じられていた。そうした内心の動きが吐露されていた。

「しっかりと冷静でないといけない。いいかな？　ドナルドよ、話からそれないように。話からそれたらダメだ。ドナルドよ、脱線はなしだ」と、トランプは語っていた。

毎日のように心の中で起きている葛藤が、聴衆の前で、そのまま語られていた。最側近のアドバイザーからアドバイスされた通りのことをしていた。

記者たちは、トランプが、聴衆を前にして自分のことを励ましていたと報道した。

「しっかりとだな」と、何度も語っていた。――そうした言葉を、トランプは、しっかりと肝に銘じていたのである。(35)

精彩に欠けたヒラリーの終盤戦

トランプとは対照的に、ヒラリーの選挙運動は「活気に欠けていた」。盛り上がりを見せることもなく、静かに終わりを迎えていた。

二〇一六年八月十五日の「ゲートウェイ・パンディット」の記事では、トランプが「イベントを開催しては、クリントン叩き」を続けていたのに対して、ヒラリーは、週末をオフに決めていたと指摘していた。

クリントンは、八月六日と七日の週末をオフにしていた。直近の八月十二日から十四日までの週末も、三日間のオフにしていた。その翌週の木曜から土曜まで、つまり、八月十八日から二十日までの間でも、イベントの開催予定はなかった。

「つまり、今日から三日間のイベントが続いた後には、また、三日間の休暇を取ることになる」と記していた。

クリントンは八月の十四日までをみると、合計七日間をオフにしていた。今後とも、この流れが続く予定となっていた。

それに対して、八月に、ドナルド・トランプがオフにしていたのは、八月七日日曜日、八月十四日日曜日の二日間だけだ。(36) また、一日に二回以上の選挙イベントを開催した日が、七日間もあった。

さらに、その時点までに、トランプの選挙集会の参加者は、ヒラリーと比較すると一〇倍の人数になっていた。八月前半で、トランプ集会の参加者は、一〇万人以上となっていた。それでも会場が満席となったために、参加できなかった人たちがたくさんいた。

この記事は、聴衆に注目するだけでも十分であるとの結論を記していた。

「トランプは、ひとつの運動を生み出している。しかし、ヒラリーには、ほとんど感動が生まれていない」

ただし、クリントンのオフの日数が、これほど多い理由については断定を避けていた。休日とされる理由が、「選挙集会の参加状況が低調であるからなのか、健康状態が悪いからなのか、あるいは、その両方であるのか」は不明であるとしていた。(37)

その後も、「ゲートウェイ・パンディット」は、二〇一六年大統領選の残りの期間で、こうした状況を追跡していった。そして、ヒラリーが選挙戦に取り組んでいたのは、日程の五〇パーセントにしかすぎなかったとの結果を示していた。

二〇一六年十月二十三日の「ゲートウェイ・パンディット」の記事によると、八月以降の参加者数でみると、トランプは、ヒラリーを五〇万人以上もリードしていた。

「ヒラリーは病気なのかもしれない。あるいは、ヒラリー陣営としては、彼女を人前に出さない方が得策だと考えたのかもしれない。ヒラリーのことや、そのイベントに対する関心度が、恐

ろしく低いことを見せたくなかったのかもしれない」と記していた。(38)

二〇一六年十一月十三日の「ゲートウェイ・パンディット」によると、トランプは選挙集会でおよそ一〇〇万人を集めていた。しかし、クリントンの方は、合計で一〇万人に止まっていた。また、八月以降では、選挙集会を開催していない日が、五七日となっていた。これは、八月以降から投票日までの九九日間の半分以上の日数だ。(39)

トランプは、自分で所有する豪華なボーイング757型機を、選挙運動のために使用していた。全長一五五フィートで、ロールスロイス社製のエンジンにより、世界最速級の最高時速五〇〇マイルを出せる飛行機だ。

ヒラリーがリースしていたのは、全長一二九フィートの標準型のボーイング737型機だ。この飛行機は、国内線用の標準的なファーストクラスの座席仕様であり、クリントン陣営のためにカスタマイズされたものではなかった。(40)

トランプ所有の一億ドル級のプライベート・ジェットは、トランプ本人ほか四三名のゲストが、最長一六時間のフライトを快適に過ごせるように、内装がカスタマイズされていた。トランプのボーイング757型機の機内には、ベッドルーム、ダイニングルーム、ゲスト用のプライベートルームが用意されていた。二四カラット純金製のフル・バスルームが設置されていたほか、ビデオルームではエンターテインメント設備を完備していた。寝台に転換可能なリクライニングシートと、リクライニングカウチでは、すべてのシートベルトで24金が使用されていた。また、各座席には、オーディオビジュアル・システムと接続するテレビが装備されていた。ダイニングルームは、特別仕様のワークテーブルと、豪華なベンチシートが置かれていた。

トランプ専用のベッドルームも、やはり特別仕様となっていた。機内のオーディオビジュアル・システムと接続する、大画面の薄型テレビが設置されていて、いつでも好きな映画を観ることができた。さらに、専用ベッドルームには、シャワー設備のほかに、24金の浴槽も設置されていた。(41)これまでのアメリカ合衆国の歴史のなかでは、これほどの世界最高ランクの快適な機内環境で、側近たちと共に旅をすることができた大統領候補者は、いまだかつていなかった。

トランプのプライベート・ジェットであれば、早朝の出発や深夜の帰還にも対応できた。しかし、これとは対照的に、ヒラリーが選挙で使用していた飛行機には、フル・バスルーム付きの専用ベッドルームもなければ、完全に横になれるところまでリクライニングできるファーストクラス仕様の座席さえもなかった。

ウィキリークスによって公開された、ポデスタのメールのうちの何件かでは、クリントン陣営の幹部でさえもが、自分たちの候補者のことを貧弱であると見なしていた事実が判明している。二〇一五年四月十九日付のメールでは、二〇一六年大統領選ヒラリー陣営広報責任者のジェニファー・パルミエリとポデスタとの間で、ヒラリーが「普通のアメリカ人（という言葉）を、嫌い

になり始めている」と記されていた。このメールは、クリントン陣営の主要幹部たちにも共有されていた。(42)

別のメールでは、ヒラリーは、演説中のどのタイミングで笑顔を見せればよいかをアドバイスされていた。こうした内容からは、演説のときに、聴衆に向かって好感を持っているふりをするように指導されていたとの印象が生まれることになった。(43)

ウィキリークスは、ゴールドマン・サックスでの講演の記録も公開していた。そのなかで、クリントンは投資銀行家たちに向かって、自分の身分は、中産階級からは「かなりかけ離れて」いると説明していた。

「現在、夫と共に享受している生活水準や、経済的な境遇からいえば、そういうことになります。しかし、そのことを忘れてはいないです」と発言していた。

ウィキリークスが公開した二〇一六年三月十三日付のメールでは、左翼評論家ブレント・ブドウスキが、ポデスタ宛てに警告を発していた。ヒラリーは「バーニー（・サンダース）への攻撃はやめた方がいいでしょう。とくに事実でないことを言うのは、よくないです。はっきり言って、よくそういうことをやっています」と記されていた。

予備選挙のときに、ヒラリーがサンダースに対して事実に基づかない攻撃を仕掛けていたことに、ブドウスキは懸念を示していた。そのようなことをすれば、十一月には投票してもらう必要があるサンダース支持者を、完全に離反させてしまう恐れがあったからだ。ブドウスキは、ヒラ

リーのことをウソつきの常習犯であると書いていた。このメールからも、重大なダメージが生まれた。(44)

二〇一五年八月二十二日付のメールは、ポデスタが設立した「アメリカ進歩センター」のニーラ・タンデン所長から、ポデスタ宛てに送信されていた。

ヒラリーは「全米向けのインタビューで、反省や後悔の念を伝えることができないでいます。もはや、（正直であるかというよりも）人格の問題になってしまうことを恐れています」と記されていた。ヒラリーの傲慢（ごうまん）さが国民から嫌われているとも、タンデンは書いていた。(45)

二〇一四年三月二十二日付のメールは、ヒラリー陣営選対本部長のロビー・ムックと、アドバイザー兼弁護士のシェリル・ミルズとのやり取りに、ポデスタも加わっていた。

このメールのなかでは、この三人全員が、当初から一致して疑問を抱いていた問題が、明確に指摘されていた。ヒラリーが女性初の大統領になることを目指して、ジェンダーをテーマに掲げた選挙運動を展開することに、勝算があるのだろうかと疑問が呈されていた。

「本当のところ、ジェンダーのことを訴えて出馬すると、二〇〇八年と同じ失敗を繰り返すことになるのではないかと思います。つまり、有権者が本当に求めていることとは、相容れないメッセージを訴えることになるのではないでしょうか」と、ムックは記していた。

「有権者が望んでいることは、変化なのですが、ヒラリーは経験を訴えようとしていて……たしかに、有権者はヒラリーの経験を評価しているとの、たくさんの世論調査のデータが出ています。ただし、重大な点が見過ごされています。——有権者が変化を望んでいることです」

ムックは、二〇一六年も同じことになりそうだと感じていた。

「同じことになります。——国民の多くが、女性の大統領が誕生するのはよいことだと言ってくれています。しかし、だからと言って、実際に、彼女に投票してくれるとは限らないです。そのためには、経済の問題にどのように取り組むかとか、中産階級の支持を受けられるかとかが課題となるでしょう。ジェンダーの問題を持ち込むというのは、危険があります。候補者にとってはテーマであるのかもしれませんが、有権者にとっての問題ではないからです。生活の改善とは関係のないことだからです」

ポデスタも賛同していた。そして、「一点、警告を」として、簡単に述べていた。

「ジェンダーは、幅広いテーマだ。ボランティアの動機付けにもつながる。しかし、それで勝負を決めることはできない」(46)

最後になるが、ウィキリークスが公開したポデスタのメールのなかで、やはり暴露されていた事実がある。ヒラリー陣営内の高学歴の白人エリートたちは、まったく良心の呵責(かしゃく)もなく、極左的な偏見を語り合っていた。バーニー・サンダースの支持者たちのことは、「独善的な不平不満を言い募る人たち」であると見下していた。元ニューメキシコ州知事ビル・リチャードソンのようなヒスパニックの党幹部のことは、「ラテン系の貧乏人」と呼んでいた。

クリントン陣営広報責任者のジェニファー・パルミエリは、カトリックのことを貶めていた。「政治的にも保守的な宗派で、社会的にも認められていると思っているのでしょう。――もしも、彼らが福音派になっていたとしたら、金持ちの友人たちからは理解されなかったことでしょう」と、パルミエリは書いていた。(47)

漏洩したメールからは、クリントン陣営のアイデンティティ政治の最前線には、明らかな偽善があることが暴露されていた。そうであるにもかかわらず、これだけ多様にわたる有権者層のなかで、ヒラリーが得票を招き寄せることができるなどと考えていたのだろうか。私としては、まったく理解に苦しむことだ。

終章　トランプの勝利

当初から語ってきたとおり、私たちは、たんなる選挙運動をしてきたのではなく、本当に素晴らしい、偉大な運動をしてきた。数多くの勤勉に働く男女たち、この国を愛して、自分たちのため、そして家族のために、よりよい明るい未来を願う人たちによるものだった。

二〇一六年十一月九日、ニューヨーク市にて　ドナルド・トランプ勝利演説(1)

ピューリッツァー賞を受賞したジャーナリストのセオドア・H・ホワイト（『大統領になる方法　1960年』の著者）は、「アメリカ大統領選挙くらい興奮する出来事は、戦争のほかには、世界中のどこにもない」と書いている。もし、そのホワイトが、ドナルド・トランプの二〇一六年の勝利を目撃していたら、どのように感じたであろうか？(2)

二〇一六年大統領選の結論を、簡単に述べておこう。国民としては、「ブッシュ家はもういい」「クリントン家はもういい」という審判を下したということだ。予備選挙ではジェブが敗退して、本選挙ではヒラリーが敗北することになった。アメリカ国民は、両家による政治王朝に終止符を打つことを決めたのだ。最後に勝者となったのは、およそ見込みがないと思われていた候補者、ドナルド・トランプだった。

トランプは、アウトサイダーとして勝利した。あらゆる主要メディアのほかに、共和党、民主党いずれの陣営の政治評論家たちまでもが、最後の最後まで敵対姿勢を貫いていた。首都ワシントンの共和党指導部のエリートたちの態度も同じだった。

人気テレビ番組『アプレンティス』の有名スターが――職業政治家たちからの批判や嘲笑(ちょうしょう)をものともせずに――大統領執務室の主となったのは、驚異的な出来事だ。政治専門家の視点から言えば、一九八〇年に、ロナルド・レーガンが現職のジミー・カーターを破ったときの再現だ。しかし、すでに私が詳細に説明した通りであるが、ハリー・S・トルーマン大統領が共和党の対立候補トーマス・E・デューイを破ったときの、一九四八年のサプライズとも通底している。

「早すぎる高揚感」

投票日の一週間前の時点で、ヒラリーは勝利を確信していた。ヒラリー陣営は、投票日の夜のハドソン川で、七〇〇万ドルをかけて、台船からの打ち上げ花火を計画していた。ジャビッツ・センターで開催予定の祝勝大会に参集する支持者のために、花火を披露するつもりでいた。

ニューヨーク・ポスト紙の報道によると、この祝勝企画は、早ければ九時半からスタートして、二分間にわたり、上空での花火が鑑賞できる予定とされていた。――この時刻は、ニューヨーク州での投票の締め切り時間から三〇分後だ。明らかに、当選が早い段階で決まることを想定していた。(3)

ニューヨーク・ポスト紙の一面では、この花火大会の計画が「早すぎる高揚感」と表現されていた。そして、「ヒラリーはハドソン川での花火を、すでに予定している。しかし、まだ勝負が決まったわけではない」と記していた。また、このニューヨーク・ポスト紙の記事によると、二〇一六年十月二十八日に、ニューヨーク市消防局は、マリーンI隊に花火ショーでの安全確保を要請する文書を出していた。

皮肉なことに、クリントン陣営が花火大会の開催を予約していたのと、まさに同じ日に、ジェームズ・コミーFBI長官は、二回目の書簡を連邦議会に送付していた。連邦議会の主要な委員会の共和党の委員長を宛先として、ヒラリーの私用メールサーバー問題で、FBIが捜査を再開することを通知していた。ウィーナー元下院議員が妻と共同で使用していたノートパソコンから、新たな証拠が発見されたのを受けての動きだった。

このニューヨーク・ポスト紙の一面の紙面では、二本の重要な記事が掲載されていた。ひとつは、その日のニューヨーク市にとっての地元の話題であり、もうひとつは、FBIがヒラリーのメール問題への犯罪捜査が再開されたことだった。祝勝大会での花火の予定は、明らかに

早まった判断となっていた。花火の打ち上げは、投票日の二日前には、ひっそりとキャンセルされていた。(4)

投票日の夜の展開

東部時間の午前一時三五分頃に、ペンシルベニア州でトランプが勝ったことが報じられた。クリントン陣営の「ファイアウォール」戦略の下では、トランプのホワイトハウス入りを阻止するためには、ペンシルベニア州は絶対に落とせない州であるとされていた。トランプは、この州を獲得した時点で、当選に必要とされる二七〇票のうち、二六四票までを固めていた。

トランプの命運を決した決断のひとつは、ペンシルベニア州での戦いのために、ウェストポイント出身のデビッド・アーバンを充てたことだ。アーバンは、ペンシルベニア州アリキッパ出身で、鉄鋼労働組合員の家庭に生まれていた。ミサの侍者を務めていたことがあり、立派な軍歴もあった。勇猛なアーバンの助けのもと、トランプは、ペンシルベニア州西部の組合が強い地域にも、遊説に入っていった。その結果、ブルー・ステートは赤く塗り替えられた。

サウスカロライナ州の責任者に、エド・マクマレンを任命したことも、賢明な選択となった。マクマレンは、当初からのトランプ支持者で、トランプ陣営では一八か月以上にもわたり、かけがえのない貢献をしていた。そして、ノースカロライナ州とサウスカロライナ州でのトランプの勝利を決めていた。マクマレンの登用でも分かるように、トランプは、真に優秀な人材を組織の中から抜擢する能力に長けている。トランプは、大統領となるための強みとして、そうした才能をいかんなく発揮していた。

フロリダ州での勝利が確定する前の時点で、トランプは、激戦州のオハイオ州とノースカロライナ州での勝利を決めていた。もはや、当選は確実な情勢となっていた。ウィスコンシン州、ミシガン州、アリゾナ州での集計でも、トランプが優勢となっていた。いずれかの州での勝利が確定すれば、第四五代合衆国大統領への当選が決定する状況となっていた。(5)

最終的には、アリゾナ州のほかに、ミシガン州とウィスコンシン州でも、トランプは勝利した。——後者の二州は、ヒラリー本人や支持者たちが、確実に勝利できるはずだと見込んでいたところだった。

深夜に入っても、全米で数多くの人たちが、情勢の推移を見守っていた。そして、結果が判明するにつれて、テレビにくぎ付けとなっていた。あり得ないと思われていたことが、急速に現実に起きようとしていた。

トランプが勝利しようとしていた。

ジャビッツ・センターでも、ヒラリーが敗北したことに気づく人たちが現れていた。打ちひしがれたヒラリー支持者は、帰路につき始めていた。一人で来場していた人もいれば、グループで参加していた人たちもいた。

ヒラリーが「泣き叫んでいた」とする情報も出回った。敗北したことを理解すると、「打ちのめされた」あまり、「酔っ払って大暴れ」して、側近のロビー・ムックやジョン・ポデスタを殴りつけていたということだった。⑹
当日の夜に、ついに、ヒラリーは、感謝の言葉を述べるために支持者の前に姿を現すことはなかった。その事情は、陣営内部の人たちのほか、メディアの記者たちが掲載したツイートから確認されていた。ヒラリーは敗戦に対する怒りのあまり、我を失う精神状態となって、公の場に出ることができなくなっていた。

十一月九日水曜日未明、東部時間の午前二時〇二分になって、ヒラリーの祝勝大会が予定されていたニューヨーク市のジェイコブ・K・ジャビッツ・センターで、ようやくクリントン陣営本部からジョン・ポデスタが姿を現した。

「とても長い一日でした、とても長い選挙戦でした」ポデスタは、努めて元気さを装いながら言葉を発した。

「しかし、いましばらく待ってもらえますでしょうか？」聴衆からは声援が上がった。

「まだ、集計作業の途中です。最後の一票までが大切なものです」ポデスタは言った。

「いくつかの州では、まだ結果が確定していないです。ですから、今晩は、何も言うことはできません」ポデスタは説明した。

この発言を翻訳するならば、ヒラリー・クリントンは、今晩のところは、敗北を認めるために姿を現すつもりはないという意味だった。

「ですから、いいですか。みなさんは、もう家に帰って、お休みください。明日になったら、お話しできることがあるでしょう」ポデスタは淡々と伝えていた。

「この会場に来てくださった方々と、全米各地でヒラリーを支持してくださった方々に、みなさんからの声と熱意が、とても大切なものだったと、お伝えしたいです。みなさんのことも、ヒラリーのことも、とても誇りに思っています」ポデスタは続けた。

「まだ、終わりではないです。応援してくれて、ありがとう。彼女は、いつもみなさんと共にあります。しかし、今晩のところは、『おやすみなさい』と言わなければならないです。また後で、お伝えすることになります。家に帰って、集計が終わるのを待ちましょう。みなさんのご支援に感謝します。しっかりとお気持ちは受け止めています。ありがとう」(7)

ポデスタは演台から立ち去った。まだ、ヒラリーには勝つ可能性があるのかもしれない。そうした印象が残されていた。しかし、はっきりとしていたのは、ヒラリーが——もはや敗者であるはずなのに——伝統的には投票日の夜に行われてきた、敗北宣言の演説を行わないということだった。ヒラリーとしては、決着がついたと、まだ言いたくなかったということだ。

流出していた映像では、投票日の夜の早い段階で、誤って当選を伝えられたクリントン家の

①最終盤にミシガン州、ウィスコンシン州、ペンシルベニア州西部で攻勢をかけたことが、逆転勝利の決め手となった。世論調査専門家トニー・ファブリツィオは、選挙人票を270人に到達させるために、「敵地に攻め込む」べきだと考えた。

②ヒラリー・クリントンには、草の根レベルでの熱気がまったく生まれていなかった。トランプは、大統領候補者としては記録的な聴衆を集めていた。

③ヒラリー「トランプが、わが国の法の担い手ではないことは、とても幸いなことです」
トランプ「あなたが、刑務所行きになるからだろ」

④アレックス・ジョーンズが発案した「ヒラリーを刑務所へ」のテーマにまつわるアイテムは、選挙戦の期間に大ヒットした。

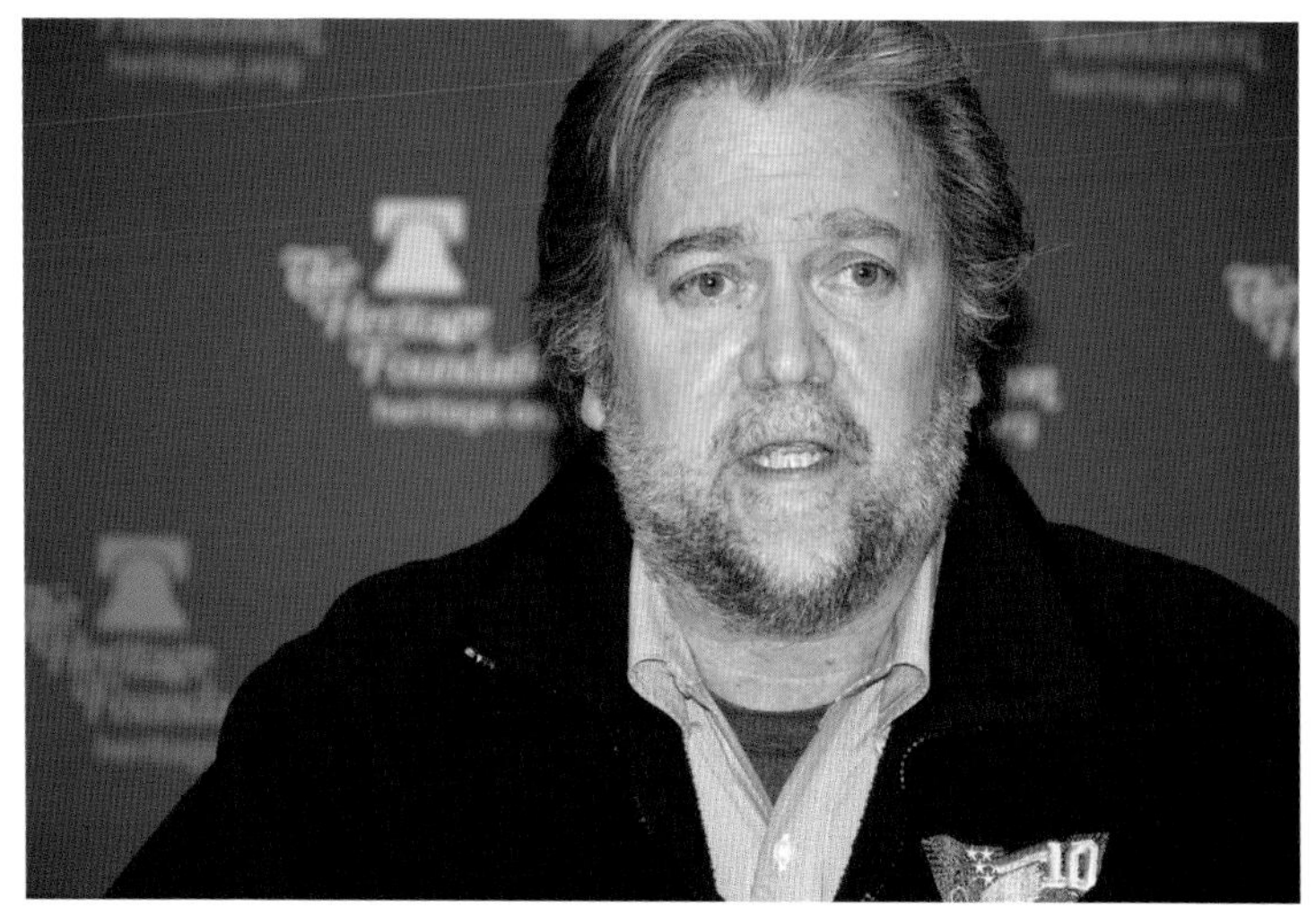

⑤スティーブ・バノンは、トランプ陣営にオルタナティブ・メディアへの理解と、型破りな発想をもたらした。

⑥(右)ワニータ・ブロードリックは、類まれな勇気のある女性だ。彼女がビル・クリントンから受けた残酷な仕打ちのことを、主要メディアは絶対に報じようとはしなかった。
⑦(左)「アブナイ同性愛者」を自称する評論家マイロ・ヤイノプルスも、ビル・クリントンのレイプ疑惑を隠蔽してきた主要メディアの報道管制を破るために参加してくれた。

⑧ロジャー・ストーンの著書『クリントン夫妻と女性たちとの戦い』は、クリントン夫妻の偽善と罪を暴く批判本の決定版となった。1980年代からメディアが隠蔽してきた事実に、読者は憤慨することになった。

FW: Fwd:New Book Exposes the Clintons

From:Jake.Siewert@gs.com
To: john.podesta@gmail.com, jpalmieri@hillaryclinton.com
Date: 2015-09-09 18:52
Subject: FW: Fwd:New Book Exposes the Clintons

This should be a fun read.

----- Original Message -----
From: Andy Merrit
At: 08-Sep-2015 22:11:36

⑨著書(上掲)では、ビル、ヒラリー、チェルシーをめぐる実情が赤裸々に描かれていた。この本は、クリントン家の人々の感情を逆なでしたはずだ。

⑩ダニー・ウィリアムズがビル・クリントンの息子であり、ヒラリーに厄介払いされたという話を、かなりのアフリカ系アメリカ人が信じていた。デトロイト、クリーブランド、ミルウォーキー、フィラデルフィア、シャーロット、マイアミの黒人有権者は、ツイッターやフェイスブックで、そうした情報を仕入れていた。これらの都市での黒人有権者の投票率は、全米平均よりも低調となった。

⑪ダニー・ウィリアムズは、ビル・クリントンの息子であると訴えていた。ダニーの物語を描いた感動的なドキュメンタリー映像は、3600万人以上のアフリカ系アメリカ人に視聴された。ラップ・ミュージックの映像も製作されて、500万人以上に視聴された。

⑫インフォウォーズのアレックス・ジョーンズ(左)は、「レイプTシャツ」を着た姿でテレビ画面に映り込むことに成功した人には、1000ドルの賞金を出すと約束した。さらに、「ビル・クリントンは強姦魔だ！」と叫ぶことができた人には、5000ドルを約束した。主要メディアの報道統制を破るためには、これくらいの方法を取るしかなかった。

⑬ビル・クリントンの「レイプTシャツ」は、いたるところで出現することになった。

⑭第３回の大統領候補者討論会では、「レイプＴシャツ」を着て抗議する人たちに遭遇しないように、ビル・クリントンはこっそりと遅れて会場に入っていた。

⑮「レイプＴシャツ」の大ヒットを受けて、オフィシャル版の「レイプ・ホイッスル」も発売した。――ビル・クリントンは激怒していたはずだ。

⑯トランプ当選を報じるニューヨーク・ポスト紙を手にする著者ロジャー・ストーン(左)。「デューイ、トルーマンを破る」との大誤報の見出しを掲げる1948年のハリー・トルーマン大統領(右)。

⑰マイク・ペンス副大統領は、著者ロジャー・ストーンのことを「まるで自分の影武者のようだ」と、ジョークを飛ばしていた。

人々が、祝い合っている様子が撮影されていた。チェルシーが母親のもとに駆け寄ると、ヒラリーは拍手する手を止めて、抱き合っていた。その隣では、ビル・クリントンが気分を高揚させた様子を見せていた。まるで子供のように、興奮を抑え切れずに、拳を突き上げながら飛び跳ねていた。(8)

複数の未確認情報によると、集計が進行して運命が逆転し始めると、クリントン夫妻は打ちのめされていった。アメリカン・スペクテーター誌は、敗北を理解したヒラリーが、怒りを爆発させていたことを伝えていた。

「シークレット・サービスを務める人物が、少なくとも一人の情報提供者に語ったところでは、ヒラリーは怒鳴り声を上げながら、品のない言葉を喚き散らし、調度品を投げつけていた」と、スペクタクル・ブログのなかでR・エメット・ティレルJrが記している。

「ヒラリーは、何か物をつかんでは、そこに居合わせたスタッフたちに投げつけていた。怒りのあまり手が付けられない状態となっていたので、側近たちは、ヒラリーを公の場所に出すことができなかった」

ティレルとしては、ビル・クリントンの様子も伝えたいと考えていたが、ポデスタが「無意味なスピーチ」をしていたときには、既に所在不明となっていた。(9)

「ブライトバート」によると、アメリカン・スペクテーター誌は、一九九〇年代に最初に「トルーパー・ゲート」事件を報道して以来の因縁があったので、クリントン夫妻にとっては、ティレルの記事は癪に障るものであるはずだった。トルーパー・ゲート事件のときには、クリントンの性的な問題行動をめぐり、アーカンソー州警官の証言を報道していた。また、ポーラ・ジョーンズのことを最初に取り上げて、クリントンが弾劾裁判に追い込まれていく流れをつくっていた。

「九〇年代にも、ヒラリーが、本や照明器具を投げつけていたという記事を、何度か掲載したことがあります」と、ティレルは「ブライトバート」に語っている。

「そのようなことは、よくあることでした。ヒラリーのあまりにも口汚い言葉は、アーカンソー州警官でもかなわないくらいのものでした。口が悪くて、よく物を投げつける人でした」(10)

水曜日の朝、NBCの番組『トゥデー』に、トランプ陣営選対本部長のケリーアン・コンウェイが出演した。投票日の夜に、クリントンはトランプに電話をしていたのかという問題が、このときに完全に明らかとなった。

まずコンウェイは、投票日の夜に、オバマ大統領からトランプへの電話があったことを説明した。

「とても和やかな会話がありました。大統領からの電話をいただいたことを、私たちとしても、大変うれしく思いました」コンウェイは語った。

「トランプが勝利したことを受けて、とても素晴らしい会話が交わされました」コンウェイは説明した。

「祝意を述べてくださり、お互いに協力し合うことが約束されました。大統領と次期大統領をはじめとする、指導的立場にある人々が団結して、わが国を癒すためには、まさしくこの国にとって必要なことでした。お二方は、近いうちに面会する予定です」(11)

オバマからの電話があったことが語られた後に、ヒラリー・クリントンからも電話があったことが明らかにされた。それは、トランプが支持者たちに演説する準備をしていたときだった。

「私が、その電話を、トランプに取り次ぎました」コンウェイは語った。

「クリントン元国務長官とも、とても和やかで、誠実な会話が行われました。クリントン元国務長官は、トランプの勝利を称えていました。トランプも、クリントンの知力と気力を讃えました。本当に厳しい選挙戦を戦い抜いたと、称賛していました」

投票日の夜に、クリントンは、トランプに敗北を認める電話をかけていたが、他方では、ポデスタに、まだ終わりではないと聴衆の前で語らせていた。どうして、そのような矛盾が生じたのかは、はっきりとは語られていない。しかし、実際の舞台裏では、困惑と怒りが渦巻いていたはずだった。敗北感と自己憐憫(れんびん)に打ちのめされて、酩酊(めいてい)する夜を過ごしていたのだろうと思われる。

東部時間の午前二時五〇分頃に、ドナルド・トランプは、次期大統領として勝利演説をするためにステージに上がっていた。支持者たちは歓喜して、「ＵＳＡ、ＵＳＡ」と連呼した。トランプは、ヒラリー・クリントンからの敗北を認める電話があったことから、話を始めていた。

「今こそ、アメリカが分断の傷跡を癒して、団結するべきときだ。この国のあらゆる共和党、民主党、無党派の人たちに言いたい。今こそ、私たちは、ひとつの団結した国民となるべきときだ」トランプは、一五分間の演説を始めた。(12)

数多くの「専門家」たちは、屈辱的な思いを感じながら、呆然(ぼうぜん)としていた。しかし、アクション映画『エア・フォース・ワン』のテーマソングが流れていたことが——頼りがいのある男が、アメリカ合衆国の大統領に選ばれたとの印象を醸し出していた。

演説のなかでは、楽観志向のメッセージの核心となる内容が表明されていた。

つまり、トランプの勝利が意味しているのは、壮大なるアメリカ国民のための運動である。国民のために仕事をする政府をつくることに取り組み、アメリカ合衆国を地上で最も偉大な国にする、ということだ。

トランプは晴々としたトーンで、融和をめざすことを語った。

「私は、わが国のすべての人たちへの誓いとして、すべてのアメリカ国民のための大統領になりたい。それは、私にとっても大切なことだ」トランプは語った。

「これまで私を支持していなかった人たちも、それなりにはいることだろう。そうしたみなさんからの指導や支援も求めていきたい。共に力を合わせて、偉大なわが国を団結させたい」

「当初から語ってきたとおり、私たちは、たんなる選挙運動をしてきたのではなく、本当に素晴らしい、偉大な運動をしてきた。数多くの勤勉に働く男女たち、この国を愛して、自分たちのため、そして家族のために、よりよい明るい未来を願う人たちによるものだった」トランプの言葉は続いた。

トランプは、「すべてのアメリカ人のため」の大統領になることを誓った。忘れられたアメリカ人たちが、「もはや忘れられることはない」ことを約束した。たくさんの聴衆が、「メイク・アメリカ・グレイト・アゲイン」の帽子をかぶっていたが、その帽子には、特にトランプの名前は記されていなかった。トランプ次期大統領は、クリントンが電話をかけてきて「私たち」を祝ってくれたと、もう一度、聴衆に語っていた。

「この運動には、あらゆる人種、宗教、経歴、信条のアメリカ人が参加した。そして、わが国の政府が国民に奉仕することを願った。これから国民に奉仕することになるでしょう」トランプは強く訴えかけた。

「力を合わせて、この国を再建して、アメリカン・ドリームを甦らせるという急ぐべき仕事に取りかかろう。これまで私はビジネスの世界で人生を捧げてきたが、さまざまなプロジェクトや世界の中の人々のなかに眠っている可能性に目を向けてきた」(13)

一九七二年に、ニクソン大統領が地滑り的な勝利で再選したときに、映画評論家のポーリン・ケイルが不信感を表明した言葉が知られている。

「いま私は、かなり特異な世界に生きています。ニクソンに投票した人を、私は一人しか知らないです。そういう人たちが、どこにいるのかも分からないです。私が理解できないところにいるのでしょう。時々ですが、映画館にいるときに、そういう人たちを理解できることがあります」(14)

こうした言葉は、リベラルなエリートたちが、断絶した世界に生きていることを象徴していた。そうした人たちは、同じリベラル仲間たちの意見だけに耳を傾けて、幻想のなかに浸っていた。そうした幻想が、「ポーリン・ケイル症候群」として知られるようになっていた。その最悪のパターンが、二〇一六年の終わりにも生まれていた。それが、ロシアからのハッキング疑惑という妄想だ。

リベラル派の人々は、自己のイデオロギーに執着するあまり、それが、まるで道徳か、宗教でもあるかのように取り違えている。そして、人生における客観的な善悪の基準にまでしている。したがって、もし、あなたがリベラル派に異議を唱えたときには、単なる不賛成ということだけでは終わらない。道徳的な誤りを犯したことになり、世界に対する害悪であると見なされることになる。

だからこそ、トランプとその支持者たちの訴えを聞いたとしても、それが、病める国への処方箋の違いでしかないと理解することができなかった。それればかりか、完全なる悪であると決めつけていた。このような子供じみた見解からは、現実と向き合えるものは、何も生まれることはない。そうしたわけで、トランプが歴史的な勝利を収めて以降、たいていのリベラル派は、気違いじみた反応を見せることになった。

テレビでも、ラジオでも、ネットでも、不寛容な左翼たちが、あふれる涙を抑えきれずにいた。トランプの勝利を聞かされて、嘆きの声が沸き上がっていた。〝セーフ・スペース（安全な空間）〟やグリーフ・カウンセリングが提供されて、九・一一事件との対比までが行われていた。こうした動きは、アメリカの有権者層の大部分を、ますます遠ざける結果となっていた。マンハッタンのリベラル派は、自由で公正な選挙の結果として、ドナルド・トランプが当選したことを、九・一一事件と並べて論じようとまでしていた。そのような話を聞かされたときに、ワールド・トレード・センターで愛する人を失った人々が、どのように感じるかを想像してみてほしいものだ。〝スノーフレークス〟たち（傷つきやすい人のこと）が反応していた。左翼たちが見せていた行動は、選挙での敗北から何かを学ぶことではなかった。憎悪、分断、エリート主義のなかに埋没してしまっていた。

奴隷制を廃止した党、ベトナムでの戦争を終わらせた党、そして、冷戦を勝利させた党が、ホワイトハウスを奪還することができた。ニューヨーク州クイーンズ出身で、政治的にはアウトサイダーである人物のお蔭だった。しかし、左翼やメディアの手先たちの傷つきやすい心にとっては、それは耐えがたい出来事となっていた。

さらにひどいことには、現実を直視できないあまり、奇怪で、悪辣（あくらつ）な一連の陰謀論が持ち出されていた。トランプ勝利の正当性を傷つけるだけではなく、その結果を盗み取ろうとしていた。

そのバカさ加減は、ポーリン・ケイル症候群までもが美しく見えてしまうくらいのものとなった。

翌日：ヒラリーは公の場に現れて、敗北を認める

十一月九日水曜日に、ヒラリー・クリントンは公の場に現れて、敗北を認める演説を行った。ヒラリーは、紫色のラルフローレンのパンツスーツ姿だった。演説のときに傍らに立っていたビルも、お揃いで紫色のネクタイをしていた。(15)クリントン夫妻からの説明は特になかったが、ファッション・ジャーナリストの共通の見解としては、フェミニズムにゆかりの色であるとのことだった。紫色は、白と緑と併せたときに、婦人参政権運動のシンボルの旗の配色となるからだ。(16)

ヒラリー・クリントンの一二分間の敗北演説では、ほとんど冒頭から、選挙戦以来のトランプへの政治的な怨念（おんねん）が表現されていた。もっとも、言外に述べるかたちに留められていた。

「昨夜、ドナルド・トランプにお祝いの言葉を述べました。そして、わが国のために協力していきたいと伝えました」クリントンは言った。(17)

「すべてのアメリカ人のために、彼が大統領として成功することを願っています。

しかし、こうなることを望んでいたわけではありません。また、このような結果を迎えるために、懸命に取り組んできたわけでもありません。わが国のために描いていたビジョンや、私たち

が分かち合ってきた価値を実現するために、今回の選挙で勝つことができなかったのは残念です」

ヒラリーが言外に語っていたのは、トランプが人種差別主義者であり、外国人排斥主義者であり、イスラム差別主義者であり、同性愛差別主義者であり、性差別主義者であるということだ。選挙戦を通じて訴えてきたのは、トランプは、すべてのアメリカ人を代表できる人物ではないということだった。また、ヒラリーが示唆していたのは、トランプの支持者が、おそらく最悪の部類のアメリカ人を代表しているということだった。

「しかし、私は、今回の素晴らしい選挙運動ができたことに、感謝と誇りを感じています。このように大規模で、多様性があって、まとまりにくいけれども、エネルギーにあふれた選挙戦を、一緒に作り上げることができたからです」ヒラリーは語った。

「みなさんは、アメリカの最良の人たちを代表しています。その候補者となれたことは、私の人生のなかでも最高の栄誉です」

次に、ヒラリーは、自分としてはアメリカのことを、まだ信じたいと願っていることを語った。しかし、トランプが当選したことで、自分がアメリカに抱いている信念が危ぶまれていると、抑えた調子で繰り返していた。

「わが国は、私たちが思っている以上に、深く分断されています。それでも、私はアメリカを信じたいです。つねに信じていたいです」ヒラリーは語った。

「そうであるならば、この結果を受け入れて、未来に向かっていく必要があります。ドナルド・トランプが、わが国の大統領になろうとしています。広い心を持って、この国を導いてもらいたいと思います」

そして、演説を締めくくるにあたって、選挙運動を特徴づけていたアイデンティティ政治のテーマを繰り返した。そうしたメッセージは、出馬表明のときに制作された、最初のテレビCMで表現されていた。

「この一年半にわたり、わが国各地の数多くの人々が、ひとつの声として束ねられてきました。それは、偉大なアメリカン・ドリームが――あらゆる人種、宗教、男女を問わず、移民、LGBT、障害者にとっても――挑戦できるものであると信じることです」ヒラリーは言った。そして、「すべての人々にとってです」と付け加えた。

演説の終わりには、選挙戦を通じて最大のリツイート数となった言葉を述べていた。――予想された通り、またしてもフェミニズムにまつわる言葉だった。

「そして――いま見てくれている、すべての少女たちにも伝えたいことがあります。みなさんは、かけがえのない、力強い存在です。そして、この世界で、あらゆる機会に恵まれていることを、決して疑わないでほしいのです。きっと自分の夢を追い求めて、実現させることができるはずです」(18)

白人女性層では、トランプの得票率は五三パーセントとなっていたが、ヒラリーは四三パーセントだった。大卒の学歴がない白人女性でみても、ヒラリーは負けていた。――トランプは六二パーセントで、ヒラリーの三四パーセントに勝っていた。

「クリントンは、女性票で完敗したわけではない。しかし、重要な州での支持が比較的低調だったことが、選挙人票での敗北をもたらす結果となった」と、有名なネイト・シルバーの世論調査ウェブサイト「ファイブサーティエイト」で、クレア・マローンが書いていた。「火曜日（二〇一六年十一月八日の投票日）の出口調査を見るかぎり、フロリダ州での敗北は、女性票が伸び悩んだことも要因である」(19)

選挙戦のテーマとして、ガラスの天井を破って、女性初の大統領になることを訴えてきたヒラリー・クリントンにとっては、とりわけ深刻な打撃となっていた。

アフリカ系アメリカ人票でのトランプの成功

私が、強く実感していることがある。ドナルド・トランプと共和党は、アフリカ系アメリカ人票で大きな成果を挙げるという、滅多にない機会をものにした。たしかに、ロムニーやマケインと比べたときに、アフリカ系アメリカ人票のなかで、多少の成功を収めたに過ぎないように見えるかもしれない。しかし、その小さな違いが、選挙結果全体には重大な影響をもたらすことにつながった。

トランプ陣営は、アフリカ系アメリカ人を揺さぶるメッセージを訴えかけたリチャード・ニクソンに倣った。まず、トランプ陣営は、黒人有権者のなかの特定層に向けてのメッセージを訴えかけることで、民主党の支持層を切り崩すことに取り組んだ。

トランプ陣営の選挙参謀たちが、関心を向けていた対象は、ミレニアル世代のアフリカ系アメリカ人、社会保守派で中絶に反対するアフリカ系アメリカ人、荒廃したコミュニティに住む（特にミシガン州、ペンシルベニア州、ウィスコンシン州、オハイオ州の）都市部のアフリカ系アメリカ人、フロリダ州やニューヨーク州やペンシルベニア州に住むハイチ系アメリカ人、二〇一六年民主党予備選挙でバーニー・サンダースを支持したが不満を残していた黒人層だった。

トランプは、アフリカ系アメリカ人担当のアドバイザーによる綿密な協力のもとで、ヒラリー・クリントン嫌いで、その当選を望まない黒人有権者層に向けてのメッセージを入念に練り上げていた。人種問題に中立的なアプローチは取らずに、クリントン陣営があてにしていた黒人層を切り崩すことを狙っていた。トランプは、人種や貧困という厄介なテーマを避けながらも――民主党では〝政治的な正しさ〟の問題とされてきたが――ありのままの率直なメッセージを、貧困層、労働者層、ロウアー・ミドル層のアフリカ系アメリカ人に向かって訴えかけた。そうした黒人有権者は、民主党が経済状況の改善のために、何もしてくれなかったことを理解していた。

メディアの評論家や政治経験のある人たちは、トランプのアフリカ系アメリカ人についての現実的な主張は、政治的には自殺行為であると見ていた。しかし、黒人層の多くは、共和党が自分たちの問題を選挙戦で取り上げてくれることに、救われた思いで感謝していた。

トランプが移民の規制を訴えたことも、黒人層には好感を持たれていた。アフリカ系アメリカ人は、全米各地で不法移民によって深刻な被害を受けていたからだ。移民政策を擁護しながらも、黒人層には冷淡である民主党には、嫌悪感が広がっていた。

こうして、トランプの演説やCMは、中産階級の経済問題に――雇用の改善、コミュニティの発展のための治安、教育の充実、厳格な移民法制、自営業者の尊重――焦点が絞り込まれていた。お馴染みのアメリカン・ドリームの信条でもあるが、数多くの黒人層からの反応は良好だった。

二〇一六年のトランプの黒人層への訴えには、重要な要素があった。トランプが、黒人の人間としての価値を、積極的に尊重していたことだ。そうした問題を、民主党は全米各地で見過ごしてきていた。トランプは、近年の大統領候補者とは異なっていた。共和党のなかで根強くあった人種的なステレオタイプの見方とは、一線を画していた。これまで黒人と言えば、政府からの支援、生活保護、アファーマティブ・アクション、給付金などで、納税者に依存する存在であると理解されてきていた。

そして、アフリカ系アメリカ人がトランプを支持したのは、ラストベルトの白人たちと同様に、変化を望んだからだ。二〇〇八年と二〇一二年に、アフリカ系アメリカ人たちが大挙して、バラク・オバマに投票していた理由は、変化を公約していたからだ。しかし、公約は実現されていなかった。

トランプは、やり手の人物として知られていた。忘れられたアフリカ系アメリカ人や、中西部の白人たちに訴えかけるだけの実績があった。エリートたちが産業基盤を国外に流出させたことによって、取り残されてしまった人々は、何十年もの間、苦境に陥っていた。

かなりのアフリカ系アメリカ人の有権者が、トランプに投票していた。それは、バラク・オバマと民主党が、二期にわたり無策だったことに、怒りを感じていたからだ。「投票には出かけない運動」が、ソーシャルメディアを中心にして盛り上がっていた。二〇〇八年と二〇一二年に、オバマに投票していた黒人層の多くが、二〇一六年には投票所に出かけていなかった。

また、予備選挙でバーニー・サンダースに投票した黒人層は、クリントン陣営の選挙不正のせいで負けたと考えていた。その結果が、アフリカ系アメリカ人の投票率の低下として現れていた。また、サンダース支持の黒人層で、数多くがトランプに投票していたのは、抗議の意思の表明でもあった。


二〇一六年の本選挙では、さらに別の要素もあった。

リビアでの不正な戦争行為を開始した責任をめぐり、アフリカ系アメリカ人の多くが、クリントンへの投票を拒絶することになった。この戦争では、アメリカに資金援助されたイスラム系テロリストと傭兵組織が、タワルガとして知られるリビア黒人の民族浄化をしていた。

黒人コミュニティの間で、広まっていた噂話があった。二〇一一年八月に、アフリカ系アメリカ人の元下院議員ウォルター・フォーントロイ師の暗殺未遂を企てたのは、ヒラリー・クリントンであるとされていた。また、二〇一一年十月には、ムアンマル・カダフィにオカマを掘らせたうえで、処刑することに成功していた。メディアの政治評論家たちは、ヒラリーを支持して、カダフィを非難していた。しかし、何百万人ものアラブ人や黒人にとって、カダフィが救世主であると見なされていたことを理解してはいなかった。カダフィは、アフリカ系アメリカ人のために何百万ドルもの資金を支援していた。特に、ノースカロライナ州では、伝統ある黒人の大学であるショー大学を、閉鎖から守ってきていた。

大統領選のなかでは、クリントン夫妻とクリントン財団が、黒人に対する様々な残虐な仕打ちを、世界的な規模で行ってきたことも明るみに出ていた。例えば、クリントン夫妻はアーカンソー州のアフリカ系アメリカ人の囚人の血液を、違法で安全性がないにもかかわらず、無知なアフリカ諸国に売り捌(さば)くことによって、富を築いていた。――ただでさえ貧困にある人たちを、さらに病気にさせていた。

また、信頼できる新聞の記事によると、クリントン財団は九〇〇万人以上のアフリカ人に、希釈された安価なエイズ（ＨＩＶ）の薬品を販売していた。――アフリカの人々を騙(だま)して、死と苦しみを与えることで、巨額の富を稼ぎ出していたのである。

中央アフリカ地域での二十二年にわたる内戦のことに詳しい人たちによると、六〇〇万人以上の死者、数百万件のレイプ、数百万人の国内難民が、コンゴ、ルワンダ、ウガンダ、ブルンジ、中央アフリカ共和国で発生している。しかし、このような紛争は抑止できたはずだった。ビル・クリントンが大統領のときに、あるいは、ヒラリー・クリントンが国務長官のときに、多国籍企業に目先の利益を追求させるのではなく、平和の促進に取り組みさえすればよかったからだ。

さらに、ハイチでは、二十五年以上にわたる搾取的な政策によって、経済的な収奪が行われてきた。そのことに、アフリカ系アメリカ人の多くや、ハイチ系アメリカ人コミュニティの一〇〇万人以上の人々は、激しい怒りを抱いていた。さらに、この島国が地震で壊滅したときには、再建のために約一四〇億ドルの救済資金が提供されていたが、九六パーセント以上は流用されてしまっていた。

調査に携わった人たちによると、クリントン夫妻は、ハイチでの選挙を盗んで、民主主義を損なうこともしていた。この主権国家に対しては、土地を収奪するための不法な取引を押し付けていた。クリントン財団の利益を図るために、国務省での職権を濫用して、献金ビジネスや強奪行為を行っていた。結局のところ、クリントン財団は、ファミリーの私腹を肥やすためのものでしかなかった。

黒人コミュニティの人々の多くは、トランプの候補者としての考え方が、黒人保守派の基本的な原則と共通していることを感じていた。その考え方とは、社会的な地位向上の手段として、優れた教育と職業を追求すること。社会の中で人種差別を受けた「被害者」として、犯罪傾向があるとの通念を破り、コミュニティの治安を守る側に立つこと。連邦政府の支援に頼るのではなく、自由な企業活動をもとに経済的に自立すること。道徳、良心、キリスト教の信仰による自助の精神をもとに、個人とコミュニティを強化すること。人の生命は受胎に始まるものであり、優生学、堕胎、不道徳な生き方は、黒人の存続に関わる実存的な脅威になると考えること。そして、生活保護に依存する黒人は、奴隷化された状態にあると考えることだった。

黒人のうち、およそ一五から三〇パーセントは、穏健な保守、もしくは、きわめて保守である。ピュー・リサーチセンターの調査によると、黒人のうち一九パーセントは、自分を宗教右派だと考えている。トランプの立場は、信仰の尊重、生命の尊重、銃規制反対、家族の尊重、反移民、中絶反対、アメリカ本位だ。こうした立場は、一九九六年以来、アフリカ系アメリカ人のクリスチャンと連帯していた、数多くの福音派の白人たちとも共通していた。

アフリカ系アメリカ人の教会は、伝統的には、黒人コミュニティの政治・社会運動で重要な役割を果たしてきている。しかし、LGBT政策のような社会問題のテーマについて、プロテスタントの黒人は、福音派の白人を除けば、他のいかなる集団よりも保守の立場にあった。クリスチャンの黒人の多くが、オバマや、同性愛に迎合する民主党にはうんざりしていた。性的区別の問題には関心を向けながらも、アフリカ系アメリカ人にとっての切実な課題を、無視してきていたからだ。

多数のアフリカ系アメリカ人がトランプに投票したのは、中絶反対が理由だった。アルベダ・キング博士、クレナード・チルドレス師、ロニー・ポインデクスター、エレーヌ・リディック、ディーン・ネルソン、ウィリアム・オーウェン師などの中絶反対派のほか、何百人もの黒人活動家たちは、全米家族計画連盟に反対する立場を取っていた。

ヒラリー・クリントンは、アメリカ産児制限連盟の創立者マーガレット・サンガーを称えて、熱烈に支持していた。しかし、それは、あたかもユダヤ人に向かって、ヒトラーを師に仰いでいると語るに等しいことだった。主要メディアも、中絶反対派の活動家を排斥してきた。しかし、中絶反対運動によって、マーガレット・サンガーは、アフリカ系アメリカ人のなかで——特にミレニアル世代では——最も嫌われる女性のひとりとなっていた。

全米家族計画連盟は、優生学や妊娠中絶に反対する情報戦に対抗するために、黒人の有名映画スターや、ポップ・ミュージックのアーティストを雇い入れていた。二〇〇九年に、ライフ・ダイナミクスから、中絶反対を訴える映画『マーファ21』が公開されていたからだ。この映画では、全米家族計画連盟が、黒人を対象として優生学を推進していることが明らかにされていた。

この映画を何百万人もが観た結果、多くの黒人は、中絶反対の考え方に転向した。全米家族計画連盟への反対を公言していたトランプは、中絶反対派のアフリカ系アメリカ人からの得票を獲得することになった。宗教的な人々から見たときに、ヒラリー・クリントンに投票することは、神の意思に反する行為となっていた。

二〇〇八年のオバマ当選のときには、アフリカ系アメリカ人は興奮していた。二〇一二年にも、渋々ながら、もう一度、現職の大統領に投票していた。――多くの人々が、二期目には正しい政策が実行されると信じていたが、それは、都市伝説の類にすぎなかった。

しかし、オバマが取り組んだのは、不法移民の優遇であり、過激なまでのLGBT政策の擁護だった。また、人種問題での不公正を糺すことにも、前向きではなかった。サブプライム問題の支援策では、借り手を救済の対象から除外していた。アフリカ系アメリカ人の低中所得者は、深く傷つけられていた。

皮肉ではあったが、アフリカ系アメリカ人の有権者は、黒人の大統領が誕生したことには、それほどの期待を抱いてはいなかった。構造的かつ体系的な、乗り越えがたい人種差別に、大統領自身が直面すると考えていたからだ。

それにもかかわらず、オバマには憤慨させられることになった。シニカルな態度で現実主義の姿勢を取ったオバマは、黒人にとっては重要であるはずのほとんどすべての政策を踏みにじり、失望と屈辱をもたらしていたからだ。

オバマの新鮮さが薄れるにつれて、黒人たちには静かな怒りが広がっていた。その怒りの矛先とされた民主党の幹部や支援団体は、ジェシー・ジャクソン（公民権活動家）、アル・シャープトン、ドナ・ブラジル、黒人議員連盟、全米黒人地位向上協会（ＮＡＡＣＰ）、全米都市同盟、公民権指導評議会である。

実際のところ、オバマの内実は、これまでの白人の大統領と、何も違いはなかった。そうした理解は、何かの問題が起きるたびに広がっていた。ファーガソンやミルウォーキーでは黒人コミュニティでの暴動の発生があり、フリントの飲料水の安全性の問題があり、黒人男性を殺害した警官は無罪放免されていた。

さらに、オバマ大統領や、ヒラリー・クリントンが気づいていないことがあった。それは、アフリカ系アメリカ人のコミュニティの多くが、黒人がホワイトハウスの主となることには、もはや象徴的な意味を感じなくなっていたことだ。現職大統領から、自分のレガシーへの投票を求められていることの空しさについては、侮辱的であるとさえ感じていた。

オバマが、黒人をホワイトハウスにと訴えかけていた当時は、多くのアフリカ系アメリカ人にとっても、象徴的な意味合いが感じられていた。しかし、ヒラリー・クリントンを応援したことによって、どこにでもいる政治家の一人になってしまっていた。選挙を前提とする後継指名にあたって、オバマとクリントンは、黒人初の大統領であることが意味していた、象徴的な重大さを見過ごしていた。

ネイション・オブ・イスラムのルイス・ファラカン牧師は、オバマへの酷評を簡潔に述べていた。アフリカ系アメリカ人には、何もレガシーを残していない、としていた。つまり、ヒラリー・クリントンがオバマ陣営から支援を受けたことは、黒人に対しても、白人に対しても有効ではなかった。オバマは、実際のところ、アフリカ系アメリカ人の有権者には、何らの政治的基盤も築いてはいなかった。したがって、ヒラリーにとっては、何も有益なことはなかったということだ。そればかりか、アフリカ系アメリカ人の多くは、オバマとクリントンの間では、深刻な懸隔があることを知っていた。

ヒラリー・クリントンが、ダニー・ウィリアムズを厄介払いした二十一世紀現在の出来事は、ヒラリーが十九世紀的な人間であることを物語っていた。オルタナティブ・メディアで公開された短編映像『ビル・クリントンの黒人息子は追い払われた：ダニー・ウィリアムズの物語』では、ビル・クリントンには、三〇歳になる婚外子の黒人息子がいることが明らかにされていた。しかし、ビル・クリントンとダニー、そして、ダニーの母親との関係は、ヒラリーのために完全に断絶させられていた。

ダニーの叔母によると、ヒラリー・クリントンは、ウィリアムズ家の人々に姿を消すようにと脅迫していた。それからの数年間、ビル、ヒラリー、チェルシー・クリントンは、アーカンソー州知事の一家であることを満喫していた。しかし、ダニーはといえば、母親ボビー・ウィリアムズは投獄されて、叔母も殺人未遂の対象となり、年下の兄弟と一緒に児童福祉施設で保護されていた。

施設で養育されていた頃、ダニーたちは極貧の生活を送っていた。麻薬とギャングの暴力が支配するリトルロックの街で、ダニーは苦労して成長した。義母であるヒラリーからは、憎まれていることを感じていた。また、父親が——合衆国大統領のことだが——気にかけてくれているのかどうかさえ、知る由はなかった。

二〇一六年大統領選の最中に、ダニーは、オバマ大統領からの支援を求めるために、記者会見を二回開いていた。映像を通じても訴えた。ダニーの訴えは、ビル・クリントンの心には届かなかったかもしれない。しかし、何百万もの人々が、ダニーの話に心を動かされた。望まない混血児、無関係を装う白人の父親、憎しみを抱く白人の妻という話は、フットボールやフライドチキン並みに、南部ではありふれていた。

ダニーの哀しみに、共感しないアフリカ系アメリカ人はいなかった。望まない黒人息子を追い払った物語の当事者である女性は、アフリカ系アメリカ人の若者のことを、〝プレデター〟呼ばわりしていた過去もあった。政治の季節にあって、熱烈なクリントン支持者のなかからも、怒りの声が生まれていた。

ダニー・ウィリアムズの物語は、アフリカ系アメリカ人たちの心の中にあった思いを確信させた。——ヒラリー・クリントンという人は、嫌らしい女であり、人種差別主義者である。冷酷な憎悪を抱く「大農園（プランテーション）の奥方」であり、黒人をゴミのごとくに見下している。

ダニーの存在は、ヒラリーのウソと偽善によって生まれた〝ダブル・デラックス・コンボ・バーガー〟となっていた。Lサイズのドリンクとセットにしても、飲み下したり、消し去ったりすることができないものとなっていた。

黒人の女性と若者の多くは、すでに、元ファーストレディには不信感を抱いていた。しかし、義理の黒人息子に、徹底した憎悪と軽蔑（けいべつ）の眼差しを向けていたことを知って、完全に我慢の限界を超えてしまっていた。

二〇一六年には、黒人の若者にとってのヒラリー・クリントンへの悪印象は、ますます悪化していた。国務省のEメール・スキャンダルでは、刑事訴追を免れていた。ソーシャルメディアでは、クリントン財団のリビアでの汚職が暴露されて、オルタナティブ・メディア（ブラック・ツイッター〔黒人コミュニティでシェアされるネットワークのこと〕など）で拡散されていた。特にニューヨーク州では――バーニー・サンダースから票を盗んでいた。フィラデルフィアの民主党大会では、サンダース支持者からの抗議を退けていた。どれだけの黒人が警官に殺されても、クリントンは沈黙を守っていた。

そして、ダニー・ウィリアムズの物語が拡散されたことで、投票所に行かない動きや、「クリントン以外なら誰でもよい」運動の大きな流れが生まれていた。ヒラリー・クリントンは「黒人の苦しみの女王」と見なされるようになっていた。アフリカ系アメリカ人の若者は――特に男性では――ヒラリー・クリントンのとてつもない犯罪者ぶりを知って、苛立（いらだ）ちを隠せなくなっていた。

クリントンは議会で偽証をしたばかりでなく、数限りない犯罪に手を染めてきていた。片や、何十万人もの黒人たちは、犯してもいない罪のために逮捕されて、有罪を宣告されていた。それなのに、元ファーストレディで、上院議員で、国務長官であった人物は、傲然(ごうぜん)と白人の特権に浴して、免罪されていた。クリントン犯罪法のために、何百万人もの黒人たちが被害を受けていたので、Ｅメール・スキャンダルは、アフリカ系アメリカ人の有権者を怒らせて、民主党から離反させる結果を招いた。

二〇一二年には、アメリカの選挙の歴史上では初めて、投票率で、アフリカ系アメリカ人が白人を上回っていた。二〇一二年の選挙では、黒人票がきわめて重大な影響をもたらした。フロリダ州、メリーランド州、ミシガン州、ネバダ州、オハイオ州、ペンシルベニア州、ウェストバージニア州の七州でオバマは勝利していたが、その得票差は、完全に黒人票によって生み出されていた。

黒人の投票率は、二〇〇〇年以降の三回の大統領選では、毎回のように上昇していた。ところが、二〇一六年のヒラリー・クリントンでは、この流れが反転していた。(20) 二〇一六年に、全米の黒人有権者は、民主党に対して反乱を起こしていた。

ヒラリーは立候補した。しかし、ヒラリーはウソをついた。そして、ヒラリーは敗れた。

二〇一六年十一月八日に、何百万人もの黒人有権者が、投票所に出かけなかったり、トランプに投票したりしていた背景には、こうした事情があった。

クリントン陣営と主要メディアも、直近の傾向とは異なる結果が出ることは予想していた。過去五十年間の大統領選では、アフリカ系アメリカ人票のなかで、共和党、もしくは、二大政党以外の候補者への投票の割合は、たいてい一一～一六パーセントとなっている。

最近の大統領選で、黒人票の九〇パーセント以上を獲得したのは、一九六四年のリンドン・ジョンソン、二〇〇〇年のアル・ゴア、二〇〇八年と二〇一二年のバラク・オバマである。しかし、ヒラリー・クリントンは、アフリカ系アメリカ人からの得票率が八八パーセントだった。

「ストップ・ザ・スティール」

私は、事前に選定した選挙地区で出口調査を行うための組織を立ち上げていた。コンピュータ投票機をもとに発表される投票総数と、私たちが行った出口調査との間に、大きな差異が生じていないかどうかを検証することを目的としていた。私たちは、すぐさま六つの州の連邦裁判所で、民主党やクリントン陣営から提訴されることになった。投票日の投票率を低下させることを目的として、有権者への脅迫や嫌がらせを計画しているとのことだった。

私が立ち上げたのは、「ストップ・ザ・スティール」だ。全米のなかでも重要性の高い約七〇〇〇地区の投票所で、党派色のない「投票保護員」を配置することを目標とした。コンピュータ投票機で集計された最終結果が、実際の投票数と一致しているか否かを、出口調査に基づいて科学的に確認するためのボランティアを養成していた。

そして、八つの接戦州において、特定の地区の投票所の外で、適正な方法のもとで、科学的に有効な出口調査を実施することを目標とした。この計画のもとでは、特定の地区に関して、コンピューター投票機が集計した投票総数と、出口調査の結果を比較できることになる。

ヒラリー・クリントンが在任していた当時の国務省では、実際に報告される投票結果と、出口調査の結果との差異が二パーセント以内であることを、外国での選挙の公正さを判定する基準としていた。私たちが取り組んだことは、二〇一六年大統領選において、それと同じ基準を適用することだった。伝統的に高い党派性が見られる地域や、激戦となる地区を対象として選定していた。完全に自由な意思の下で行われる投票のもとで、有効かつ正確な出口調査を実施することを計画していた。

二〇一六年大統領選ヒラリー・クリントン陣営の法律顧問を務めていた、ワシントン州を本拠とするパーキンス・コイエ法律事務所のマーク・イライアスにより、ネバダ州、アリゾナ州、ペンシルベニア州、オハイオ州の民主党は、裁判を起こしてきた。「ストップ・ザ・スティール」が、不正選挙を阻止することを目的として、出口調査や世論調査を実施するボランティアを投票所に配置することについて、差止請求を行っていた。

十一月四日金曜日に、オハイオ州の連邦地裁は、投票保護員を配置することを禁じる差止命令を出した。しかし、投票日のわずか数日前には、連邦第六巡回区控訴裁判所が、「ストップ・ザ・スティール」の即時抗告を受けて、差止命令を執行停止する決定を下していた。

控訴裁判所は、こう記している。

「地裁の差止命令、その執行停止を求める即時抗告、法廷審理で抗告に対する原告からの提出書面を検討した結果、本裁判所としては、原告（ヒラリー・クリントンを代表するオハイオ州民主党）からは、本件の訴えに関して相当の理由が提示されていないため、あらゆる観点から見て、差止命令の執行停止を認めることが妥当であるとの結論に達した」

フェニックスの連邦地裁も、民主党からの同様の差止請求を退けていた。差止請求の内容とされていたのは、「ストップ・ザ・スティール」が公表していた出口調査の実施を禁じることだった。連邦地裁判事のジョン・トゥチによる決定では、共和党が有権者を脅かす不正行為を企図しているとの証拠を、アリゾナ州民主党は提示していないとした。

民主党のデビッド・ボイス弁護士は、連邦最高裁にも上訴した。しかし、裁判所の判断としては、ロジャー・ストーンも、（同じく訴えられていた）ドナルド・トランプも、有権者に対する脅迫行為に関しては、何らの計画もなく、何らの実行の事実もなかったことが再確認された。ボイスが、二〇〇〇年のブッシュ対ゴアのフロリダ州での再集計のときにも、私の仇敵（きゅうてき）であったことを考えると、現在のスコアは、ストーン対ボイスで二対〇ということになる。

「ストップ・ザ・スティール」では、ボランティア向けにオンライン・ガイダンスを行った。「投票保護員」として出口調査を実施する際には、有権者との会話は、礼儀正しく、簡潔なものに限定されていた。投票保護員は、有権者が協力の意思表示をした場合に、簡潔に三問の質問をするように指示されていた。また、キャンペーン用の帽子、ボタン、Tシャツなどを着用することや、党派性を表示する行為が禁じられた。さらに、ガイダンスのなかで、「調査サンプルを損なう行為となるので、いかなる場合にも、自身の投票行動を明らかにしたり、話し合ったりしてはならない」と、明確に指示されていた。

全米規模の大統領選や中間選挙で、選挙の完全な公正さを保障するために、私たちは、こうした試みを長年にわたり構想してきていた。今回は、その最初の取り組みとなった。「ストップ・ザ・スティール」が取り組んだプログラムは、国務省が外国政府のために、選挙不正を防止する方法として公表している文書のなかでも、明確に説明されている。

国務省管轄のUSAID（米国国際開発庁）は、二〇一五年に「選挙結果の検証と評価」と題する文書を出している。[21] そのなかで、投票集計プロセスの正確さを期すために、最も科学的に信頼性が高い方法論は、並行投票集計（PVT）であるとしている。投票が紙の投票用紙で行われている場合でも、コンピューター投票機を使用して電子的に行われている場合でも、同様であるとしている。

USAIDの文書では、並行投票集計について、以下の通り記されている。

・並行投票集計は、即時集計とも称される。

・選挙結果の予測や、正確性の検証を目的として――全ての投票所、あるいは、サンプルとなる投票所からのデータを用いて――投票所での結果について、独立した立場で集計を行う。並行投票集計の信頼性を確保するためには、訓練された監視員によって実施される必要がある。監視員は、投票日の投票所でのすべてのプロセスを監視して、報告することが求められる。

・並行投票集計の監視員は、各投票所から報告される結果をまとめ、そのデータを用いて、独立した立場で選挙結果の集計を行う。並行投票集計が出した結果と、公式発表の結果に食い違いが生じた場合には、集計プロセスでの不正操作があるか、誤集計があることを示している。

USAIDによると、並行投票集計と出口調査は、調査活動に信頼性を置く方法論である点では、類似性があるとしている。

出口調査は、厳密さには欠けているが、選挙結果を予測する上では有益である。並行投票集計は、結果に対する信頼性では優れている。

「出口調査が実施されることが、投票日前に公表されていれば、全国規模の不正投票を抑止できる可能性がある」

USAIDの文書は、不正投票の検証に関しても記している。

「しかし、投票所の外で行われる出口調査では、投票所スタッフに対する抑止効果が、完全ではないことも事実だ」

選挙が終わってから：街頭の暴徒たち

選挙直後の数日間にわたり、全米各地の都市の路上では、トランプ当選に抗議するデモ隊が出現していた。掲げられたプラカードには、「私の大統領ではない」と書かれていた。極左派の#ネバー・トランプを訴える群衆は、選挙戦の終盤に、ヒラリー・クリントンがトランプに向かって何度も説教していたことを、完全に無視していた。選挙結果を受け入れないことは、「民主主義を破壊する」とされていたはずだった。

十一月十日に、トランプはツイートした。

「とてもオープンで、うまくいった大統領選が終わった。現在、プロのデモ隊が、メディアに扇動されて抗議活動をしている。とてもフェアでない！」(22)

翌日になると、トランプは、いくぶん融和的なツイートをした。

「昨夜、小さなデモ隊の集団が、私たちの素晴らしい街で熱意を示してくれたのは、嬉しいことだ。みんなで団結することを誇りにしよう！」(23)

二〇一六年十一月十一日のＡＰ通信は、オレゴン州ポートランドが、全米に広がる反トランプの暴徒たちの震源地になっていることを報道していた。ポートランドの中心街を、約四〇〇〇人のデモ隊が、窓ガラスを割りながら行進していた。「我々は、次期大統領を拒絶する」と連呼していた。

深夜になると、ポートランドの警官隊は、物を投げつけてくるデモ隊を押し返していた。夜が更けていったときに、ようやくデモ隊の人数は減少していた。ポートランド市警は、二六人のデモ参加者を逮捕したと発表した。

デンバーでは、中心街付近の州間高速道路二五号線が、デモ行進によって一時的に封鎖されて、約三〇分にわたり北行きと南行きの交通が遮断された。ミネアポリスとロサンゼルスでも、デモ隊によって州間高速道路の交通が、一時的に遮断されていた。

サンフランシスコの中心街でも、気勢を上げた高校生たちが、「私たちの大統領ではない」と連呼していた。トランプの追放を訴えるプラカードが掲げられていた。サンフランシスコで行進していたデモ隊のなかには、レインボーの旗やメキシコ国旗を振っている人たちもいた。沿道からは、ハイタッチを求める人たちが現れていた。

「白人であり、クィア（Q）でもある立場としては、人種を超えた団結が求められていると思う。立ち上がらなくてはいけないと思っている」と、一五歳の高校二年生がAP通信に語っていた。

「僕は、LGBTQの人間として、自分の権利のために戦っています。褐色の人たちのためにも、黒人たちのためにも、イスラム教徒のためにも戦っています」(24)

また、AP通信の報道によると、ニューヨーク市内の五番街のトランプ・タワーの前でも、大規模なデモ隊が集結していた。怒りのスローガンを連呼したり、反トランプのメッセージを書いた旗を振ったりしていた。

フィラデルフィアでは、市庁舎の付近にデモ隊が集結した。掲げられたプラカードには、「私たちの大統領ではない」、「トランプに反対するトランスジェンダー」、「みんなのために安全なアメリカを」などのスローガンが書かれていた。

ケンタッキー州ルイビルでも、五〇〇人規模のデモが行われていた。ボルチモアでも、「レイブンズ」がフットボールの試合をしているスタジアムに向かって、数百人が行進していた。AP通信の報道によると、シカゴのトランプ・タワーの前でも、数百人規模のデモ活動が発生していた。カリフォルニア州オークランドでは、群衆の規模が膨れ上がって、警官隊と衝突する事態に発展した。ロサンゼルスでは、概して平和的な抗議デモも行われていた。(25)

選挙から三日後の金曜日までに、反トランプのデモ活動で、およそ二二五人が逮捕された。ロサンゼルスだけで、少なくとも一八五人の逮捕者が出ていた。(26)

オレゴン州ポートランドのNBC系のKGWの報道によると、オレゴン州で逮捕された一一二人の大半は、同州では投票していない人たちだった。オレゴン州での投票記録によると、逮捕されたデモ参加者のうち七九人は、同州での有権者登録がないか、同州で投票したとの記録がなかった。(27)

ポートランドを本拠とするオレゴン州の地元紙による調査でも、反トランプのデモ参加者の「三分の一以上」が、投票していない人たちであると推定していた。デモ参加者の大半が、オレゴン州での有権者登録がなかった理由としては、各自の州で投票する州外出身の大学生たちであるからだとの説明もあった。(28)

他の報道では、全米各都市でデモ活動を組織している反トランプの左翼団体に、ジョージ・ソロスからの資金が提供されている証拠が示されていた。(29)このことは、プロジェクト・ベリタスのジェームズ・オキーフの取り組みの成果を、改めて思い起こさせた。すでにオキーフは、民主党の工作員が、デモ活動家に資金を提供して、全米各地のトランプ集会を混乱させたあげく、暴力沙汰まで引き起こしている実態を証明してくれていた。

ヒラリーは、まずはFBIを、次いでロシアを非難した

投票日から四日後の二〇一六年十一月十二日土曜日に、ヒラリー・クリントンは三〇分間の電話会議を開催した。ヒラリーの大統領選陣営に一〇万ドル以上を寄付した大口献金家たちが出席していた。この会議のなかで、ヒラリーは、私用メールサーバー問題で再捜査が開始された結果、大統領選での致命的な打撃が生まれたとして、ジェームズ・コミーＦＢＩ長官の決定を非難していた。

「この会議に参加していた献金家が語るところでは、クリントンは、敗北について自分の責任を認めていた部分もあった。しかし、トランプの勝因については、ほとんど語っていなかった。つまり、有権者が変化を望んでいたこと。性差別の問題が浮上したこと。ホワイトハウスを三期連続で獲得することは難しいこと。白人労働者階級の有権者を、ほとんど無視していたこと。そして、自らのメッセージが拙かったことには言及していなかった」と、AP通信でリサ・レラーが書いていた。(30)

ニューヨーク・タイムズ紙のエミー・チョジックの記事では、この大口献金家との電話会議でのクリントンの発言が引用されている。

「今回の選挙が成功しなかったことには、様々な理由があります。コミーの書簡によって生まれた疑念が、結局は、根拠に欠ける事実無根のものだと判明はしたのですが、わが陣営の勢いを止める結果となりました」と、(会議に出席していた献金家からの情報により)クリントンの発言内容を報じている。

クリントン陣営がニューヨーク・タイムズ紙に語ったところでは、コミーの決定は、特に、郊外の白人女性層の浮動票に打撃を与えていた。コミーの書簡によって捜査が再開され、メール問題が再燃したことが、トランプへの流れを生み出したからだ。

また、チョジックは、コミーが二回目の書簡を出す前の時点での、クリントンの発言も記している。

「二つの激戦州以外では、勢いを取り戻しつつあります。劣勢だったところでも、かなり盛り返しています。なんとか挽回する必要があると感じていたところです」(31)

会議の参加者からは、クリントンと陣営が避けることができた失敗のために、受け入れがたい対抗馬に当選を許してしまったとの意見も出ていた。

「そうした人たちが指摘していたのは、白人労働者階級の有権者に向けて、有効なメッセージを打ち出せなかったことだ。また、数年前にクリントン氏が国務省にいた当時、私用メールアドレスを使用したことや、ウォールストリートでの講演では、何百万ドルもの報酬を受け取っていたことだ」と、チョジックは記している。

それでも、ヒラリー陣営は勝利を確信していた。火曜日に、祝勝大会のためにニューヨークに向かっていた飛行機のなかでは、側近たちがシャンパンの栓を抜いていた。

このニューヨーク・タイムズ紙の記事によると、民主党の世論調査専門家の分析としては、ペンシルベニア州、ミシガン州、ウィスコンシン州で——オバマ大統領が勝利していた州だが——トランプが僅差で勝利できたのは、大卒の学歴がある郊外の女性層の浮動票が、最終盤で共和党候補に傾いたことが、主な理由だった。クリントンのメールサーバー問題に関心が向かった結果だった。

「夏まではリードしていたはずの大卒の白人女性層で、支持を失う結果となった」と、選挙翌日の水曜日に、クリントン陣営広報担当者のブライアン・ファロンは発言していた。

「コミーの件を思い出した五日間が生まれたことで、トランプの方に引き寄せられてしまった」

チョジックは、クリントン陣営の献金者で、ニューヨーク州民主党の有力者であるジェイ・S・ジェイコブズの言葉を引用して、クリントンの敗北を総括していた。

「素晴らしい選挙運動のプログラムが用意されていて、それを実行することができました。――しかし、トランプの方には、そうしたものは何もありませんでした。また、優れた広告も準備されていて、潤沢な資金をもとに、それを実現させることもできました。それなのに、残念ですが、トランプの方が、説得力があったのです」(32)

二〇一六年十二月十五日の木曜日の夜に、ニューヨーク市内の献金者向けの集会で、クリントンはスピーチを行った。このときに、クリントンは自分の敗北の原因を、ロシア大統領のウラジーミル・プーチンのせいにした。アメリカの民主主義の根本的な原則を破壊する戦略を、長年にわたり実行してきたとして非難した。

AP通信の報道によると、プーチンがアメリカ大統領選に介入して、クリントンを敗北させた理由について、クリントンは「個人的な不満」を挙げていた。

「わが国の選挙制度と、わが国の民主主義に対して、サイバー攻撃の秘密作戦を指令したのは、ウラジーミル・プーチン本人です。それは、私に対しての個人的な不満から生まれたものです」

と、AP通信がクリントンの発言を報道している。

「プーチンは、私を打ち負かすことだけでなく、わが国の民主主義を傷つけることを狙っていました」

クリントンの主張によると、民主党全国委員会とジョン・ポデスタをハッキングした犯人は、ロシアであるとのことだった。そして、トランプを勝たせるための策略として、ロシアのハッキングで取得されたメールが、ウィキリークスのジュリアン・アサンジに提供されたということだった。

「これは、長期戦略の一環です。疑心暗鬼を生じさせることによって、意図せざるか否かを問わず、アメリカ人が強権国家に自由を明け渡す状況を作り出すことが目的なのです」クリントンは発言していた。

「これは、わが国に対しての攻撃なのです」(33)

ニューヨーク・タイムズ紙のチョジックも、このマンハッタンでの献金家向けのクリントンのスピーチの内容を報じている。

「ロシア国民からの怒りが沸き上がったことを受けて、プーチンは、私のことを公式に非難したことがあります。その当時の発言と、今回の選挙で実行されたことは、直接につながっているのです」と、クリントンの発言を報じている。

「間違いなく、ようやくメディアは事実関係をつかもうとしています。選挙戦の最後の数か月で、私たちとしては、この問題を強く訴えてきました」

このニューヨーク・タイムズ紙の報道によると、ロシアはヒラリー陣営を打倒するために、総計でおよそ一〇億ドルもの資金を投じたのだと、クリントンは聴衆に語っていた。

「これは、私自身への攻撃ということだけではないです。そうしたことが火に油を注いだかもしれないですが、わが陣営に対する攻撃でもあります。わが国に対する攻撃なのです。ふつうの政治問題の次元を、はるかに超えています。わが国の民主主義の公正さをめぐる問題です。そして、わが国の安全保障に関わる問題なのです」

そして、クリントンは、連邦議会に対して、九・一一事件でペンタゴンとワールド・トレード・センターがテロ攻撃を受けたときと同様の委員会を設置することを訴えた。

「何が起きていたのか、そして、なぜ起きたのかを、国民としては正しく知る必要があります。選挙制度を含めた、わが国の制度に対しての、今後の攻撃を未然に防ぐ必要があります」クリントンは訴えていた。(34)

しかし、クリントンは、プーチンの「個人的な不満」とは、具体的には何を意味しているのかを明らかにはしていなかった。また、ウィキリークスのアサンジが、ハッキングで取得されたメールをロシアから入手したという証拠も示してはいなかった。

投票日から一〇日が経過した二〇一六年十一月十八日に、NBCの番組『ミート・ザ・プレス』では、選挙後では初めてとなる、ポデスタへのインタビューが行われた。NBCニュース司会者チャック・トッドからの質問を受けて、ロシアによりハッキングが行われたとのクリントンの主張について回答していた。

ポデスタは、ロシアからの介入によって、大統領選が「歪(ゆが)められた」と主張した。選挙が「自由で公正なもの」であったかと質問されたときに、ポデスタは、プーチンを非難した。

「ロシアが選挙に介入したのは明らかだと考えています。現在、私たちが知っているところでは、CIAも、国家情報長官も、FBIも、トランプを支援するためにロシアが介入したことの見方に同意しています。今週に、NBCニュースが最初に明らかにした通り、ウラジーミル・プーチン本人が直接に関与していたのです」ポデスタは述べた。

「国民が投票所に出かけて投票をした結果、ヒラリー・クリントンは、ドナルド・トランプよりも二九〇万票も多く得票したのですが、トランプは、選挙人票では勝利したとしているわけです。明日は、選挙人が投票する日になります」

トッドは、選挙が「自由で公正なもの」だったと考えるかと、ポデスタからの確答を求めた。すると、ポデスタは、ヒラリー・クリントンの敗北を望んだとして、ロシアのことを非難した。

「外国の敵対者が、わが国の民主主義の制度に、直接の介入を行ったのです。そして、選挙の結果を、ドナルド・トランプが勝つように仕向けたのです。最後の数週間のことを振り返れば、有権者に何が起きていたのかが分かるはずです」ポデスタは答えた。

「私としては、ＦＢＩの動きを、きわめて疑問に思っています。特に、ロシアの関与やヒラリー・クリントンのメール問題をめぐる、ＦＢＩ長官の動きについてです。私は、選挙の結果に影響を与えることになったと考えています」

この発言の後に、さらにポデスタは、コミーに対する批判を展開した。ロシアによるハッキング疑惑に関しては、捜査が取り組まれていないとした。(35)

二〇一六年七月二十五日のＮＢＣの番組『ナイトリー・ニュース』では、リチャード・エンゲルによる、スカイプ経由でのジュリアン・アサンジのインタビューが公開されていた。ロシアの情報機関が、民主党全国委員会の約二万件のメールをウィキリークスに提供したとされることについて、アサンジは「まったく、いかなる証拠もない」と語っていた。民主党全国委員会では、長期間にわたって、サーバーのセキュリティ上の欠陥が放置されていた。そのため、すでに多数の主体により、数多くの文書が公表されていると、アサンジは語っていた。(36)

二〇一六年十二月十五日に、アサンジは、ショーン・ハニティのインタビューでも登場した。最初に、ハニティの全米向けラジオ番組で放送され、同日の夜に、ＦＯＸニュースのハニティの番組でも放映された。

このインタビューのなかで、アサンジは、ウィキリークスが公開したポデスタや民主党全国委漏洩（ろうえい）したメールの提供者は「国家ではない」と述べた。ポデスタと民主党全国委員会のメールが、ロシアから提供されたものではないことを明言した。また、アサンジは、いかなる政府からも提供されたものではないとした。

「国家から提供されたものではないと、あえて発言する必要があるのは、残念なことです。通常であれば、このようなことを語ることはありません」アサンジは、ハニティに語った。

「利益相反の問題が生じるからです。ですから、お話しできることは、何もありません。誰かであるとか、誰かでないとかを言うことはできません。もしかすると、言うこともあるかもしれませんが、本来は、そうしたくはないのです。また、情報公開による影響力を、より効果的にする必要もあります。ですから、情報公開に対する攪乱（かくらん）が仕掛けられていることについては、こう言いたいです。『いいえ、国家からではないです。そうしたことで攪乱するのは、止めてほしいのです。公開している内容の方に、関心を向けてもらいたいです』」

ハニティからは、民主党全国委員会の内部の不満分子が、情報源である可能性が示唆された。特に、ポデスタのオフィス内にいた可能性が指摘された。それについては、アサンジは否定しなかった。しかし、ロシアから提供されたということについては、きっぱりと否定していた。(37)

アサンジのインタビューがラジオ番組で放送された後に、FOXニュースの討論番組『ザ・ファイブ』の共同司会者エリック・ボーリングは、投票日の夜にクリントンが公式発表をしなかった理由についてふれていた。陣営最高幹部のロビー・ムックとジョン・ポデスタに、クリントンが暴力を振るっていたとの情報があるとした。

「なるほど、最初は、彼らのことを責めていたわけです」ボーリングは言った。

「それから、再集計の騒ぎで、茶番劇が起きました。無意味なことでしたが」ボーリングは続けた。

「そうして今度は、ロシアが悪いということになっています。ロシアが、選挙に影響を与えたそうです。しかし、そうしたことではないのですよ。候補者が悪かっただけです。――候補者としては最悪でした。人間として最悪とまでは、言いませんが。私が人生のなかで見てきたなかでは、大統領選の候補者としては最悪でした。

『嘆かわしい人々』という発言もしていましたが、それは、ロシア人が言わせたわけではないはずです。オバマケアの保険料が急上昇したのも、ドナルド・トランプのせいではないはずです。――選挙があった週には、保険料が倍になる事例も出ていました」(38)

民主党は、ウィキリークスによるメールの公開には、ロシアが関与していたという話を広めていた。この話の当初の段階では、ＣＩＡが情報元であることがうかがえた。オバマ政権の八年間では、政府内部での党派的な動きが強まり、内国歳入庁と司法省が政治色を帯びてきていたことは明白だった。

共和党のニューヨーク州選出のピーター・キング下院議員は、ジョン・ブレナン長官の配下にあるCIAでも、同様の状況となっている懸念を指摘した。下院議会でインテリジェンス・コミュニティの一員を務めるキング下院議員は、ブレナンCIA長官が、ドナルド・トランプ次期大統領の「抹殺」を画策していると述べていた。そのために、ブレナン長官は、クリントン陣営のジョン・ポデスタ選対委員長のメールのハッキングの背後には、ロシアが存在していると主張していると述べていた。

「この件には、怒りを感じています。ワシントン・ポスト紙は、ニューヨーク・タイムズ紙と同じように偏向していますが、そこに調査結果や結論をリークしたのは、ジョン・ブレナンだからです。おそらく、ジョン・ブレナンであろうと思われます。しかし、ブレナンは、そうした内容を、インテリジェンス・コミュニティに対しては伝えてはいません」と、二〇一六年十二月十八日の日曜日に、キング下院議員は、ABCの番組『ジス・ウィーク』に出演して語った。

「ロシアの行為についても、捜査は必要かもしれない。しかし、ジョン・ブレナンが次期大統領の抹殺を画策していると思われる問題についても、捜査をする必要があるはずだ」と、キング下院議員は述べていた。(39)

ブレナンのCIAでの経歴には、様々な問題があった。過去のアメリカ大統領選では、共産党の候補者ガス・ホールに投票していた事実があった。イスラム教に改宗しているとも伝えられ、就任宣誓に際しても、聖書に手を置くことを拒絶したとされていた。

ブレナンは、一九八〇年にCIAに入った後、やがてトップに上り詰めている。しかし、アメリカ共産党の大統領候補ガス・ホールを支持していたことで、危うく、この情報機関の職務に就くことに失敗しかけていた。CIAで採用されるには、ポリグラフ検査を受ける必要があった。やはりと言うべきか、次の質問をされたときに、ブレナンはうろたえていた。

「アメリカ合衆国を転覆させることを目的とする組織と協力したこと、あるいは、そうした組織のために仕事をしたことはありますか？」

ブレナンに、その経験があることは明白だった。

「私は、固まってしまいました」ブレナンは、その出来事を振り返って語っている。「それは、一九八〇年の出来事でした。以前の選挙での投票のことを思い出しました。共産党の候補者に投票したことがあったからです」

ブレナンが見せた対応は、お手のものだった。中途半端な事実を語ることで、ウソをついていた。

「私としては、民主党員と共和党員の、どちらでもないと語りました。大学に行っていたときも、体制への不満を表明するときにも、変革を求めていたときにも、私はそうしてきました」

ポリグラフの検査官に対して、ブレナンは、自分は共産党員ではないと語っていた。しかし、そうした言い方をすることで、過去に共産党員であった事実があるかについては、明言を避けていた。ポリグラフの検査官は、それ以上のことは聞かなかった。

「検査官は、私のことを見て、『オーケー』と言いました」ブレナンは説明した。

「ポリグラフ検査を終えて帰るときに、私は、『ああ、しまったな』と思いました」

それでも、ブレナンがＣＩＡに就職できたのは、驚くべきことだった。(40)

元ＦＢＩイスラム分析官のジョン・グアンドロは、ブレナンがＣＩＡ長官に任命されることに対して、警鐘を鳴らしていた。オバマは、浸透工作に対して「脆弱」な人物を選んだとしていた。また、イスラム教徒であるとの指摘もしていた。グアンドロの主張によると、サウジアラビアでＣＩＡリヤド支局長を務めていた当時に、ブレナンはイスラム教に改宗していた。

「ブレナンは、サウジアラビアでアメリカ合衆国を代表する職務に就いていたときに、イスラム教に改宗しています」

グアンドロは、ラジオ番組の司会者トム・トレントに語っていた。

「強く懸念される問題は、その事実だけではありません」グアンドロは言った。

「防諜活動の一環として、ブレナンを取り込む作戦の集大成が、イスラム教への改宗でした。ブレナンは、外国駐在の米国政府高官として、機密に関わる職務を担う立場にありました。しかし、外国の情報機関に取り込まれてしまったのです。その事実が意味しているのは、国家反逆罪であるか……。こうした世界での仕事を、理解する能力が欠落しているということです。つまり、

CIA長官としては、完全に適格性がないということを意味しています」

ブレナンは、一九九〇年代にサウジアラビアでリヤド支局長を務めていた。(41)

二〇一三年三月八日に、オバマ政権の下で、ブレナンはCIA長官に就任している。しかし、アメリカ人の多くは、就任宣誓式のときに撮影された写真を見て、憤慨することになった。ブレナンが手を置いていたのは、聖書ではなく、合衆国憲法が記された紙の上だったからだ。

ルーズベルト・ルームでの非公開の就任式で、ブレナンはジョー・バイデン副大統領に向かって宣誓を行った。そのときに右手を挙げながら、ブレナンが左手を置いていたのは、「一七八七年以来の由緒がある、ジョージ・ワシントンが手書きの注釈を書き入れた合衆国憲法の草稿の原本」だった。そのことについては、ホワイトハウス副報道官のジョシュ・アーネストが、定例ブリーフィングの場で記者団に説明していた。

「ブレナン長官は、大統領に対して、歴史文書を使用したいと述べていました。CIA長官に就任宣誓するにあたり、法の支配に対する忠誠を改めて表明したいとの理由でした」アーネストは明らかにした。(42)

保守派ブログの「エンプティ・ウィール」は、ブレナンの挙措が意味することの重大さを、ただちに理解していた。

「ブレナンは、合衆国憲法の擁護を宣誓していた。しかし、その宣誓にあたって手を置いていた合衆国憲法には、修正第一条、第四条、第五条、第六条ほか、すべての修正条項が含まれていない。——もちろん、これらは、現在の合衆国憲法には含まれている内容だ」と記している。

「一七九一年までの合衆国憲法には、権利章典の部分はなかった。その部分が追加されたのは、ブレナンが宣誓で使用した合衆国憲法から、四年後のことだ」(43)

二〇一〇年二月十三日に、国土安全保障省テロ対策担当の大統領補佐官を務めていた当時のブレナンは、ニューヨーク大学ロースクールの学生向けに講演を行った。聴衆は英語を母国語とする人たちだったが、かなりの部分を、翻訳をしないままアラビア語で語っていた。一九七〇年代に、カイロのアメリカン大学に留学して以来、ブレナンは、エルサレムの名称としては、アラビア語の「アル・クドゥス」だけを使用しているとのことだった。そして、二十五年間の政府職員としての仕事のなかで、かなりの年月を中東関係に費やして、国務省の政治担当官や、サウジアラビアでのCIA支局長を歴任してきたことについての話をしていた。

「私は、サウジアラビアにいたときに、メッカとメディナの二つの聖なるモスクで、サウジの友人たちが立派な務めを果たしているところを見てきました」ブレナンは語っていた。

「メッカ巡礼の荘厳さと、務めを果たすイスラム教徒の献身を、私は驚きの眼差しで見守ってきました」(44)

ジル・スタインによる票の再集計

緑の党の大統領候補者ジル・スタインは、全米でわずか一パーセントの得票に終わっていたが、約七三〇万ドルを集めて、ウィスコンシン州、ミシガン州、ペンシルベニア州での大統領選の投票を、再集計することを求めていた。(45)

スタインによる再集計の運動は、二〇一六年十一月下旬に掲載されたニューヨーク・マガジン誌の記事から始まっていた。

この記事では、クリントン陣営は、ウィスコンシン州、ミシガン州、ペンシルベニア州で再集計を求めるべきだとの「著名なコンピューター科学者や、選挙専門の弁護士たち」による提言が掲載されていた。電子投票マシーンが不正操作されて、ハッキングされている可能性があることが主張されていた。

「研究者の分析によると、ウィスコンシン州での電子投票マシーンを使用した郡では、光学式スキャナーや、紙の投票用紙を使用した郡と比較して、クリントンの得票率が七パーセント低いとの結果が判明している」と、選挙から一四日後の二〇一六年十一月二十二日に、ニューヨーク・マガジン誌は記している。

「統計的な分析によると、クリントンの三万票が失われている可能性がある。ウィスコンシン州では、クリントンは二万七〇〇〇票差で敗北している。

ただし、このグループが、ハッキングや不正操作の証拠を発見しているわけではないとも記されている。しかし、疑わしいパターンが見られる以上は、選挙陣営にとっては、第三者の検証を求める根拠になると主張している。――とりわけ、オバマ政権のホワイトハウスが、民主党全国委員会へのハッキングをめぐり、ロシア政府を非難している事実に照らせば、なおさらのことだ」と、同誌の記事は続いている。(46)

しかし、それから三日後の二〇一六年十一月二十五日のポリティコ誌で、そうした主張はおおよそ覆されていた。ミシガン大学のコンピューター・サイエンス専門のJ・アレックス・ハルダーマン教授は、ニューヨーク・マガジン誌の記事が依拠していたサイバーセキュリティ専門家のうちの一人だ。そのハルダーマン教授の見解として、二〇一六年大統領選では、ロシアほか他国からのハッキングを示す証拠はないと報じられていた。(47)

「今年の結果が、選挙前に実施された世論調査から乖離（かいり）しているのは、サイバー攻撃が原因なのだろうか？」と、ハルダーマン教授は、二〇一六年十一月二十三日にオンラインに掲載した記事で問いかけていた。(48)

「おそらく、そうではない。最も合理的な説明としては、選挙がハッキングされたのではなく、世論調査が全体的に間違っていたということだ」

「クリントンとしては、選挙の結果を覆すためには、これらの州を取り返す必要があるということなのだろう」と、二〇一六年十一月二十三日に「デイリー・ビースト」のシェーン・ハリスが書いている。

「トランプが思いがけずに当選したことを、ハッカーのせいにしたいのだろう。職業政治家たちとしては、敗北を認めたくないということだ。しかし、結果を覆すようなサプライズはあまり期待できないことを、専門家たちは警告している。ハッカーたちが、この三つの州の投票を改ざんしたというのは、トランプが当選したことよりも、さらに驚くべき話だ」と記事では結論づけていた。(49)

おおよそ一致した専門家の見解としては、スタインが再集計を求めているのは愚かであるということだった。異議が唱えられた三つの州で、選挙結果が覆る可能性は、事実上、ゼロに等しいとされた。

大方の見方としては、その目的は、トランプ当選の正当性を失わせることにあった。スタインとしても、結果が覆る可能性がほとんどないことは、最初から分かっていた。(50)

しかし、二〇一六年十一月二十六日に、クリントン陣営は、スタインの求めている再集計に参画する方針であると発表していた。筆頭弁護士マーク・イライアスが、慎重に言葉を選んだ書面で説明していた。(51)

「いずれかの州で選挙結果が覆るかにかかわらず、私たちの陣営としては、原則に基づいて、法廷での正当な利益が守られることや、再集計のプロセスが適正に監視されることは重要であると考えています」と、イライアスは記している。(52)

これに対して、トランプは怒りの反応を示した。

「選挙は終了して、国民の意思は表明されています。投票日の夜に、ヒラリー・クリントン自身が敗北を認めて、私に祝意を伝えたときにも、このように述べていました。『この結果を受け入れて、未来に向かっていく必要があります』」と、トランプの声明では記されていた。

トランプの声明では、選挙は「終わった」として、再集計を「バカげている」とした。また、緑の党が、現実的でない再集計を訴えながら、資金集めをしているのは、詐欺行為にあたるとした。

「ジル・スタインにとって、再集計というのは方便でしかないです。スタインは全米で一パーセント以下の得票しかなく、多数の州では候補者にもなっていません。資金を集めていますが、その大半は、このバカげた再集計のために使われることもないでしょう」と、トランプは声明で述べていた。

「緑の党が行っていることは詐欺です。すでに敗北を認めた以上は、今回の選挙結果を尊重する必要があり、異議を唱えて、毀損(きそん)するべきではないです。ジル・スタインは、まさにそうした行動を取っています」(53)

スタインによる再集計の運動は、無残な失敗に終わった。しかし、ミシガン州では、再集計が行われた結果、クリントンのために選挙結果が覆されるどころか、ウェイン郡で大規模な不正投票が行われた証拠が発見された。デトロイトでは、民主党が不正投票をしていた。デトロイトは、ミシガン州の最大の郡にある、州の最大の都市であり、圧倒的多数がクリントンに投票している場所だ。

電子投票マシーンの集計による投票数は、デトロイト市内の三分の一以上の地区では、実際に投票されたと記録される人数よりも、多い数字が出ていた。また、州内二二郡のうち一〇・六パーセントにあたる地区では、再集計できないことが判明した。ミシガン州法では、封印が破られた投票箱は、再集計には無効であるとされていたからだ。

デトロイト・ニュース紙は、デトロイト市内が最もひどい状況であることを伝えていた。市当局によると、全体の約六〇パーセントに当たる三九二地区で、再集計の実施が不可能となっていた。また、これらのうち三分の二の地区では、投票数が過大になっていることが判明していた。

デトロイト・ニュース紙によると、ヒラリー・クリントンはデトロイト市とウェイン郡では圧勝していたが、ミシガン州全体では、共和党のドナルド・トランプ次期大統領が一万七〇四票差で勝利していた。得票率は、四七・五パーセント対四七・三パーセントとなっていた。(54)

ウィスコンシン州では、スタインによる再集計の結果、トランプに差し引き一三一票の得票が生まれただけだった。(55)また、スタインによる再集計の支持者たちは、ペンシルベニア州全域での再集計も求めていた。しかし、十二月三日に、ペンシルベニア州裁判所での最後の試みとしての訴訟を取り下げた。提訴にあたっては、裁判所からペンシルベニア州民一〇〇人以上による一〇〇万ドルの拠出を求められていた。[56]

緑の党のジル・スタイン候補による再集計の運動は、ソロスの資金提供を受けて行われていた。このことは、環境保護論者としてのスタインの信用を、完全に損なうことになった。得られた結果としては、トランプの得票差が、ほんのわずか増えただけだった。

再集計の専門家ジョン・ハガティは、ウィスコンシン州での再集計は、納税者である州民に対する詐欺行為にあたると述べている。むしろ、同州での選挙制度の信頼性が証明される結果に終わったとした。

ミシガン州でスタインが再集計を求めたことでも、トランプの得票差が広がっただけだった。結果には何の影響もなく、むしろ、不正投票の存在が示唆されただけだった。ペンシルベニア州では、再集計の実施に必要とされる証拠すら、見出されていなかった。[57]

ソロスが求めるべきことは、再集計（リカウント）でなく、返金（リファンド）であろう。環境保護論者たちも、スタインに問い質すべきことがあるはずだ。これほど的外れで、売名行為でしかない再集計の騒動のために、どれだけの電力量が消費され、どれだけの石油や石炭が燃やされ、どれだけの森林が浪費されたことだろうか。

不正投票、ハッキング、再集計

二〇一六年八月に、私は、ザ・ヒル誌に寄稿していた。(58) その中で私が書いたのは、ドナルド・トランプが、来るべき選挙では不正が行われる恐れがあると公言していたことだ。これまでの経緯や、技術的な可能性からすれば、トランプの懸念は、根拠のないものとは言えなかった。

スタンフォード大学での最近の調査でも、ヒラリー・クリントン陣営が、バーニー・サンダースから指名獲得を盗み取るために、投票制度に対する不正行為を行っていたことが明らかにされた。ウィスコンシン州で、バーニー・サンダースに対して行われていた不正行為は、驚くべきものだった。そうした問題が起きていたのは、ウィスコンシン州だけではなかった可能性がある。

クリントン夫妻が、ひとたび味を占めてしまったイカサマを、もう一度、繰り返さないということがあるだろうか?

ここでは、不正投票のことと、コンピューター化された投票マシーンの不正操作により、選挙が盗まれることの両方の問題を取り上げたい。前者は、局所的ではあるとはいえ、実際に行われている。また、後者については、特に、ディーボルド社/PES社（二〇〇七年にディーボルド投票システムズ社からプルミエ投票システムズ社に改称、二〇一〇年にドミニオン・ヴォーティング・システムズ社に買収される）の投票マシーンが、数多くの州で幅広く使用されている。

ポリティコ誌では、プリンストン大学のアンドリュー・アッペル教授の見解が取り上げられている。幅広く利用されている電子投票マシーンが、わずか七分間かそこらで、ハッキングされてしまうことが証明されていた！(59)

コロンバス州立大学社会行動科学学部の政治学教授であるロバート・フィトラキスも、必読本となる著作のなかで、〝奪い取って、引っくり返す〟（ストリップ・アンド・フリップ）という手法を用いて、投票マシーンを不正操作できることを詳述している。フィトラキス教授は、緑の党の活動家でもある。

また、CBSの番組でも、コンピューター・ハッカーが一五ドル程度の電子機器を使用することで、何度でも投票できることが実証されていた。現在の私たちは、捏造（ねつぞう）されたデータや、虚偽の世論調査によって生み出された〝オルタナティブな現実〟の世界に生きているということだ。

コンピューター化された投票マシーンでは、ハッキングや不正行為を行うことが可能だ。実際に、バーニー・サンダースの問題が起きている以上は、今後も、そうしたことが起きないと信じることができるだろうか。

はっきり言うならば、不正に関与していることでは、どちらの党も同じだ。それぞれの州で権力を掌握している方の政党が、投票マシーンを管理して、プログラミングに関与している。今後においてて、フロリダ州、ペンシルベニア州、バージニア州、オハイオ州などの接戦州で投票マシーンから出てくる結果は、出口調査によって照合される必要がある。

今回の選挙では、イリノイ州でも、トランプが圧倒的な強さを見せているが、この州はブルー・ステートだ。

クリントンの長年の子分であるラーム・エマニュエル市長が、投票マシーンをいじったりしないと、本当に信じられるだろうか？　私には、信じることができない。

ラーム・エマニュエルは、反トランプの「抗議活動家」を雇っていた市民団体に、シカゴ市として財政援助していた。そして、シークレット・サービスが安全を確保できないと判断するほどの治安の混乱を発生させて、シカゴでのトランプ集会を開催中止に追い込んでいる。

どちらの党の政治家であれ、そんなことができるのだろうか？

それは、正直な世論調査をもとにして当選者を予想するくらいに、簡単なことだ。

もし、支持する候補者が勝てそうにないときには、相手の候補者に投票された票を、自分の候補者の方に付け替えればよい。逆も真なりだ。ただし、合計の票数が変わることはない。これが、フィトラキス教授が指摘している「奪い取って、引っくり返す」という手法だ。

相手の候補者に投じられている票の全部が、必要となるわけではない。そこで、票を配分し直すことになる。そのためには、望ましい結果が出るようにマシーンを作動させてくれるプログラマーを見つけるだけでよい。前述の一五ドルの電子機器は、ベストバイのどこの店舗でも販売している。

こうした理由で、ヨーロッパでは電子投票マシーンは排除されている。信頼性を確保できないという、きわめて単純な理由からだ。こうした事実は、秘密でも何でもない。しかし、メディアは、不正投票など存在しないと主張してきた。ましてや、投票マシーンの不正操作をめぐる問題に言及することはない。

複数の州では、紙の証拠が残らない投票マシーンを、いまだに使用している。つまり、「証拠」は消されてしまうということだ。ブッシュ対ゴアの問題が起きたときにも、フロリダ州が使用した投票マシーンでは、紙の証拠が残されていなかった。

アメリカ合衆国としては、ヨーロッパ諸国の先例を見習い、勝敗を判定するための出口調査を導入するべきである。集計された票に対しては、正式なかたちで検証作業を行うことが必要だ。ただし、紙の投票用紙をもとにして、また、監視のもとで手作業によって実施する必要がある。それが、これまでのやり方だ。

以上の記事の内容を書き終えた後に、大騒動が起きることになった。私に執筆の機会を提供したことで、ザ・ヒル誌は、デビッド・ブロックとその同調者たちからの標的とされてしまった。ニュー・リパブリック誌は、「ザ・ヒル誌が、トランプ側近ロジャー・ストーンの気違いじみた陰謀論を掲載した理由とは?」と、大々的に掲げていた。

「このオプエド記事は、ベテラン共和党員のトリックスターが書いたものだ。ドナルド・トランプの阻止を目的として、選挙が丸ごと不正行為の対象となるだろうとの陰謀論が紡ぎ出されている。わが国を欺くために、世論調査から投票マシーンに至るまで、不正行為が蔓延するとのことだ」

さて、前述の通り、ウィスコンシン州では、ジル・スタインが三五〇万ドルを費やして、再集計を要求していた。また、ミシガン州でも、予備的な段階での再集計を求めていた。そのときに明確に主張されていたのが、コンピューター化された投票マシーンには、ハッキングや不正操作の可能性があるということだ。

まったく都合のよい話ばかりをしているものだ。

選挙人団：民主党には耐えられないくらい民主的なもの

選挙人団制度の採用くらい、建国の父たちの叡智が明白に示されているものはない。わが国の政府を創り上げるために、地方の農家と都市の銀行家は、互いに反目し合いながらも協力した。しかし、人口が増加していくにつれて、国内各地からの選挙民の声がかき消されてしまうおそれがあることも理解していた。その解決策とされたのが、選挙人団だ。ただし、左翼にとっては、長らく悩みの種とされてきた。とりわけ左翼が敗北したときには、そうだった。

リベラル派が「飛び越される州」と呼んでいる地域の有権者は、ごく普通の国民たちだ。そうした普通の国民の存在が、カリフォルニア州やニューヨーク州の「教養のある」有権者（生きている人、死んでいる人、ビザがない人なども含めて）が選挙を支配することを防いでいると考えられてきた。しかし、そうした考え方は、左翼エリートたちには許しがたいことだった。

繰り返して言うと、左翼たちは選挙に負けると、制度に不公正さが内在していると不平を述べるようになる。国民の多数派の声が代弁されていないので、制度を変えるべきだと訴えるようになる。カリフォルニア州やニューヨーク州などでの票数をもとに、得票総数で勝敗を決めていれば、二〇〇〇年にはアル・ゴアが、二〇一六年にはヒラリー・クリントンが当選していたはずだと言うのだ。しかし、共和党に決定権が残されているかぎり、選挙人団制度を廃止するような、過激な蛮行が実現することはないはずだ。

投票日から、二〇一六年の選挙人投票が行われるまでの期間には、選挙人としての義務を放棄させようとする、とてつもない言説が浮上することになった。「評論家」たちが語っていた、まことしやかな予言にもかかわらず、トランプは、ウィスコンシン州、ミシガン州、ペンシルベニア州などの激戦州で勝利していた。あまりにも的外れな予測は、もはや伝説的なまでの失敗となっていた。

しかし、二〇一六年のリベラル派の幻想として、今度は、「不誠実な選挙人」が現れることが空想されていた。しかし、そんなことが起きるはずもなく、トランプの当選は確定した。

わが国では、全米での得票総数の結果によって、大統領を決める制度にはなっていない。得票総数での勝者が、ホワイトハウスを勝ち取れないことを以て、自由で公正な選挙でないとの不満を述べる人たちがいる。しかし、それは、あたかもバスケットボールの試合で、パスの回数が多いチームの方が勝ったと主張するようなものだ。それが得点とは違うことくらいは、どのような選手でも知っていることだ。

「ハミルトン選挙人」が、選挙人に「投票先の変更」を唆す

トランプのホワイトハウス入りを阻止するための最後の悪あがきは、「ハミルトン選挙人」と称する市民グループの活動だった。この策謀は、『ザ・フェデラリスト』の歪んだ解釈に依拠していた。そして、トランプのような悪党が大統領になることを阻止することを目的として、選挙人団制度が作られたという、ねじ曲がった主張をしていた。

「私たちは、アレクサンダー・ハミルトンの見解を尊重したいと考えます。選挙人団は、合衆国憲法の安全弁の役割を果たしています。したがって、必要とされるときには、適格性に欠ける大統領が選出されることを阻止することが求められます。この二〇一六年に、私たちは党派の立場は脇に置いて、アメリカを第一にしたいと考えます」と、ハミルトン選挙人のウェブサイトでは謳(うた)われていた。

「私たち選挙人としては、レッド・ステートとブルー・ステートの双方からの選挙人たちに対して、国家の利益のために、責任を果たせる共和党候補者の下で団結することを求めます」(60)

こうした#ネバー・トランプの動きが、五三八名の選挙人に向かって呼び掛けられていた。選

挙人は、二〇一六年十二月十九日に各州の州都に集まる予定とされていた。そのときに、投票先をトランプから変更する人たちが現れることで、トランプが大統領に選出されるために必要となる、二七〇人の選挙人票を阻止することが目標とされていた。

二〇一六年十一月二十二日にアトランティック誌で掲載された記事では、フリーランスのジャーナリストのリリー・オドネルが、二名の民主党の選挙人が「ハミルトン選挙人」として名乗りを上げたことを記していた。コロラド州のマイケル・バチャと、ワシントン州のブレット・チアファロである。(61)

この二名の民主党の選挙人は、全米的な運動に盛り上げることによって、二〇一六年大統領選を下院に持ち込もうとしていた。しかし、下院では、共和党が多数を占めていた。したがって、ハミルトン選挙人にできることは、せいぜい、トランプ当選の正当性を傷つけることでしかなかった。――ジル・スタインが再集計でやろうとしたが、結局は失敗したのと同じことだ。

出来損ないの策謀でしかなく、およそ成功の見込みはなかった。こうしたバチャとチアファロによる動きは、むしろ、アレクサンダー・ハミルトンが『ザ・フェデラリスト』第六八篇で記していた内容が、正しかったことを証明する結果となった。

選挙人団制度が必要とされる理由は、一般投票で大統領を選出する方法では、人口が多い州が――現在ではニューヨーク州やカリフォルニア州――不当に有利に扱われるからだ。その結果、

大統領の選出にあたり、人口の少ない州での投票結果が蔑ろにされるからである。(62)

そこで、建国の父の一人であり、初代の財務長官も務めたアレクサンダー・ハミルトンの見解が重んじられて、「大統領職は、必要とされる資格を有する地位にない人々によって、決められてはならない」とされた。

ハミルトン選挙人が目的を達成するためには、トランプに投票する予定の選挙人のうち三七人を、他の誰かへの投票に変更させる必要があった。――しかし、それは、およそ無理な試みだった。

ハミルトン選挙人による試みは、主要メディアでも報道された。このコロラド州とワシントン州の選挙人は、選挙人に造反を呼びかけて、例えば、共和党のオハイオ州知事ジョン・ケーシックのような、穏健派の共和党候補に投票することを訴えかけた。ケーシックは、トランプへの反対の意思表示として、クリーブランドでの共和党全国大会を欠席していた。

ハミルトン選挙人が、ベストのシナリオとして想定していたのは、ケーシックの下で共和党の一三五票と、民主党の一三五票を結集させることだった。そうすれば、共和党の穏健派を大統領に選出することができた。

次善の策としては、共和党の選挙人のうち三七票を、ケーシックへの投票に切り替えさせて、選挙を下院に持ち込むことだった。この場合には、下院の共和党指導部が、共和党の下院議員たちに圧力をかけて、トランプではなくケーシックに投票させることを想定していた。トランプを排除しながらも、共和党が大統領の座を確保することができるという作戦だった。

クリントン陣営は、ハミルトン選挙人の策謀に対しては、沈黙を守っていた。そのことは、トランプ陣営を怒りで沸き返らせた。「チェンジ・ドット・オルグ」（オンライン署名サイト）では、ヒラリー・クリントンが一般投票で勝利したことを支持して、ドナルド・トランプから合衆国憲法を守ることを、「良心的な選挙人」に求める署名が、四九〇万件近くも集まった。

「ドナルド・トランプは大統領に選出されていない」と題された、「チェンジ・ドット・オルグ」での請願運動は、ヒラリー・クリントンを大統領にすることを目的としていた。そこでは、こう記されていた。

「本当の選挙は、十二月十九日に行われます。その日に、選挙人団の五三八票が——望ましい候補者に——投票されるからです。

トランプには適格性がありません。数多くのアメリカ人を、自分のための犠牲にしてきました。衝動的で、暴力的で、ウソつきです。性的暴行の経歴があることを認めているほか、まったく政治経験もありません。トランプは、わが国にとっては危険な存在であるということです」

この請願運動は、ハミルトン選挙人から、直接に支援を受けていたものではなかった。トランプが勝利した州のうち一四州では、選挙人が、投票先をヒラリー・クリントンに変更した場合でも、法的な罰則は定められていないことが強調されていた。(63)

トランプを敗北させようとする、この選挙人の動きのなかで、言及されていないことがあった。得票総数からニューヨーク州とカリフォルニア州が除外されると、トランプは、一般投票でも三〇〇万票の優位になっていたという事実である。

一般投票でヒラリーが二八〇万票の優位の結果となっていた理由は、主として、カリフォルニア州での勝利だった。その票差は、二〇一二年のバラク・オバマのときよりも大きかった。オバマの得票率が六〇・二パーセントだったのに対して、ヒラリーは六一・七パーセントとなっていた。ヒラリーは、カリフォルニア州では四三〇万票もの票差で勝っていた。

政治評論家たちの見るところでは、カリフォルニア州は、一党支配の州に急速に変容しつつある。二〇〇八年から二〇一六年までの——オバマ政権の八年間で——カリフォルニア州での民主党の有権者登録は一一〇万人増加していた。他方、共和党の有権者登録は約四〇万人も減少していた。カリフォルニア州の連邦議員選挙をみると、バーバラ・ボクサー上院議員が有していた議席には、民主党から二名の候補が出馬しただけで、共和党からは不出馬となっていた（二〇一五年に民主党ボクサーが不出馬を表明した後、二〇一六年上院選ではカマラ・ハリスが当選した）。また、カリフォルニア州での連邦下院議員の選挙では、一六選挙区のうち九選挙区で、共和党候補が不出馬となっていた。

このカリフォルニア州を一般投票の総計から除外したときには、トランプは、全米で一四〇万票の票差で勝っていることになる。カリフォルニア州での投票が、二〇一六年大統領選で民主党が勝利した他の州と同様の得票率であったと仮定すると、カリフォルニア州でのクリントン対トランプの結果は、事実上の互角となっていたはずだ。他州でのクリントンの得票率の平均は、五三・三パーセントだったからだ。

カリフォルニア州は、政治的には極左への傾斜を強めている。〝黄金の州〟（カリフォルニア州の愛称）は、内陸部の大半を占めるレッド・ステートとは、まったく別世界となりつつある。(64) ただし、合衆国を郡別の地図で見たときに、すぐに気づくことがある。カリフォルニア州の内陸部では、圧倒的に赤い郡が多いことだ。例外となるのが、海岸沿いの細長い地域だ。州の主要都市が分布して、北にはサンフランシスコ、南にはロサンゼルス、サンディエゴがある。

十二月十九日が——各州の州都に、選挙人が集まる日である——近づいてくると、共和党の選挙人は、強烈な圧力にさらされていた。個人攻撃もあれば、殺害の脅迫もあった。ヒラリー支持派とトランプ反対派が結束して、トランプのホワイトハウス入りを阻止するための最後の抵抗が試みられていた。(65)

こうしたヒラリー支持派とトランプ反対派は、偏見にとらわれることのない、左翼がかった「クンバヤ」であることを自認していた。つまり、あらゆる民族、人種、政治信条が混交する多様性を受け入れるとのことだ。しかし、そうした人たちが、中西部の人々や、トランプに関するすべての事柄を憎悪していたことを見れば、不寛容であることは明らかだった。

トランプをヘイトする人たちによる嫌がらせ行為は、あまりにも強烈だった。選挙人のなかには、十二月十九日の投票までに五万件ものメールが送りつけられた人もいた。携帯機器には、反トランプ派からの悪意に満ちた迷惑メッセージが押し寄せていた。ハーバード大学のグループは、法学部で憲法学専門のローレンス・レッシグ教授の支援のもとで、投票先を変更する選挙人のための無料法律相談を受け付けていた。(66)

メディアの狂騒があったとはいえ、ハミルトン選挙人による「トランプ阻止」の策謀は、惨めな失敗に終わった。ジル・スタインによる再集計の要求が、出来損ないの作戦だったのと同じことだった。

最終的に、トランプは三〇四票、クリントンは二二七票の選挙人を獲得した。トランプの票は、十一月八日に獲得していたよりも二票少なくなっていた。しかし、トランプに造反した票よりも、クリントンから離反した票の方が多い結果となっていた。(67)

皮肉なことに、ワシントン州の投票結果ではヒラリー・クリントンが勝利していたが、ワシントン州の四名の選挙人は、別の候補者に投票していた。ハミルトン選挙人の二名の発起人のうちのひとりであるブレット・チアファロは、最終的には、ワシントン州の他の二名の選挙人に合流した。ケーシックに投票するのではなく、代わりに、コリン・パウエル元国務長官に投票することに決めていた。造反した四人の選挙人のうちのあと一名は、「キーストーンXL」パイプライン計画に反対する、アメリカ先住民の指導者のフェイス・スポッテッド・イーグルに投票した。この四名は、クリントンへの投票を誓約していたはずであるが、投票先を変更していた。(68)

最終的には、八名の投票人がクリントンに造反した。四名がワシントン州からで、ハワイ州の選挙人の一名も、クリントンではなくサンダースに投票した。あと三名の選挙人は、コロラド州から一名、メイン州から一名、ミネソタ州から一名である。クリントンに造反しようとしたが、無効とされるか、クリントン支持の選挙人に差し替えられた。(69)

最終的に共和党で造反した選挙人は二名となった。ともにテキサス州の選挙人で、抗議の投票として、ロン・ポール元下院議員に一票が、ケーシックに一票が投じられた。(70)

沼地を一掃する

トランプ大統領は、ホワイトハウスへの妨害工作を阻止しなければならない。そのために、共和党指導部のなかで、誰が自分の運動に協力的であったか、そして、誰が攻撃を仕掛けてきたのかを見極めておく必要がある。

トランプの公約は、「沼地を一掃する」ことだ。ワシントンの大きな政府という利害の壁を打ち破ることだ。この本を執筆している時点では、閣僚の任命では、そうしたことが実行されているようではある。「沼地を一掃する」ことの意味は、必ずしも、企業にも、政府にも関係がない人物だけを任命するということではない。むしろ、政府の肥大化、腐敗、不効率、縁故主義を撲滅することができ、納税者の利益のために、政府を機能させることができる人たちを任命することだ。

トランプによる人選は、近年のいかなる大統領と比べても、縁故主義から遠く、愛国主義をもとにしている。任命した人物のなかには、ニッキー・ヘイリー国連大使のように、トランプを声高に批判していた人もいる。このことは、トランプが、仕事ができる人物を重んじていることを示している。また、真摯(しんし)に団結を考えていることの証拠でもある。

共和党の次期大統領としては、共和党を団結させることも課題となる。それゆえに、ラインス・プリーバスやショーン・スパイサーを任命している。そして、スティーブ・バノン首席戦略官の存在感が、どれだけ左翼を激高させているかを考えてみてほしい。バノンという人物が、いかに有能であるかが理解されているからだ。

トランプが、元テキサス州知事リック・ペリーをエネルギー長官に指名したときに、バカな左翼たちは、その選択に非難を浴びせていた。ペリーが、二〇一一年の発言で、エネルギー省の閉鎖を検討するべきだと語っていたからだ。その後に、よく知られた事件が起きた。討論会での重要な場面で、ペリーは廃止を検討したい政府機関として、エネルギー省の名称を思い出すことができなかった。

しかし、「沼地を一掃する」ことを熱烈に支持する立場からは、むしろ願ってもない話であるはずだ。エネルギー省の職員は、これからボスになる人物が、業務の必要性を感じておらず、部門の廃止を考えていることを知っている。名称を挙げることができなかったくらいに、重要さを感じてはいないということだ。

もちろん、共和党では、政府のダウンサイズを目指している政権にあって、ペリーのような人物が部門のトップに任命されることが、最善の選択であると理解されている。こうした単純な事実は、CNNやMSNBCなどの「フェイクニュース」のメディアでは見過ごされている。

ケリーアン・コンウェイも、大統領の首席顧問官としては申し分ない人物だ。本当のフェミニストで、女性として初めて大統領選挙戦を勝利に導いた。ただし、女性は家庭か仕事かを選択するものであり、両立は難しいとされている主要メディアでは、その絶大な貢献が記されることは、あまり期待できないだろう。

モニカ・クロウリーは、ニクソンの門下生だ。優れたコミュニケーターであり、国家安全保障会議の広報戦略担当シニア・ディレクターを務める予定となっている。国家の安全を守る職務のために、献身的に働いてくれることだろう（後に同職の指名を辞退したが、二〇一九年に財務次官補（広報担当）に就任する）。

「ロシアがやった！　ロシアがやった！」

ヒラリー・クリントンは、アイデンティティ政治を掲げて、一九八〇年代型の選挙運動を展開した。結局のところ、ほとんどのアメリカ国民とのあいだで、共感を生み出すことができなかった。選挙運動がひどい失敗となったのは、ロシア人には何の関係もないことだ。

ヒラリーが接戦州での戦いを見過ごしたのは、ロシア人のせいではなかった。民主党全国委員会が予備選挙で不正を行い、カリスマ性が完全に欠落した候補者の方を勝たせたのも、ロシア人のせいではなかった。ジョン・ポデスタほかの民主党の左翼活動家たちが、クリントンをめぐる内実をメールで書き連ねていたのも、ロシア人のせいではなかった。そうしたメールの内容は、アメリカ国民には、決して読ませることができないものだった。

クリントン陣営は、ソーシャルメディアの活用でも、完全に失敗していた。トランプが生み出した巨大な存在感と比べたときに、あまりにも不毛なものでしかなかった。もちろん、このこともロシア人には何の関係もない。

ヒラリー陣営の左翼たちは、選挙の数週間前の時点で、勝つに違いないと思い込んでいたときには、選挙がハッキングされることなどないと断言していたはずだった。ところが、選挙で負けたと分かった途端に、ロシアがハッキングしたに違いないという話になっている。

ロシアがハッキングしたという幻想は、とてつもない陰謀論だった。私自身は、その標的とされた被害者だ。オバマ政権の報道担当者たちは、ロシアが民主党全国委員会をハッキングしたという情報を、私がトランプに伝えていたと非難している。しかし、そのような会話が行われた事実は、まったくない。

オバマ大統領は、クリントンのメール問題のことを、はるか以前から認識していたはずだ。それなのに、私がロシアのハッカーと共謀したという、根拠のない非難を始めている。私とジュリアン・アサンジの関係には、明確に一定の距離が保たれていた。漏洩された内容も、何年も前から、すでに知られていたものが多かった。とりわけ重要な事実としては、ポデスタの腐敗ぶりを示す証拠が出てきたことが挙げられる。しかし、そうした事実も、いずれは明るみに出ることは分かっていたはずだ。私としても、そうなるだろうと思っていた。

選挙が終わって以降の、ポデスタの私に対する非難は、選挙前と同じ内容を、ただ繰り返していただけだった。メールで記されていた恥ずべき内容のなかには、忌まわしい悪魔崇拝の儀式のことを思わせるものもあった。そうした内容が明らかになってしまったときに、ポデスタは、ウソであろうが何であろうがお構いなく、必死になって漏洩の事実そのものを否定しようと試みていた。

トランプ、アサンジ、ロシアの関係を立証できないために、ポデスタは、ロシアが選挙を盗んだという話をでっち上げていた。それればかりでなく、ロシアが選挙を盗むにあたっては、私が関与したという話になっていた。

ところが、たった一つの証拠も出てきてはいない。インテリジェンス・コミュニティのなかで語られていることを、証言してくれている指導者もいる。例えば、ブレナンCIA長官は、ロシアが選挙をハッキングしたと確信していると述べたとのことだ。ちなみに、二〇〇八年大統領選の前に、国務省のファイルに侵入して、バラク・オバマのパスポートの記録を消去したのは、ブレナン長官が所有するセキュリティ会社だ。(71)

つまり、民主党の極左派は、オバマ政権のもとで、内国歳入庁と司法省を政治派閥化させる工作をしていただけではなかった。ジョン・ブレナンを長官に任命することで、ＣＩＡの政治派閥化にも成功していた。

それでも、主要メディア、ホワイトハウス、ポデスタ、ＣＩＡが仕掛けてきた、私に対する常軌を逸した攻撃は、選挙で敗北したのと同じように、やはり失敗に終わった。トランプは、有権者を対等の立場として扱っていたが、彼らは、私たちのことも、アメリカ国民のことも愚か者扱いしていた。

ポデスタは、私のあるツイートを持ち出して、あたかも何かの証拠であるかのように決めつけていた。そこで、私としては、ヒラリーは自家用の安全でないサーバーを使用していたので、ロシア人のほかにも、ハッキングできる可能性があったことを指摘しておいた。自家用メールサーバーが、外国からの攻撃に脆弱であることは、クリントン批判の主要な論点となっていた。

クリントン派の主要メディアと左翼陣営は、こうした問題に関しては、長らくまともに取り上げてこなかった。ところが、これまでと打って変わって、ポデスタからは、クリントンと民主党全国委員会のメールをハッキングした犯人はロシアであり、そこに関与していたのは私であるという物語が生み出されていた。

選挙の前に、私はメディアを前にして、いつでもＦＢＩに対して証言する用意があると言ってきた。しかし、ＦＢＩが私に連絡してくることはなかった。オバマ政権下のインテリジェンス・

コミュニティのなかでも、見解は一致していなかった。メディアは、煙幕を張るために、私の名前を誹謗中傷（ひぼうちゅうしょう）にさらしてきたが、誰からも、ただ一つの証拠も示されることはなかった。(72)

ジョン・ポデスタの主張によると、どうやら私のいくつかのツイートが、証拠であるとのことだ。ポデスタのメールアカウントがハッキングされていた事実を、ウィキリークスが情報公開する以前に、私が知っていたとされている。また、どのような内容が公開されるかも、事前に把握していたとされている。しかし、それは2＋2＝6だと言っているのに等しいことだ。

たしかに、私が、「そろそろ、ポデスタも痛い目に遭う頃だな」とツイートしたことがあるのは事実だ。ただし、当時の状況という文脈のなかで、理解してもらう必要がある。私がこのツイートを掲載した頃、ポデスタたちは、ウクライナでのビジネスをめぐるリークや虚偽の情報をもとに、ポール・マナフォートを攻撃の標的としていた。私としては、独自の調査によって、クリントン財団やロシアのマフィア絡みで、ポデスタがマネーロンダリングに関与している事実をつかんでいた。

私の問題のツイートは、十月十三日に「ストーンの冷酷な真実（コールド・トゥルース）」（著者のサイト）に掲載したオンライン記事の内容と関係するものだ。ここで、重要なことを記しておきたい。この記事のなかで、たしかに、私はポデスタのことを書いている。しかし、この記事で明らかにした情報は、その後にウィキリークスから公開された内容に基づいていたわけではない。つまり、両者の間には、何の関係もないということだ。

ジュリアン・アサンジと私には、共通の友人がいた。そのことについては、私は率直に認めている。その友人が私に教えてくれたのは、アサンジが「何らかの政治的なダイナマイト」をつかんでいて、「クリントン陣営にとってはマイナスの材料」になるということだけだった。

だから、その後にウィキリークスが情報公開した内容を、私が事前に知っていたとか、情報公開のタイミングを特別に知らされていたとかという主張は誤りだ。アサンジからの重大な情報公開が十月五日に行われるであろうことは、メディアでも、おおよそ想定されていたことだった。実際に、アサンジは、ヒラリー・クリントンへの打撃となる可能性がある情報を持っていることを、すでに明言していた。しかし、その公開は五日ではなく、アサンジは、その後の一〇週間にわたり、順次、情報を公開していくと発表することになった。

ポデスタは、選挙前にCNNに出演していたときに、「ストーンは知っていた」という話を繰り返していた（またしても、CNNが私に反論の機会を提供することは、一度もなかった）。選挙後になると、他のクリントン派の人たちからも、同様の主張が語られるようになった。しかし、選挙前であろうが、選挙後であろうが、そうした話は虚偽である。

実際に、「ロシアが選挙を盗んだ」とするメディアの狂騒は、CNNとニューヨーク・タイムズ紙によって主導されていた。しかし、そのような言説は、過去においても今後においても、完全なるウソ話だ。

ジョン・マケイン上院議員が委員長を務める上院軍事委員会では、情報機関のトップたちからの証言が入念に検証されていた。ＣＩＡは、プーチン本人が、ハッキングによりアメリカの選挙に影響力を行使することを指示したとしていたが、その根拠は、情報機関としての「評価」でしかないとのことだった。また、上院情報委員会のメンバーには、「概要」として伝えられただけだった。つまりは、ロシアがハッキングをしたとの主張について、実際には誰も、その証拠を確認していないことを意味していた。

二〇一七年一月六日付のニューヨーク・ポスト紙は、こうした情報機関による報告書について、以下の通り報じている。

「当局者によると、この結論（ロシアが民主党をハッキングしたこと）を裏付ける証拠が提示されていないことについては、機密扱いだとされている。

『この報告書の結論は、極秘扱いの機密となります。ただし、この報告書では、完全な裏付けとなる情報や、選挙に影響を与えた重要な事実についての特定の情報は含まれていません』」

実際には、民主党全国委員会のメールは、外国の政府からではなく、民主党内で不満を抱いていた内部告発者から漏洩していたが、そのことには証拠があった。イギリスの新聞では、クレイグ・マレー元英国大使が、漏洩情報を直接受け取るために、ワシントンＤＣに来訪したときのことを語っている。情報の出所は、ロシアではなかったとのことだ。(73)

また、旧ソ連邦の出身であるプーチンにとっては、わが国のウランに関する馴れ合いの取引を提供してくれた候補者に――つまり、ヒラリー・クリントンに――あえて不利なことをする理由はなかった。その事情は、カナダ人株屋のフランク・ギストラが、クリントン財団のために何百万ドルも提供していた件とも、深く関係している。――この問題は、ロナルド・レーガン大統領のもとでソ連邦を屈服させた政党には有利な材料となった。

ヒラリー・クリントンは戦争の候補者であるが、トランプは平和の候補者だ。単純明快なことだ。トランプ大統領が、CIAに巣食っている、オバマやクリントンの手下たちを一掃したときには、こうした奇怪きわまりない話題を、徹底して捜査することもできるだろう。もっとも、大統領をよく知る人たちによると、つねに大統領が最優先課題としているのは、アメリカ合衆国と、アメリカ国民のための治安と安全保障であるとのことだ。

マイク・モレル――捨て台詞

四十年以上もの間、政治に関わってきた人間としては、この世界の仕事の中では、ときには他人の気に障るようなこともしてきたことは、認めざるを得ない。はっきりと言えば、敵をつくることもある。しかし、だからといって、それがどうしたと言うのだろうか?

寝小便小僧とか、堅物野郎とかを怒らせないような仕事では、世の中に何の影響も与えていないということだ。「政治は、お手玉遊びなんかじゃない」と、よく言われる通りだ。私としても、論争や闘争に不案内な人間ではないつもりだ。

　これまでにも、私は、様々な罵詈雑言（ばりぞうごん）を浴びせられてきた。そして、今後も、新たな本が書かれるたびに、さらなる悪口が生み出されてくることだろう。しかし、ヒラリーが「ロシアがやった」というナンセンスな話をでっち上げて以降、これまでにどんな人からも言われたことがなかった言葉を、言われるようになった。それは、国家反逆者という言葉である。

　どのように思われていようとも構わないが、私としては国を愛している。外国からであれ、国内のことであれ、害することを企む者たちから、わが国を守ることに人生を捧げてきた。

　そうした私にとっては、驚くほかないことが起きていた。元ＣＩＡ長官（代行）のマイク・モレルは、役人としては三流であり、党派色があることでは四流の人物だ。そのモレルが、議会証言で、私のことを「実際に、ロシアのために仕事をしている」と非難していた。かけらの証拠を示すこともなく、とりとめもなく語っていたのは、モレル版の「フェイクニュース」だった。

　私と、ウクライナでコンサルタントの仕事をしていたポール・マナフォートには、「おそらく、ロシアと金銭的な関係がある。金銭的な関係があるので……実際に、ロシアのために仕事をしている。だから、こうした情報を公表させて（ウィキリークスが民主党全国委員会やポデスタのメールを公開したこと）、拡散させていたのです」ということだった。[74]

　これには驚くほかなかった。とてつもなく驚いたことだった。米国の枢要な情報機関を託されたこともある人間が、これほど重大性のある問題で、まったく証拠もなしに非難を行っていた。

——しかも、すでにそのときには、ウィキリークスがメールを公開していたので、ロシアから資金を提供されていたのは、ポデスタであることが判明していた。そうした資金が、ロシア人富豪ヴィクトル・ヴェクセリベルクを経由して、オランダ所在のロシア系持ち株会社を通じてマネーロンダリングされていたことも分かっていた。(75)

ジェロルド・ナドラー下院議員が、魔女狩りに動き始めていた。ジェームズ・コミーFBI長官に対して、ロシアとのありもしない関係について、私を捜査するように求めていた（コミー長官には、様々な経歴が知られている。クリントン側近のサンディ・バーガー〔元国家安全保障担当大統領補佐官〕が、国立公文書館から文書を盗み出した件では、捜査を手控えていた。ビル・クリントンが、マーク・リッチを恩赦したことが波紋を呼んだときにも、事態の鎮静化にあたっていた。HSBC銀行がマネーロンダリングのスキャンダル事件を起こしたときには、同行で取締役を務めていた）。

私は、国家反逆者として告発されていた。それが、ナドラー下院議員や、雇われCIAのマイク・モレルや、クリントン派の悪党たちが、私の容疑とした罪状だった。

いったいどこに、その証拠があるというのだ？

しかし、私には、失念していたことがあった。極左派の民主党にとっては、ヒラリー・クリントンを擁護するために、「フェイクニュース」をでっち上げるときには、証拠などまったく必要とされていなかった。そして、私たちの方が、自分の主張を弁護しようとすると、「陰謀論者」として非難してくるのだ。

ジェリー・ナドラー下院議員とイライジャ・カミングス下院議員は、ＦＢＩ長官に対して、ありもしない私とロシアの関係について、捜査をするのかどうかと迫っていた。そのようなことを見て、私としては苛立ちを感じるほかなかった。

最悪のマッカーシズムが起きていた。ナドラー下院議員やカミングス下院議員は、私が選挙期間に、ロシアほかの外国の主体と関係があったとの証拠は、まったく持っていなかった。

はっきりとさせておきたい。私には、過去も現在も、ロシア人の顧客はいない。ロシア人からの影響もない。ロシア人との連絡もない。知られているのは、ロシアのウォッカを嗜むことくらいだ。

トランプが、ロシアとの現実的な交渉により、緊張緩和を進めようとしていることは明らかだ。しかし、ヒラリー・クリントンは、シリアをめぐってロシアとの戦争も辞さない構えだ。つまり、もう一度言うならば、トランプは「平和」の候補者だ。このことは、イラク戦争に強く反対してきたバーニー・サンダース支持者にも、深く訴えかけることになった。

しかし、モレルは、自らヒラリー・クリントン一派の走狗となっていた。そして、ウィキリークスが公開したヒラリー陣営責任者ジョン・ポデスタのメールがハッキングされたことを、私が事前に知っていたというウソ話を、議会で広める役回りを務めていた。

私が八月に掲載していたツイートが、その証拠であるとされた。その頃、私の旧友で、仕事仲間でもあったポール・マナフォートが、非難にさらされていた。しかし、マナフォートのウクライナでの仕事は、民主的な政党を支援するためのもので、完全に合法だった。

そうしたなかで、私は、ポデスタのビジネス取引が暴露されるだろうと予告していた。たしかに、私とジュリアン・アサンジには共通の友人はいた。しかし、私はウィキリークスから何かを聞いていたわけではなかった。

私は、自分のウェブサイトで記事を掲載することにした。ロシアの悪党たちがマネーロンダリングした何百万ドルもの資金が、クリントン財団の銀行口座に流れ込んでいることを書いた。ヴィクトル・ヴェクセリベルクは――ロシアでのポデスタの後援者である――既述した通り、クリントン財団のプライベートバンク口座宛てに、金額は不明であるが、二件の送金をしていた。一回目は二〇一五年二月十日に、二回目は二〇一六年三月十五日に送金されていた。(76)

したがって、ここで明確にしておきたい。ポデスタのメールがウィキリークスに漏洩していたことを、私が事前に知っていた事実はない。そうした情報がなくとも、ポデスタが後ろ暗いことをしていることは、私には分かっていた。だから、私がロシアの利益のために何かをしたことはない。私には、ロシア人の顧客はまったくいない。私は、ロシアの政府からも、企業からも、個人からも一銭も受け取ったことはない。もちろん、ロシアの情報機関も含めてのことだ。まったくない。少しもない。ゼロだ。

これは、新しいマッカーシズムだ。オバマ政権や、二〇一六年のヒラリー陣営は、ロシアとの戦争を起こそうとしていたように見えた。しかし、私としては、ロシアとの戦争を望んではいない。トランプと同じように、私は、ニクソン時代のような緊張緩和を願っている立場だ。ロシアとの現実的な交渉を進めて、イスラム国の打倒のために協力できることが望ましいと考えている。

そのことをもって、私が親プーチンであるということにはあたらない。あるいは、ロシアの全体主義の体制を認めているというわけでもない。私は、政治の世界で長年生きてきたので、関心をそらすというやり方があることを知っている。

クリントン派の人々が願っていたのは、ウィキリークスによって恐るべき犯罪行為が暴露されたことから、国民の関心をそらすことだった。だからこそ、情報を漏洩したとみなす人たちに対して、攻撃の矛先を向けていた。しかし、私のことを疑うのは、まったくお門違いなことだ。

では、モレル氏のことも見ておこう。この男は、ベンガジ事件での隠蔽工作の当事者でもある。(77)

「モレル元CIA長官は、ベンガジのCIA支局長から、テロ攻撃があった夜には抗議運動がまったく起きていなかったとの情報を受け取っていた」と、ゲートウェイ・パンディットでは記されている。(78)

「その後にも、モレルは、テロ攻撃の映像で、抗議運動は起きていないことを確認していた。後にモレルは、FBIとしては、抗議運動が起きていたとの話に変えることにしたと言っていた。

話を変えたのは、オバマ政権の利益のためだ」

こんなやつが、私のことを捜査させたいだって？

モレルには、さらなる失点があった。ヒラリー・クリントンから雇われていた事実が公になってしまったことだ。モレルはＣＩＡを退職してから、ビーコン・グローバル・ストラテジーズ社で上級顧問を務めた。同社は、クリントンの長年の仲間であるフィリップ・ライネスが設立したコンサルティング会社である。

そして、モレルは、二〇一六年八月五日付のニューヨーク・タイムズ紙で、ヒラリー・クリントンを大統領に推薦するオピニオン記事を執筆していた。ＦＢＩやＣＩＡは、あらゆる脅威からアメリカ国民を守ることを職務として期待されているのであり、党派性を超えていなければならないはずだ。

しかしながら、オバマ政権は内国歳入庁と同様に、ＦＢＩと司法省を、保守派に対する武器に変えていた。また、ロシアから資金を提供されていたのは、ポデスタとクリントン財団だけではなかった。ビル・クリントンは、ウラニウム・ワン社の取引と関連するロシアの投資銀行のために、モスクワで講演を行って五〇万ドルを受け取っていた。(79)

そういうことだ。クリントン犯罪一家には、ロシアの銀行から五〇万ドルも振り込まれていた。この銀行には、当時のヒラリー・クリントン国務長官が、米国のウラニウムの五分の一の権益をロシアに譲渡する契約を承認したことによって、利益がもたらされていた。

元大統領ともあろう人が、たとえ大金を積まれたとしても、ロシアの利益のために講演を引き受けたりしてはならないはずだ。しかも、それは、ロシアを利するが、アメリカの国家安全保障を危うくするビジネスに、自分の妻が関与できる立場にあったときのことだった。

しかし、モレルにとっては、そのようなことは問題ではなかった。国家への忠誠は、カネのために売り飛ばされてしまっていた。モレルは、ビルとヒラリー・クリントンを取り巻く極左派の、完全な操り人形となっていた。党派色を鮮明にしていたマイク（マイケル）・モレルが、腐敗したクリントン家のために、すすんで身を捧げていたとしても、何も驚きはなかった。また、この輩が、ウィキリークスで暴露されたクリントン陣営の腐敗からの関心をそらすために、アメリカの愛国者たちを貶めたことも驚くことではなかった。結局のところ、それがクリントン家の実態である。

トランプが勝利した理由

しかし、それでも残された疑問がある。どうして世論調査は、これほどまでに間違ったのだろうか？

選挙戦が開始された当初から、民主党と主要メディアの世論調査は、有権者のことを完全に誤って理解していた。あるいは、有権者のことを見くびっていた。ヒラリーの投票率モデルを、オバマのときと同じになると考えていたのは、まったく非現実的なことだった。

アフリカ系アメリカ人のなかでのヒラリー・クリントンの支持が、オバマのときほど強くはなかったことには、数多くの理由がある。ヒラリーは、大半の人たちから「不正直」で「信用できない」と見られていたために、支持は盛り上がらなかった。また、ヒラリーは、民主党支持層のなかでも、進歩派の人たちでは苦戦していた。バーニー・サンダース支持者は、貿易や戦争をめぐる争点では、ヒラリーよりもトランプに近い見解を持っていた。

メディアは、無効になっているモデルを使用することに安住していた。そして、作為によるのか、ただ愚かなのかはさておき、民主党の数字をかさ上げした調査結果を出していた。

トランプ陣営で世論調査を担ったトニー・ファブリツィオは、異なるモデルで見ていた。当初の段階から、ファブリツィオは黒人の投票率が低調となることを予想していた。これまでオバマに投票していた、カトリックの白人の民主党支持層が、大量にトランプに投票すると見ていた。また、年配の白人女性層も大きく動くと予想していたが、結局のところ五三パーセントが、トランプに投票していた。

ファブリツィオは、ウィスコンシン州やミシガン州へと「地図を広げる」作戦を熱心に進めたほか、ペンシルベニア州西部でも攻勢をかけた。そうした作戦のもとで、オハイオ州とフロリダ州での勝利を前提として、二七〇人の選挙人票を獲得するための道を切り開いていた。

ファブリツィオの投票率モデルは、きわめて正確なものだった。世論調査のチームには、ジョン・マクローリンとケリーアン・コンウェイも参加して、世知に長けたニューヨーカーたちの予測が生み出されていた。

多くの世論調査が完全に間違った理由は、わりあい簡単なことだ。実のところ、ヒラリー・クリントンは、大統領候補者としてはあまりにも魅力がなく、民主党支持層を投票所に出かけさせることができなかった。特に、バラク・オバマとの違いは鮮明だった。オバマは、カリスマ的な候補者だった。「初の黒人大統領」という理念を、有権者に向けて訴えかける才能があった。

アイデンティティ政治は、オバマのときには有効であったのかもしれない。しかし、オバマの選挙運動のテーマは、それだけではなかった。二〇〇八年に、アメリカの有権者は、中東での終わりなき戦争にうんざりしていた。そうしたときに、「希望と変革」のスローガンが響きわたっていた。ジョージ・W・ブッシュ政権の二期目の末期に、サブプライム問題によるバブル崩壊で、景気が後退したことも、オバマの訴えに力を与えていた。

長年にわたる公職での経験も、ヒラリーには不利に働いていた。スキャンダルにまみれた履歴も、払拭することができなかった。ホワイトウォーター疑惑に始まり、ベンガジ事件での悲劇、メール問題でのスキャンダルが積み重なっていた。また、「献金ビジネス」を展開していたクリントン財団が、クリントン家の貯金箱となっていた実態も暴露されていた。

二〇一六年に主要メディアが依拠していた世論調査には、ひとつの前提があった。それは、ヒラリーが二〇〇八年や二〇一二年と同様の数字や割合で、民主党支持層から得票するということだった。しかし、現実には、そうはならなかった。結果として、世論調査では、民主党支持層で過大な見積もりをしていた。また、民主党支持層の投票率を高めに予測していたので、ヒラリーの支持率を過大に評価していた。その反面、トランプの本物の訴求力を、過小に評価していた。

さらに、二〇一六年に世論調査が予測を誤った要因としては、アメリカ内陸部の有権者が、オバマ政権に感じていた幻滅もあった。バラク・オバマからヒラリー・クリントンにホワイトハウスが継承されることに幻滅があったというのは、控えめな言い方であるかもしれない。ハンター・S・トンプソン（作家・ジャーナリスト）的な「恐怖と嫌悪」を巻き起こすことにかけては、ヒラリー・クリントンの才能は、二〇一六年の候補者のなかでも抜きん出ていた。中産階級の白人有権者は、ヒラリーが大統領になった暁に、四年間にわたり教皇じみた説教を聞かされるのは閉口だった。

たしかにバラク・オバマは、二〇〇八年の公約を実現できていなかった。しかし、ヒラリー・クリントンは、そのオバマと比較しても、高齢で、病気がちであり、世の中に対する怒りを抱いていた。だからと言って、新たな理念を持ち合わせていたわけでもなかった。結局のところ、二〇〇八年にバラク・オバマに敗れたヒラリー・クリントンは、やはり、二〇一六年にもドナルド・トランプに敗れて、候補者として失敗者となった。

「バラク・オバマによる二度の勝利によって、民主党には強い追い風があるとの印象が生まれていた。民主党の支持層は――若者、非白人、大卒者は――人口として増加しているだけでなく、投票数としても伸びていた。これまで言い古されてきた投票率の問題が、ついには、政治的左派を有利にすると見られていた」と、二〇一六年十一月十七日のニューヨーク・タイムズ紙でデビッド・レオンハルトが書いている。

「しかし、長期的な視点では、まったく違う現実が生まれている。近年の三人の民主党指名候補者では――ヒラリー・クリントン、ジョン・ケリー、アル・ゴア――大きく投票率が高まることはなかった。ご存じの通り、ジョージ・W・ブッシュは、地上戦で勝利したと考えられている。オフ・イヤーの選挙（大統領選のない中間選挙のとき）でも、民主党支持層の投票率は、やはり低調である。こうした事情が、連邦議会、州知事、州議会で、共和党を優位にしている」

その理由は、明白だ。簡単に言えば、今年は、共和党では投票率は伸びていたのに対して、民主党では投票率が不振だったということだ。(80)

選挙後に、投票結果についての明確な分析が出ている。ニューヨーク・タイムズ紙の指摘によると、トランプが七〇パーセント以上の得票率となった郡では、二〇一二年と比べて、投票数が二・九パーセント増加していた。対照的に、クリントンが七〇パーセント以上の得票率となった郡では、今回の選挙では投票数が一・七パーセント減少していた。

さらには、トランプは大卒でない白人女性でも、得票率を伸ばしていた。また、トランプのヒスパニックでの得票率は二九パーセントとなった。二〇一二年のロムニーは二七パーセントだった。さらに、トランプの黒人での得票率は八パーセントとなったが、ロムニーは六パーセントだ

った。(81)

トランプは、サンフランシスコから、ロサンゼルス、サンディエゴまでの西海岸では、エリートたちに負けていた。ニューヨーク市内でも、クリントンは勝っている。しかし、全米のその他の地域では、トランプは、労働者階級の有権者から絶大な支持を受けていた。一九六八年に、ニクソンが民主党に与えた教訓と、同じことが起きていた。

一九六八年に民主党を支配していたニクソン嫌いの感情は、二〇〇〇年代になると、ブッシュ嫌いに変化した。現在では、トランプ嫌いとなっている。——そして結局は、民主党そのものを害する結果となった。

実際のところ、現在の民主党を支配しているのは、極左派の社会主義者のエリートたちだ。ハリー・トルーマン、ジョン・ケネディ、ヒューバート・ハンフリーの民主党とは、ほとんど共通点がなくなってしまっている。民主党を支配している極左派のエリートたちが、好き放題のことをするのであれば、やがて民主党は、ヨーロッパ型の社会民主主義政党に変質していくだろう。全米レベルでの選挙では、勝利の可能性は低くなっていくことだろう。

ハーバード大学ケネディ行政大学院での討論会

ハーバード大学ジョン・F・ケネディ行政大学院では、大統領選の両陣営幹部が参加する恒例の行事として、一日をかけて選挙後の分析を行う討論会が開催された。クリントン陣営を代表して参加したのは、ロビー・ムック、マンディ・グランワルド、テディ・ゴフ、カレン・フィニー、ジェニファー・パルミエリ、ジョエル・ベネンソンだ。トランプ陣営を代表して参加したのは、ケリーアン・コンウェイ、デビッド・ボッシー、トニー・ファブリツィオ、ブラッド・パースケール、コーリー・ルワンドウスキだ。

クリントン陣営とトランプ陣営のメンバーは、大統領選の展開を振り返って、お互いに非難の応酬となった。クリントン陣営の人々の発言が、本質的には繰り言であったのに対して、コンウェイの対応ぶりは冷静さを保っていた。

この討論会のなかで、クリントン陣営選対本部長のロビー・ムックは、戦略的に様々な失敗や計算違いがあったことを認めていた。選挙の年にあたって有権者が望んでいたのは、今回も、変化だった。エスタブリッシュメントの候補者としては、「逆風」に悩まされたと、ムックは語っていた。

クリントンが勝つためには、若者票の六〇パーセント以上を固める必要があった。しかし、サンダース支持のミレニアル世代は、完全にクリントンを見限っていた。

「民主党予備選挙で投票した人たちのかなりの部分が、元国務長官の信用性と誠実さに、疑念を抱いていました」と、バーニー・サンダース陣営責任者のジェフ・ウィーバーは、ケネディ行

政大学院で聴衆に語っていた。(82)

二〇一二年と比較したときに、労働者階級の白人票でも、ヒラリー・クリントンの得票率は一四パーセントも低下していた。しかし、二〇一六年に民主党が失っていたのは、白人の労働者階級の票だけではなかった。黒人とヒスパニックの労働者階級の得票率でも、やはり各八パーセント低下していた。そして、全体の得票で見ても、クリントンは約六パーセントも減少させていた。(83)この六パーセントが意味していたのは、カリフォルニア州やニューヨーク州以外では、ドナルド・トランプが地滑り的勝利を収めていたということだ。

二〇〇八年と二〇一二年に、バラク・オバマ陣営で人口統計戦略を立案したデビッド・プラフは、地上戦で「選挙に行こう」(GOTV)との作戦を展開して、大量の票を動かしていた。そのプラフは、討論会には出席していなかったが、二〇一六年のヒラリー・クリントンの戦略が、完全な失敗であったことを認めていた。

ニューヨーク・タイムズ紙に、プラフは、「大統領選の選挙運動の盛り上がりを決めるのは、主として政党ではなく、候補者である」と語っていた。

プラフは、ロナルド・レーガンでも、バラク・オバマでも、ドナルド・トランプでも各人各様のかたちで、各種の有権者層の連合体ができたことを指摘していた。そして、民主党候補者に向けた人口統計分析として、「すべての候補者向けの単一のモデル」は通用しなかったことを認めていた。つまり、クリントンのときにも、オバマのときと同じ前提が成り立つとしたのは、間違

っていたということだ。(84)

要するに、二〇一六年にヒラリー・クリントンが二度目の敗北を喫したのは、まさにヒラリー・クリントンであることが理由だった。――二度にわたって大統領選候補者として失敗した要因は、人柄と信頼性の問題により、支持率が低迷したことだった。スキャンダルに次ぐスキャンダルにまみれ、ウソでウソを塗り固めてきた政治経歴の印象を、払拭することができなかった。ヒラリー・クリントンと陣営の弁護士たちは、数々の問題を何とか隠し通そうとした。しかし、それは結局のところ無理なことだった。選挙戦のなかでは、民主党の看板を傷つける様々なダメージが生まれていた。バーニー・サンダースに対する選挙不正があり、エリート然とした特権意識が露呈して、何千件ものメールも暴露されていた。こうしたメールが明らかにしたのは、ヒラリーほか、現在の民主党を支配する極左派のエリートたちが、「飛び越される」地方と称されるアメリカ中央部の労働者階級の有権者を侮蔑していたことだ。ニクソンが、サイレント・マジョリティと呼んだ人々のことだ。しかし、民主党が選挙で勝つためには、まさにそうした人々からの支持が必要とされていた。

ハーバード大学での討論会は、紛糾しがちなものとなった。討論の様々な場面では、トランプ陣営の各人の見解も分かれていた。

例えば、コーリー・ルワンドウスキが参加したのは、予備選挙をテーマとした討論だけではなかった。不可解なことに、本選挙をテーマとした討論でも出席者となっていた。この討論会で、ルワンドウスキは、実際の選挙戦で果たした以上の役回りを担っているかのようだった。

さらに信じがたいことに、ルワンドウスキは、トランプの出馬表明演説の原稿を書いたのは、自分であると述べていた。しかし、それはおかしな話だった。トランプはメモなしで話していたからだ。事前に原稿を準備して、臨んでいたわけでもなかった。

クリントン陣営のメンバーは、予想通りの反応を見せた。質問に対する回答には、怨念がこもっていた。実際に、ジェニファー・パルミエリは、討論の場で感情を露わにしていた。討論会を通じて取り上げられたテーマは、メディアの選挙報道、予備選挙、トランプに指導者の資格があるのか否か、ロシアのハッキング疑惑などだった。

メディアをテーマとする討論では、ルワンドウスキは、以下のように語っていた。

メディアの報道には、問題がありました。メディアの人たちは、ドナルド・トランプが様々に発言したことを、まったく言葉通りに受け取ろうとしていました。しかし、アメリカ国民は、そのようには受け取っていませんでした。アメリカ国民は、発言の趣旨を理解しました。

会話をしているときに――夕食の食卓でも、バーでもそうですが――必ずしも事実で裏付けられた話ばかりでないことくらいは、お互いに理解しています。

このことについて、ワシントン・ポスト紙のクリス・シリザが書いている。

ルワンドウスキのメディア批判は、愚かしいものだ。ルワンドウスキは、トランプの発言を支持者が言葉通りには受け取らなかったことを指摘している。それは、まったく的確なことだ。

六月の時点でも、ワシントン・ポスト紙のジェナ・ジョンソンが、そうした支持者たちにインタビューをしている。その当時のＦＯＸニュースの調査では、トランプ支持者のなかでも、本当にメキシコ国境に壁を建設できると考えているのは、三分の二に留まっていることが判明していた。残りの人たちは、トランプの姿勢に好感を持っていた。壁の建設を実現するには困難な課題が伴うことを、記者が指摘しても、支持者たちが気に留めることはなかった。

ワシントン・ポスト紙は、ルワンドウスキの発言についての論評を続けている。

しかし、元トランプ陣営責任者のコーリー・ルワンドウスキは、メディア批判で、とりわけ奇妙な指摘をしていた。メディアが、トランプの発言を正確に報道したことに不満を述べていた。

ルワンドウスキは、クリエル判事の件では、トランプを裏切っていた。

ルワンドウスキ：　トランプがクリエル判事を非難したときのことですが、私は、サンディエゴの集会に同行させてもらっていました。会場に向かう途中で、その件についての話をしました。私は、戦略的な提案を行う立場でしたので、他の人たちと同じように、そのようなことをするのは止めた方がいい、と伝えていました。

ダン・バルズ：　あなたは、アドバイスする立場でした。あなたが反対意見を述べるときに、トランプは、落ち着いて聞いているのですか？　それとも、「コーリー、分かっているから大丈夫だ」と言うのですか？　クリエル判事についての発言をするように言った人が、誰かいたのですか？

ルワンドウスキ：　ドナルド・トランプは、いろいろな人から意見を聞いて、様々な観点を考え合わせた上で、自分で判断を下します。

バルズ：　それで、クリエル判事の件で、あのような発言をするようにと言った人はいたのですか？

ルワンドウスキ：　ああ、いませんでした。（笑い声）　いいですか、自分の才覚を信じて、ビジネスで大きな成功を収めてきた人ですから……。アメリカの有権者が何を願っているか、何を求めているのかについての直感は、きわめて的確でした。

トランプは、ビジネスの世界で大きな成功を築き上げてきた人です。ですから、率直に言って、明確に自分の意見を持っていることについて、誰かがアドバイスをして意見を変えさせるというのは、とても難しいことだと思います。

クリエル判事のことも、そういうわけでした。チームのメンバーが動き始めるのは、問題が起きてからです。それから話をするなかで、ことの重大さを理解してもらうか、話の方向を変えるべきかを判断してもらいます。ドナルド・トランプには、一四〇文字によって（ツイッターのこと）話の方向を変えてしまう能力があることも、私たちには分かっていました。

ルワンドウスキは、予備選挙をテーマとした討論のときにも、やはり、トランプのことを突き放していた。それは、マケインについての発言のことを質問されたときだった。

質問者：最初の頃の暴言のことですが。ドナルド・トランプのジョン・マケインについての発言は、選挙の序盤戦でのなかでも、重大な出来事のひとつでした。コーリーさん、このこともお聞きしたいのですが。この事件も、予想していない事態だったのですか？　その後に、非難が巻き起こりましたが、どうして、この問題が起きたと考えていますか？

ルワンドウスキ：いいえ、その時点で把握していました。私としては知っていました。（笑）すでに私は説明したと思いますが、もう一度、お話ししておきましょう。

トランプさんがその発言をしたときに、私もアイオワ州にいました。その集会での演説が終わった直後に、私は言いました。

「トランプさん、控室で少しお話しできませんか」

トランプは、「そうしようじゃないか」と答えました。

そこで、私は「少しお話ししたいことがあるのです」と言いました。それから、私はドアを閉めて、こう伝えました。

「どうやら問題が生じてしまったようです」

私からは、陣営を預かる立場として、こうアドバイスをしました。

「今回の発言のことでは、ジョン・マケインに謝罪が必要になるかもしれないです」

ドナルド・トランプが言ったのは、いや、記者会見を開こう、ということでした。――ご記憶と思いますが、それで、アイオワ州のビルの地下で、二八分間の記者会見をすることになりました。トランプは一連の質問を受けながらも、ジョン・マケインに謝罪するべきであるとの圧力を跳ね返しました。トランプは、退役軍人たちが十分な待遇を受けていないことを語りました。また、アリゾナ州での退役軍人の問題のスキャンダルを、解決するべきであるとも発言しました。


ルワンドウスキは、その日には、たくさんの電話があったことを振り返っていた。

「私たちは、飛行機でニュージャージーに戻りました。たくさんの電話がかかってきました。どうしたものかと考えていました」

最終的に、ドナルド・トランプは、いつも通りの対応をすることにした。

「勝負をかけることにしたのです。メディアの大騒ぎは、ひどいものでしたが……。私は、妻には電話で、こう言っていました。『これで選挙は終わったと思う。これから家に帰る』」

しかし、ドナルドが感じていたことは、まったく違っていた。自分の直感を信じて、戦いに臨もうとしていた。

「他の陣営のような世論調査はしていませんでした。フォーカスグループ調査もしていませんでした。そういうやり方でした。私たちのチームはとても小規模だったし、ドナルド・トランプも、自分が感じていたことを大事にしていたからです。

私たちは、アメリカ国民が感じていることを、トランプが読み取っていることを信じていました。そうした戦い方で、何度も最後には成功してきていました」

パルミエリと、世論調査専門家のジョエル・ベネンソンと、ケリーアン・コンウェイのあいだでは、注目するべき重要なやり取りがあった。

クリントン陣営チーフ・ストラテジストのジョエル・ベネンソン‥　あなた方には、さも国民の信任を受けているかのようなメッセージを出してほしくないです。事実としても、アメリカ国民からの得票は、ドナルド・トランプよりもヒラリー・クリントンの方が多かったはずです。

コンウェイ‥　一般投票の数で、（ホワイトハウスへの道が）決まるなどという話は、どこにもないはずです。

ベネンソン：　ケリーアンさん、私は……。

コンウェイ：　二七〇票が目標であったはずです。そういう戦いをしていたはずです。

ベネンソン：　そのことを前提に話しているのですが。

コンウェイ：　いいですか、みなさん。私たちは勝ちました。ご返答をいただく必要はありません。

パルミエリ：　はい、そうですね。

コンウェイ：　ええ、本当ですよ。

ベネンソン：　いや。

コンウェイ：　ちょっと待って。信任がないって、どういうことですか？　オバマ大統領のときと比べて、あなた方は、下院で六〇議席も減らしています。上院では十数もの議席、知事でも十数人を減らしています。地方の議会でも、一〇〇〇人以上も減らしています。

それなのに党のリーダーに、リベラルなニューヨーク州を代表する男性（チャック・シューマー上院院内総務のこと）や、サンフランシスコを代表する女性（ナンシー・ペロシ下院議長のこと）を、また選んでいますよね。あなた方は、今回の選挙から何も学んでいないということです。

コンウェイと、クリントン陣営選対本部長のロビー・ムックのやり取りは、以下の通りだ。

ロビー・ムック：　今回の結果については、多岐にわたって検証しておく必要があると考えています。様々な問題が挙げられています。

議会では、ロシアに関して、どのような問題が起きていたのかを調査する必要があります。外国からの侵略者が、わが国の選挙に介入することは許されないことです。ロシアがフェイスブックなどの媒体を使って、フェイクニュースを拡散させたことは分かっています。

ケリーアン・コンウェイ：　私が思うに、今回の選挙における最大のフェイクニュースだったのは、ドナルド・トランプは勝てないという話でした。

さらに、以下の通りだ。

ケリーアン・コンウェイ：　この女性が言っていることは、まったく誰とも話がかみ合っていないように思いますが……。

（発言が入り乱れる）

ジェニファー・パルミエリ：　たしかに、あなた方は勝ちましたが。そういう選挙運動が行われたということを、私は言っているのです。

コンウェイ：　オバマ大統領が勝っていた二〇〇以上の郡が、ひっくり返りました……。あなたは、そのように言いますが、それで、こんな結果が起きるのでしょうか？　それとも、まだ、国民としては、女性の大統領を受け入れるところまでは来ていないとでも言うのですか？　ヒラリー・クリントンが原因だったのではないですか？　国民との共感は生まれなかったですよね？　国民からは、かけ離れていたということですよね？

このハーバード大学の討論会での本当の論争は、メインの討論の前にあったと感じていた人たちもいた。それは、ＣＮＮのジェフ・ザッカー社長が、矢面に立たされた場面だ。ザッカーが、大量のトランプ報道を歓迎していたことが追及されていた。また、トランプ陣営責任者から追い出されたルワンドウスキを、ＣＮＮのコメンテーターに迎え入れていたことも問題とされた。

共和党予備選挙で敗北した陣営の選対責任者たちは、飢えたサメのように、ザッカーに噛みついた。ＣＮＮが、予備選挙の期間で、トランプ報道にばかり放送時間を費やしていたからだ。選対責任者たちからのザッカーに対する怒りは渦巻いていた。バランスに欠けるばかりか、常軌を逸していたとの批判が行われた。

ザッカーからは、ＣＮＮとしては各候補者に連絡したが、たいてい電話に出てくれたのはトランプだけだったとの弁明がなされた。しかし、何人かの選対責任者は、そのような電話がかかってきたことはないと、ザッカーに言った。ＣＮＮが、ごく僅かの時間か、空いている時間帯しか用意してくれなかったことを、ジョークにする者たちもいた。

実際に予備選挙の報道では、トランプの集会は、他の候補者と比べても突出した扱いを受けていた。トランプ集会が報道されるときには、トランプがカメラの前に登場していない時間帯までが放映されていた。ある聴衆は、「誰もいない演台を放送していた！」と叫んでいた（集会では演台が用意されていたので、ありのままの表現だ）。

たしかにCNNは、誰もいない演台やステージまでも含めて、トランプ集会に多くの放送時間を充てていた。そうしたことについて、ザッカーは選対責任者たちに、十分に納得のいく説明をすることはできなかった。コーリーを例外として、会場にいたトランプ陣営の選挙参謀たちが、ザッカーのことを、あえて弁護することもなかった。コーリーは、その場から抜け出してしまっていた。

ザッカーがルワンドウスキと契約したことも話題に出た。質問者がその話題にふれると、元CNNコメンテーターのルワンドウスキは、質問が終わったところでマイクを奪い取って、CNNの放送内容に貢献することができたと弁明していた。ザッカーが、ルワンドウスキの件は「よい投資判断」だったと語ったときに、ルワンドウスキは拍手で応えていた。しかし、参加者たちは静まり返っていた。

ポリティコ誌によると、ルワンドウスキは、最後にニューヨーク・タイムズ紙のトランプ報道のことを話題にしていた。

「ニューヨーク・タイムズ紙のある幹部は、『ドナルド・トランプの納税申告書を入手して報道できるならば、刑務所に入っても構わない』と言っていた。ディーン・バケイ（同紙編集主幹）は、自ら名乗り出て、刑務所に行くことを申し出たということだ。トランプの税金問題を報道するためならば、一般市民の権利を侵害する重罪を犯してもいいというのだろうか。トランプの選挙運動、ビジネス、税金の問題に対しては、まだ十分な調査が行われていないそうだ。

とんでもないことを言っている。刑務所に行ってもらわないといけない」

ルワンドウスキは、ニューヨーク・タイムズ紙が、トランプの一九九五年の税務申告書の断片を報道した件では、そのように述べていた。納税申告書では、その年に約一〇億ドルの損失を計上していたことのほかに、その損失を繰り越すことで、約二十年間にわたり、所得税の納税がなかった可能性が示唆されていた。しかしながら、税額控除に充てることは、内国歳入庁の規定のもとでは、法律的には完全に正当なことだった。

トランプ大統領の政権

ドナルド・トランプには、真に偉大な大統領になるチャンスが到来している。就任にあたっては、まさしくアメリカ国民からの負託を受けている。トランプの選挙運動は、政界と財界のエリートたちからは忌避されていた。そのために、予備選挙でも、本選挙でも、資金量では圧倒的に不利だったが、最後には勝利を収めることができた。こうした独立性のもとで、改革のための幅広い自由が生まれている。

共和党の指名獲得のために戦っていたときに、トランプは、米国史上で最もダイナミックで、経済成長志向の税制改革プランを発表していた。ジョン・F・ケネディ大統領やロナルド・レーガン大統領が実行したのと同じような、全面的な減税法案を目指していた。法人税率を、メキシコや中国よりも低く下げるものだ。また、公正な税制に反転させることで、二兆ドル以上もの資金を国内に還流させるものだ。

いま、私が切に願っていることがある。それは、このプランの設計者となった、CNBCのアナリストで、経済成長の提唱者であるラリー・クドローと、サプライサイド派のエコノミストのスティーブ・ムーアが、政権内に参画して大統領に協力してくれることだ。ゴールドマン・サックス出身の人たちとかである必要はない。それこそが、ドナルドのアメリカが進むべき道だ。

トランプ大統領を待ち受けている危険もある。候補者のときには支持していなかったはずなのに、任命や利権を求めて、迎合してくるエスタブリッシュメントの人々がいる。そうした人たちの企みを、見誤らないようにすることだ。そのような人々は、改革のための政策に取り組まないばかりか、全力で転覆させようとしてくるはずだ。トランプ大統領は、誤った政策によって国家をドブのなかに陥れた人々に、誘い込まれてはならない。今回の選挙の結果が、まさにそうした人々に対する拒絶を意味していることを忘れてはならない。

ドナルド・トランプのことで覚えておくべきは、とにかくタフであることだ。概して愛想がよい人物であるが、妥協を許さない強烈な闘争心も持ち合わせている。本物の交渉の達人で、現実主義者である。今回の選挙は、一九八〇年のロナルド・レーガンの圧勝と比較されてはいる。しかし、トランプは、レーガンよりもニクソンに近い。――現実主義者として、サイレント・マジョリティに語りかけているからだ。

ニクソンのように、トランプにはイデオロギーがない。基本的にはポピュリスト（エスタブリッシュ支配に対して、大衆を支持基盤とする政治指導者のこと）であるが、保守派の考え方も持ち合わせている。二〇一七年に直面する国家的な重大課題には――経済、テロ対策、移民問題があるが――トランプはポピュリスト／右派の立場を取ることになるだろう。また、貿易や戦争の問題でのトランプの立場は、ヒラリー・クリントンとかジョージ・W・ブッシュではなく、バーニー・サンダースの方に近い。実際にも、トランプは当選のために、バーニー・サンダース支持者の三割の票を獲得する必要があったが――その目標を成し遂げていた。

トランプがなすべきことは、経済の活性化であり、国境の守りの強化であり、移民に関する法律の改善であり、インフラの再建であり、貿易協定の再交渉だ。これらは厳しい課題であるかもしれない。しかし、候補者であるトランプのことを見下して、敵対陣営に資金を提供してきた、ワシントンのインサイダーたちや、諸外国からの誘惑に屈しなければ、トランプには、そうした目標を実現させる能力がある。

私が、初めてドナルドと会ったのは、彼から電話をもらいたいとの連絡が来た、一九七九年のことだ。現在では、とびきり有能な人たちが周りにいる。長女のイバンカ・トランプは、素晴らしい女性だ。結婚生活と、母親業と、自分のビジネスと、父親の仕事のバランスを取りながらも、活力にあふれ、いつも魅力的にドレスアップしている。親しみがありながらも、落ち着いていて、父親のために最高の大使役を務めている。イバンカの夫のジャレッド・クシュナーは、優秀な頭脳と、適切な慎重さを兼ね備えた有能な人物で、義理の父親から厚い信頼を寄せられている。ドナルド・ジュニアと弟のエリックは、父親の代弁者を立派に務めて、接戦州のラジオ番組では、熱心に発言を続けた。様々な集会やイベントにも姿を現して、父親の支持者たちを盛り上げた。

現在、民主党全国委員会の委員長の候補者には、ホロコースト問題をめぐりユダヤ人のことを非難するようなイスラム過激派の人物が挙がっている。不思議なことに、共和党全国委員会の委員長には、ミット・ロムニーの姪であるロナ・ロムニーという裕福な白人女性が選任された。この件は、ラインス・プリーバスに委ねられていたようだ。労働者階級の民主党支持者に幅広く訴えかけていくために、大統領は、彼女に「総委員長」とでも書いて貼っておくつもりなのではないかと思う。

民主党は、一般投票でのヒラリー・クリントンの勝利を訴えながら、三五〇万ドルを集めて、ウィスコンシン州での再集計を求める茶番劇を起こした。現実には、ドナルド・トランプの側に一三一票差が増えただけに終わった。ミシガン州でも一部の郡で再集計が行われたが、成果はなかった。最後の試みとしては、選挙人に対して、トランプへの投票の再考が訴えられたが、やはり成功しなかった。最終的には、たった一票分の変化が生まれただけだった。

こうした行動のなかで示されていたのは、ブッシュ、クリントン、ブッシュ、オバマの一連の政権で掌握していた権力を、絶対に手放さないという、グローバリストたちの固い決意である。「ロシアが選挙をハッキングした」との言説による狂騒も広がっている。いまだに証拠は出されてはいないのに、この問題が消え去ることはない。

トランプ大統領は、自分を支持してくれた人たちのことを忘れてはならない。それは、「忘れられたアメリカ人たち」のことだ。そうした人々は、高い税金に苦しみ、ウォールストリートに不信感を抱いている。ゴールドマン・サックスには拒絶反応を示し、雇用の機会が失われたと感じている。そして、様々な制度が、自分たちの利益に反して、不正に操られていると信じている（実際に、その通りである）。

トランプが、改革のための政策を進めていくかぎり、こうした有権者からの支持が揺らぐことはない。

もし、トランプが本選挙で勝てなかった場合でも、ジェブ・ブッシュのホワイトハウス入りを阻止したことだけでも、国民は感謝していたはずだ。強力なクリントン陣営に対しては、コミュニケーション能力を駆使した、ゲリラ戦法で立ち向かった。そして、遂に勝利を収めたことは、奇跡以外の何物でもなかった。

メディアは、少なくとも三回は、トランプを選挙戦から撤退させようと試みた。しかし、支持率の数字は、一貫して回復力を見せていた。短期的な躓(つまず)きには、あまり影響されることなく、安定した支持が揺らぐことはなかった。

トランプ派の有権者からの支持は、きわめて強力で、熱烈なものだった。支持者の熱量の差を、最後まで、ヒラリーは埋めることができなかった。今になって振り返れば、ヒラリーが番組『エレンの部屋』で、ぎこちないダンスをしてみせたときに、候補者としての命運は尽きていたのだと思う。

ヒラリーにとっての特別な女友達であるフーマ・アベディンが、候補者として破滅する原因となったのは、何とも皮肉なことだった。人も羨むほどの近さで門番役を務めてきたフーマは、すでにホワイトハウスのカーテンの新調の準備に入っていた。そうしたときに、ニューヨーク市警が、夫のノートパソコンから六五万件のメールを発見していた。

コミーＦＢＩ長官は、メールからは不適切な内容が発見されなかったと発表した。しかし、それはウソだ。司法省からは、エリック・ガーナー事件（二〇一四年にニューヨーク市警の警官が黒人容疑者の逮捕の際に窒息死させた）に関与していた警官たちの不起訴と引きかえに、ニューヨーク市警に対して、ＦＢＩの発表との矛盾が生じないようにとの圧力がかけられていた。

実際に、ニューヨーク市警の捜査官たちは、メールの内容を見て、腐敗や、国家反逆罪や、私腹を肥やすビジネス取引や、未成年の性的搾取などの証拠が存在していることを確認していた。トランプ大統領は、クリントン財団の件でクリントンを刑事訴追するつもりはないことを表明している。しかし、この六五万件のメールから発見される新たな犯罪の事実については、何も発言はしていない。

ニューヨーク市警は、ＦＢＩにデータを提供する前に、ファイルのコピーを作成して保管していた。議会は司法省に対して、今後の検証作業のために、すべてのファイルを保管することを求めている。

別の言い方をすると、クリントン夫妻と娘は、政権を終えて以降の、いまだかつてない貪欲さと強欲さのために、依然として、破滅に至る可能性がある。

チェルシーの結婚式のために、クリントン財団からは五〇〇万ドルも支払われていただって？　本当ですか？

今後、極左派の熱烈なヒラリー支持者が、「ザ・ドナルド」を支持するときは来るのだろうか？　それとも、気違いじみた怒りを爆発させて、「フェミニストとしての優越意識」の最悪の側面を見せるだろうか？　両海岸地域の高学歴の白人エリートに支配された民主党は、独善的な非難を唱えるばかりの、弱小政党に衰退していくのだろうか？

さらに大事な問題がある。高齢化が進行する大都市圏に住むマイノリティたちは、自分たちの経済的苦境が、ハリウッドやニューヨーク市のメディアのエリートたちからは顧みられていない現実に、目覚めることができるだろうか？　これまでのマイノリティは、被害者としての特権意識のもとで、生活保護に依存しながら、民主党に投票してきている。

ドナルド・トランプは、ビル・クリントンが政権に戻ることを阻止した。ビル・クリントンが、ニューヨーク州民主党のコンサルタントに語っていたところでは、ヒラリーがホワイトハウスを奪還したら、「もう一度、仕事をする」つもりでいたそうだ。トランプの政策が、かなり具体的であるのに対して、ヒラリーには、本質的な理念や主張というものはなかった。あらゆる面で、オバマよりも、ほんの少しよくなることを公約していただけだった。しかし、そうした政策は、もはや過去のものとなっている。

通念とされていることや、メディアが擁護している言説を受け入れることを拒んでいる者たちは、「陰謀論者」と呼ばれている。しかし、政治というのは、虚実が入り混じる世界だ。無知な人たちは、テレビの言うことを信じ込まされてしまうが、現実の世界というのは、はるかに複雑なものである。

今回の選挙は、ひとつの転換点となった。いわゆる主要メディアは、真実を語ることや、情報を流通させることでの独占支配を失った。携帯端末を通じた多様なソースから、政治ニュースを受け取る有権者が増えている。多くの場合に、そうしたニュースの内容は的確だ。

とりわけ注目されることは、ＣＮＮが大々的にトランプを批判していたにもかかわらず、トランプの得票には、まったく影響が出なかったという事実だ。エスタブリッシュメントのメディアが、エリート支配階級の代弁者にすぎないことに、有権者は気づいている。そうしたエリートたちが、国を破滅の淵に追いやっていることを理解している。

あり得ないと思われていたはずのトランプの勝利は、まことに見事なものだ。トランプ本人としては、きっとこのように語るであろう。自分ほどの力量と先見性があれば、いつでも幸運が微笑んでくれるものである、と。それが、トランプが「勝者」である理由だ。

ドナルド・トランプは勝つことが好きで、負けず嫌いだ。ソーシャルメディアを巧みに扱いながら、優れた知性と断固とした決意で、アメリカ政治を変容させている。トランプは、オールド・メディアのフィルターを通すことなく、有権者に直接に語りかけることができることを理解していた。ふたたび勝者の国として復活するために、トランプは、おそらく私たちの最後で最大の希望である。

付録A

「クリントン・レイプTシャツ」をめぐるタイムライン

一九九九年――ワニータ・ブロードリックが、一九七八年のアーカンソー州知事選のときに、クリントン元大統領にレイプされたと告発する。

二〇一六年七月十九日――「インフォウォーズ」のアレックス・ジョーンズが、「これから流行するファッション・アイテムを予告」として、ビル・クリントン・レイプTシャツの写真をツイートした。https://twitter.com/RealAlexJones/status/755548655847936008

二〇一六年七月二十日――ガーディアン紙が、ビル・クリントン・レイプTシャツを「共和党全国大会だけでなく、大統領選の全体のトーンを――象徴するものとなっている」と評した。また、ガーディアン紙は、このTシャツを仕掛けたのはストーンであるとして、「今年の選挙で、最も重要になる争点を表現するのが、このTシャツだ」と記した。https://www.theguardian.com/us-news/2016/jul/20/bill-clinton-rape-shirt-republican-convention-hillary-merch

二〇一六年七月二十一日――タイム誌が、クリーブランドの共和党全国大会で、ロジャー・ストーンがビル・クリントン・〝レイプ〟Tシャツを着ていたことを記事で取り上げる。
二〇一六年七月二十一日——ブルームバーグ・ポリティクスのジェニファー・ジェイコブス記者が、共和党全国大会でロジャー・ストーンがビル・クリントン・レイプTシャツを着ている姿の写真をツイートする。
@ジェニファー・ジェイコブス「トランプの盟友ロジャー・ストーンが、共和党大会の会場の外で、反ビル・クリントンのポスターを掲示する」https://twitter.com/JenniferJJacobs/status/756225925260476416
二〇一六年七月二十一日——ガーディアン紙が、共和党大会の参加者がクリントン・レイプTシャツを買い求めるために列をなしたことを取り上げる。
見出しは、「共和党全国大会で、ビル・クリントン・〝レイプ〟Tシャツが発売される」。
https://www.theguardian.com/us-news/2016/jul/21/bill-clinton-rape-t-shirt-republican-national-convention
二〇一六年八月九日——児童レイプの被害者キャシー・シェルトンが、デイリー・ミラー紙のインタビューに登場する。レイプ犯を擁護したヒラリー・クリントンと、四十年ぶりに対決する。
被害者として明らかにしたのは、女性の権利の擁護者を自負する人物が、邪悪な弁護士として、被害者のことを中傷し、証拠集めを妨げ、被疑者が有罪であると知りながら笑いとばしていたことだ。
二〇一六年八月十三日——ツイッターで @ClintonRapeTee のアカウントが始動する。

二〇一六年八月十三日――ハッシュタグ #RapeShirt が、ソーシャルメディアで拡散され始める。

二〇一六年八月十三日――国連ビルでクリントン・レイプTシャツを着ていた男が、Tシャツを裏返して着替え直すように言われて、退去させられているところの映像を撮影する。**https://youtu.be/yvLrss1H4G8**

二〇一六年八月十五日――クリントン陣営が、陣営ウェブサイトから、すべての性的暴行の被害者は「信じてもらう権利がある」と宣言していた部分を削除する。

二〇一六年八月十七日――レイプTシャツの販売数が、一二〇〇枚を超える。

二〇一六年八月十九日――クリントンの性的暴行を訴えたポーラ・ジョーンズとキャスリーン・ウィリーが、クリントンからのレイプ被害者のワニータ・ブロードリックを擁護する。NBCニュース番組司会者のアンドレア・ミッチェルは、ブロードリックの訴えは「事実でないと証明された」との誤った発言をしていた。

二〇一六年八月十九日――@ClintonRapeTee で、元大統領への誕生日祝いのメッセージが贈られる。「@ビル・クリントンへ　誕生日おめでとう。年を取ったレイピスト（強姦魔）さん。#RapeShirt」

二〇一六年八月二十七日――@ClintonRapeTee で、ワニータ・ブロードリックのツイッター・アカウント @atensnut をフォローするように、ソーシャルメディアに呼び掛ける。

二〇一六年八月三十一日――クリスチャン・ジョシがキャスリーン・ウィリーと話をして、その内容をフェイスブックとツイッターに書き込む。ウィリーと話をした直後に、ジョシのアカウントがハッキングされる。

二〇一六年九月一日――@ロジャー・ストーンJrがハッキングされる。

二〇一六年九月二日――ソーシャルメディアで拡散される。ツイッターのアカウントで、「どこかに着ていった」「映像を送ってください。よろしく」と呼びかける。

二〇一六年九月八日――クリントン・レイプTシャツを支持するたくさんの人たちが、Tシャツ姿を集会で見せびらかす。https://twitter.com/RogerJStoneJr/status/774073968114343941

二〇一六年九月九日――三人の子供の母親であるステイシーが、自分のソーシャルメディア・アカウントで、Tシャツ姿を披露する。

二〇一六年九月十三日――反ポリコレ運動に携わる評論家で、「ブライトバート」ライターのマイロ・ヤイノプルスが、ソーシャルメディアでTシャツ姿を見せびらかして、このTシャツ運動に参加する。

二〇一六年九月十七日――ロジャー・ストーンが、「Ｖｉｎｅ」（動画共有サービス）を通じて、クリントンに性的暴行を受けた女性たちは、信じてもらうべきだと熱心に訴える。

「討論会で、ワニータさんが真正面に座ったときに、ヒラリーがどんな顔をするのかを見るのが楽しみだ」と、ツイッターに書き込む。

二〇一六年九月二十五日――ワニータ・ブロードリックが、第一回大統領候補者討論会への出席に関心を示す。

「私のことを、覚えていますか？　あなたの夫にレイプされて、あなたには脅迫されました。あなたはウソつきだと、本当のことを言い続けます」と、アメリカン・ミラー（オンラインメディア）に語る。

二〇一六年十月一日――アレックス・ジョーンズが、イベントのときにビル・クリントンがレイピストだと叫んで抗議した人への現金の提供を始める。これにより、クリントン集会やテレビ中継で、抗議する人たちの姿が、続々と現れる。

二〇一六年十月一日――クリントン・レイプＴシャツを着た男が、番組『ＦＯＸ＆フレンズ』の放送に映り込んで、司会者たちに波紋を生じさせる。

二〇一六年十月五日――オハイオ州カントンでのビル・クリントンの演説を、「レイピストだ」と書いたプラカードを掲げる女性が妨害する。クリントン元大統領はやり過ごそうとしたが、女性は会場から退場させられた。クリントンは、「その女性は対話を望んでいなかった」と述べる。

二〇一六年十月六日――ラスベガスでのティム・ケイン上院議員の集会で、抗議活動家が、「ビル・クリントンはレイピストだ！」と叫んで妨害する。

二〇一六年十月八日――ワニータ・ブロードリックが、ヒラリー・クリントンによるトランプへの非難について発言する。

「ヒラリーは、トランプの発言を『恐ろしいことです』としているが、自分は『レイピスト』のことを擁護して、一緒に暮らしている。彼女の行動こそ『恐ろしいことです』」と、ツイートする。
二〇一六年十月九日――テレビのライブ中継のなかで、「ビル・クリントンはレイピストだ!」と叫ぶ人が、またもや現れる。
二〇一六年十月九日――ビル・クリントン集会で、「ビル・クリントンはレイピストだ!」と叫ぶ人に、演説が妨害される。クリントンは、「政治では、こんなことが起きるものです。あなたの口元に毒を運んでくる人がいても、飲んではいけません……。その人を助けてあげて。さよならと言おう! お元気で」と発言する。
二〇一六年十月九日――ケイン上院議員の集会を、クリントン・レイプTシャツを着た男が妨害する。
二〇一六年十月九日――「ブライトバート」の独占インタビューで、ビル・クリントンからの性的暴行を訴える被害者たちが――ワニータ・ブロードリック、キャスリーン・ウィリー、ポーラ・ジョーンズ――人生における癒されない苦しみとなった体験を語る。
二〇一六年十月九日――ヒラリー・クリントンが被疑者の無罪を勝ち取ったことで、信用を傷つけられたレイプ被害者のキャシー・シェルトンが、ツイッターに書き込む。
「レイプ犯を有罪にできていたら、苦しみは癒されていたかもしれないです。しかし、ヒラリー・クリントンは私を裁判で負かしたあげく、笑い飛ばしました」
二〇一六年十月九日――ワシントン大学での第二回討論会が行われる前に、ワニータ・ブロードリック、キャスリーン・ウィリー、ポーラ・ジョーンズ、キャシー・シェルトンが、ドナルド・トランプと共に記者会見を開催する。女性たちは、討論会の会場にも参加する。

二〇一六年十月十日――クリントンを告発する被害者たちには、トランプ陣営から資金が提供されているとのニュース報道がある。キャシー・シェルトンは、すぐにツイッターで反論する。「トランプ陣営の誰からも、まったくお金はもらってないです！ メディアは不正直で、またウソをついています！」

二〇一六年十月十日――デトロイトでのヒラリー・クリントン集会で、クリントン・レイプTシャツを着たアフリカ系アメリカ人が、妨害行為をする。その男が警備員に連れ出されるとき、クリントンは支持者に向かって、「あの男性に、誰か付き添って、何とかしてあげてほしいものです」。

二〇一六年十月十日――カリフォルニア州のテレビ局KCOYが、ある高校生がクリントン・レイプTシャツを着替えるように指導されたことを報道する。学校側の判断と戦うために、この高校生は、アメリカ自由人権協会（ACLU）に支援を要請した。

二〇一六年十月十二日――ラスベガスでのヒラリー・クリントン集会で、クリントン・レイプのプラカードを持っていた活動家が攻撃される。

二〇一六年十月十二日――ドラッジ・レポートで、「クリントン夫妻はレイプ問題での抗議活動にうんざり　有権者の怒りを恐れている」との見出しが出る。

二〇一六年十月十二日――アイオワ州ウォータールーで、ビル・クリントンが、何人もの「おまえはレイピストだ！」と叫ぶ抗議活動家に妨害される。

二〇一六年十月十四日――ClintonRapeWhistle.comで、クリントン集会用の「レイプ・ホイッスル」が発売になる。

二〇一六年十月十四日――オハイオ州クリーブランドでの集会で、オバマ大統領が、抗議活動家による「ビル・クリントンはレイピストだ！」との叫び声に遭遇する。オバマは「ヒラリー！　ヒラリー！　ヒラリー！」と連呼して、聴衆の関心をそらそうとしたが、「こんなことが、あちこちで起きているとのことです」とも発言する。

二〇一六年十月二十日――大統領候補者討論会の開始前の時間帯で、テレビ番組のなかで「クリントン・レイプ・ホイッスル」の音が流れる。

二〇一六年十月二十一日――フロリダ州ジャクソンビルでの集会で、ビル・クリントンが演説の最中に、抗議活動家にレイピストだと叫ばれて、発言を妨害される。

二〇一六年十一月一日――フロリダ州フォート・ローダーデールでの集会で、「ビル・クリントンはレイピストだ！」とのヤジが飛んだところで、ヒラリー・クリントンが平静を失う。そして、大きな声を発しながら、今回の選挙で起きている問題だと指摘する。

「ドナルド・トランプを支持する人たちのネガティブで、陰湿で、分断的で、危険な考え方や行動には、本当にうんざりしています」と語る。

ニューヨーク・ポスト紙は、抗議活動家のことが気に障ったようだったと記した。「クリントン集会に、『レイピスト』と叫ぶ抗議活動家が出現するのは、珍しいことではなくなっている。しかし、民主党候補者は、めったにない反応を示していた」と、ニューヨーク・ポスト紙は記した。

二〇一六年十一月二日――フォート・ローダーデールでの集会で、クリントン・レイプTシャツを着ていた抗議活動家たちが、ヒラリー・クリントンが平静を失ったことを記念する映像を作成する。

二〇一六年十一月六日――フロリダ州キシミーでのオバマ大統領の集会で、抗議活動家たちが出現する。クリントン・レイプTシャツを着て、プラカードを掲げ、「レイプ・ホイッスル」を鳴らして、「ビル・クリントンはレイピストだ!」と叫び声を上げる。

二〇一六年十一月六日――キシミーを出発するオバマ大統領の車列が、抗議活動家の集団の側を通り過ぎるとき、「レイプ・ホイッスル」が鳴らされ、拡声器を通して「ビル・クリントンはレイピストだ!」との叫び声が流される。

付録B

ダニー・ウィリアムズ――新しいメディアを使用した、政治広報活動のケース・スタディとして

ビル・クリントンの黒人息子は追い払われた――ダニー・ウィリアムズの物語（二四種類のプラットフォームで、三六〇〇万回再生）

ビル・クリントンの息子――ダニー・ウィリアムズ（さらに九五万回再生）

アーカンソー州警官が、ダニー・ウィリアムズにクリスマス・プレゼントを届けたことを証言する（さらに四八万回再生）

ダニー・ウィリアムズのページ――https://www.facebook.com/Danneywilliam/
　リーチ一〇九〇万件、エンゲージメント一四九万件、ページビュー七五〇万件以上。

追い払われた――一四八万四〇六八回再生

黒人男はヒラリーを非難する――七万八三四一回再生

アーカンソー州警官がクリスマス・プレゼントを届ける……――六七万一〇七一回再生

ビル・クリントンの息子、ダニー・ウィリアムズは訴える――一〇一万六六一六回再生
ブラック・ライブズ・マター――一一八万九八一四回再生
トレバー・ノアさん、とてもよい宣伝をありがとう……――五万七八〇回再生
ビル・クリントンの息子――四七万一四三三回再生
ビル・クリントンの「息子」、ダニー・ウィリアムズは追い払われた……――六二万二六四回再生
#ブラック・ライブズ・マター　レールがCNNで……――三万七五九六回再生
CNN社長のジェフ・ザッカーが報道管制を……――四万三四七五回再生
ヒラリー・クリントンがダニー・ウィリアムズを追い払った――四万五一五二回再生
支持者に感謝するのは「正義が……――一〇万九二五〇回再生
ダニー・ウィリアムズはビル・クリントンの息子だ――三三万二九九七回再生
支持者からの質問に感謝する……――一八万八九九八回再生

こうした映像を視聴した人たちは、以前から関心があるサイトとして見ていたのではない。全米各地のアフリカ系アメリカ人の人口が多い都市に住んでいる人たちで、私たちが狙いを定めた属性（ラッパー、黒人文化など）に関心を持っていた。

訳者後記――ロジャー・ストーンをめぐる後日談

本書は、ドナルド・トランプが世界を震撼させる大逆転勝利を成し遂げた「トランプ革命」の記録である。本書のオリジナル版は、トランプ政権が発足した直後の二〇一七年二月に発刊されている。原題は、『大統領になる方法　二〇一六年――ドナルド・トランプは、いかにして革命を成功させたのか』(The Making of the President 2016 : How Donald Trump orchestrated a Revolution)である。その後、二〇一九年二月に、オリジナル版にまえがきを付した改版が、本書の原著『ロシア疑惑という神話』(The Myth of Russian Collusion)として刊行されている。当時は、いわゆる〝ロシア疑惑〟がアメリカ政界を揺るがしていたなかで、著者ロジャー・ストーンが、その捜査の標的とされていたときだった。

著者ロジャー・ストーンは、ドナルド・トランプとは、一九七九年以来の四十年以上にわたる親交があり、長らく政治顧問を務めてきた。トランプが若き不動産王として事業経営をしていた頃から、ともに大統領選出馬への夢を描いてきた盟友である。したがって、本書で描かれている大統領選をめぐる虚々実々の戦いは、徹底的にトランプ陣営からの視点で語られている。主要メディアの「フェイク・ニュース」が作り上げてきた虚像とは一線を画して、当事者でしか語りえない貴重なインサイド・ストーリーとして展開されている。

日本の大手メディアが取り上げるアメリカ政治についての報道は、たいていの場合、ニューヨーク・タイムズ紙、ワシントン・ポスト紙、CNNなど、著者が言うところの「党派的」な「極左派」のメディアによる「報道」に依拠していることが多い。したがって、ドナルド・トランプの実像を正確に伝えることも、トランプ政権の業績を正当に評価することも、少ないのが現実だ。その意味では、まったく正反対の立場からカウンターを放っている本書の内容は、日本の読者にとっても示唆に富み、異なる視点を提供してくれている。

昨今のアメリカ政治解説では、メディアがトランプ大統領をどれだけ批判しても、その支持率が揺らぐことがないのは、岩盤支持層があるからだと指摘されてきた。しかし、メディアや、評論家や、学者からは、その事実が指摘されることはあっても、その内実が紹介されることは稀である。本書では、そうした熱烈支持層の人々の視点が、どのようなものであるかを見て取ることができるだろう。

この改版が発刊される直前、二〇一九年一月二十五日早朝に、著者ロジャー・ストーンは完全武装のFBI捜査陣の急襲を受けて、南フロリダの自宅で逮捕されている。このとき、なぜかCNNが逮捕の現場に居合わせて、速報を報道している。拘束されたストーンは、当日、連邦地裁に出廷して保釈金を払い、即日保釈された。

ＢＢＣニュース（日本語版）では、以下のように伝えている。

保釈後に、ストーン被告は電話で、右翼系陰謀論を展開するアレックス・ジョーンズ氏のラジオ番組「インフォウォーズ」に、「自分の命をかけて戦う」と話し、裁判費用捻出のためオンライン募金を開始した。

「どんな状況になっても、一連の罪状を認めたりしない。どんな状況になっても、大統領に不利な偽証などしない」と被告は述べた。

さらに、「あらためて、ロシアとの結託の証拠はない。ウィキリークスと協力した証拠もない。（トランプ氏の）選挙支援で自分が何か不適切で不法なことをしたとして起訴されたわけではない」と強調した。

インフォウォーズへのこの電話の後、裁判所の外に出た被告は、両手でニクソン流の二重Ｖサインを作りながら、満面の笑みを浮かべた。

集まった群衆からは「牢屋にぶち込め！」というヤジも上がったが、被告は無実を主張し、自分は「政治的動機による捜査」の標的にされたと反発。早朝に自宅で逮捕されたことについても批判し、「夜明けと共に、ＦＢＩ捜査官が二九人、車両一七台のライトを回転させながら、自宅にやってきた。妻と犬たちを怯えさせた」と怒った。

当日の午前一一時一六分には、トランプ大統領も、以下のツイートしている。

「わが国で史上最大の魔女狩りだ！　共謀などない！　国境のコヨーテ（※不法入国の案内人）、麻薬密売人、人身売買業者の方が、もっとましな扱いを受けている。CNNに、そこにいさせたのは誰だ？」

ここでは、トランプ、ストーン、インフォウォーズVS民主党、FBI、CNNの構図を見て取ることができるだろう。

二〇一六年大統領選で、ストーンは、全米の草の根のトランプ応援団の筆頭格として、縦横無尽の活躍をしていた。しかし、トランプ政権が発足してからは、ロシア疑惑捜査を率いるロバート・モラー特別検察官から、トランプ最側近の一人として、二年にわたり標的とされることになった。ストーンは逮捕後、七件の罪で起訴、有罪となったが、その罪状として挙げられたのは、議会での偽証や証人の買収などである。大統領選におけるロシアとの共謀をめぐる疑惑については、結局のところ、何ひとつ立証されることはなかった。

捜査終結後の二〇一九年四月には、「モラー報告書」が発表されたが、トランプ陣営が「ロシア政府と共謀したり、連携したりした証拠は見つからなかった」とされている。つまり、〝ロシア疑惑〟なるもので、トランプ大統領を有罪にすることはできなかったということだ。

しかし、このロシア疑惑捜査のプロセスでは、大統領選でトランプ陣営の中枢メンバーを務めたマイケル・フリン（元国家安全保障問題担当大統領補佐官）、ポール・マナフォート（元選対本部長）らの側近たちが、続々と有罪とされた。ちなみに、マナフォートは、司法取引に応じた後に実刑に服したが、二〇一〇年から二〇一四年の案件を脱税に問われたことなどが罪状であり、いずれの容疑も大統領選とは関係がない。

ストーンの公判のプロセスも、折々に、アメリカ政界を揺るがす政治的事件となった。二〇二〇年二月一〇日に、事件を担当する検察官から禁固七〜九年が求刑されると、翌日の一一日に、トランプ大統領は、以下のツイートをして、不満を表明した。

「ひどくて、とても不公平なことだ。本当の犯罪は、向こう側にあるが、彼らには何も起きていない。このような冤罪は許されない！」

相前後して、司法省が求刑を軽減する方針を発表すると、事件を担当した四人の検察官が担当を離れる事態に展開した。二月二〇日には、一転して、ワシントンの連邦地裁で三年四か月の刑が宣告された。

トランプ大統領は、同日に、以下のツイートをしている。

「ＣＮＮによると、『ロジャー・ストーンは議会で偽証をした』。なるほど。だが、（※元ＦＢＩ長官の）コミーも、ウソをついていた（機密情報を漏らしたが、いんちきヒラリー以外のほとんど誰もが、長期の刑務所行きになることだ）。（※元ＦＢＩ副長官の）アンディ・マケイブも、ＦＢ

Iにウソをついていた！　公正だと？」

このとき、民主党陣営からは、大統領自らが直接の司法介入をしたとして、非難の声が沸き上がった。

さらに、収監を四日後に控えた二〇二〇年七月一〇日になると、トランプ大統領は、大統領権限により刑の免除を行った。ストーンは、収監を免れることになった。

このとき、ストーンは、「たった数分前に、合衆国大統領からの大変、慈悲深い電話を受けたところだ」と述べて、自宅で友人たちとシャンパンで祝っていると、AP通信にコメントしている。

翌日の七月一一日に、トランプ大統領は、以下のツイートをしている。

「ロジャー・ストーンは、決して行われるべきではない、違法な魔女狩りの標的となった。犯罪者なのは、私の選挙陣営をスパイしていた、オバマやバイデンたち、向こう側だ。バレているぞ！」

こうして実質的には刑の執行を免れていたストーンは、トランプ大統領の退任前の二〇二〇年十二月二十三日に、他の側近たちとともに恩赦を受けて、ようやく名実ともに自由の身となった。十二月二十七日には、ウェスト・パームビーチのトランプ・インターナショナル・ゴルフクラブで、トランプ大統領に直接感謝の言葉を伝えた様子が、メディアでも報じられた。

こうした著者ロジャー・ストーンとドナルド・トランプとの関係は、本書のなかでも描かれている通り、過去四十年以上にわたる特別なものだ。トランプが大統領選出馬に向かう道のりのなかで、最も長く、最も近い立場で政治参謀を務めてきたことは間違いない。その意味では、トランプ大統領誕生までに最も深く関わった人物の一人といってよいだろう。

ストーンは、トランプが二〇一五年六月に出馬表明をしたときには、陣営のアドバイザーを務めていたが、八月の第一回の共和党予備選討論会を終えたときに、公式には陣営を離れている。このとき、ストーンは自分から辞めたのだと主張しているが、トランプ陣営はストーンを解雇したと公式発表したことで、メディアの注目を集めた。その後、陣営外に転じたストーンは、在野での活動を繰り広げることになった。

二〇一六年春以降になると、最初の選対本部長を務めたコーリー・ルワンドウスキに代わり、ストーンの旧知の盟友であるポール・マナフォートが、トランプ陣営で采配をふるっている。主要メディアだけでなく、民主・共和両党の職業政治家たちもが、完全に反トランプ一色であったなかで、トランプ支持の熱弁をふるい続けたストーンは、トランプ当選の最大級の功労者の一人といってよいだろう。

さて、本書のまえがきで、著者は、トランプと敵対する勢力を「ディープ・ステート」と表現している。すでにアメリカの政治言論では一般的な用語となり、日本語では「闇の政府」「深層国家」とも訳されている。学問的には、まだ定義が定まっていないと思われるが、一例として、ウィキペディア（英語版）では、アメリカ合衆国における理解として、このように記されている。「正式な政治のプロセスを通じて表明される、国民の同意とは関係なく、政府の構成員と金融・産業界のトップ層の一部からなる混成集団が、アメリカ合衆国を実質的に統治していることの表現として、少なくとも二〇一三年以降から、『ディープ・ステート』との呼称が使用されている」

そして、「通俗的な理解」との項目では、以下のように記されている。

「二〇一六年大統領選以降のアメリカ合衆国では、ドナルド・トランプ政権と保守系メディアの両者による、きわめてネガティブな定義のもとで、侮蔑的な意味での『ディープ・ステート』という言葉が、広く通用している」

本書では、オバマ政権のもとで、民主党とメディアが連携するだけでなく、ＦＢＩ、ＣＩＡまでもが、トランプの当選とホワイトハウス入りを阻止するべく、徹底的な反トランプ運動を展開した様子が、多岐にわたり具体的に描かれている。その実態は、まさに「トランプＶＳディープ・ステート」と言ってもよいだろう。

本書で描かれた大統領選の出来事の一部を列挙すると、以下の通りとなる。

・二〇一六年大統領選は、民主党ヒラリー・クリントン、もしくは、共和党ジェブ・ブッシュのいずれかの選択となることが予定されていた。どちらの候補者とも、クリントン家、ブッシュ家という政治王朝の後継者だった。

・二大政党制のもとでは、どちらの候補者に転んだとしても、エスタブリッシュメント勢力には好都合となる万全の構図が出来上がっていた。しかし、ワシントン政治の〝アウトサイダー〟であるドナルド・トランプが参入して、二大政党支配を揺るがす勢いを見せることになった。

・予備選挙が始まるまでの二〇一五年半ばから二〇一六年にかけて、意外にも、トランプは、共和党内の支持率で首位を走り続けていた。主要メディアでは、ビジネス目的の売名が狙いであり、まともな政治家として通用するはずがないので、いずれ撤退するはずだとの論調がコンセンサスとされていた。

・トランプは、予備選挙を勝ち進んだ。共和党内では、トランプを過半数割れに追い込んで、党大会での決戦投票に持ち込み、別の候補者を擁立して指名を阻止する作戦が繰り広げられた。

・トランプへの最後の対抗馬となったテッド・クルーズ上院議員は、共和党内ではアウトサイダーを自認していた。しかし、ウォールストリートを代表する大手銀行ゴールドマン・サックスとの密接な関係をめぐり、グローバリストの代弁者であることが指摘されていた。

・トランプの指名が決まると、共和党の有力者である元大統領のブッシュ父子、ジョン・マケイン上院議員（二〇〇八年共和党大統領候補者）、ミット・ロムニー上院議員（二〇一二年共和党大統領候補者）らが、党大会をボイコットして欠席する異例の事態となった。

・こうした予想外の展開のなかで、主要メディアは、一丸となってヒラリー・クリントン支持に結集した。徹底的に反トンプの姿勢を貫いて、あたかもナチスの再現であるかのように描写した。共和党寄りとされるFOXニュースでも、トランプに冷淡な報道姿勢は、基本的には同じだった。

・他方で、民主党では、民主社会主義者を自認するバーニー・サンダースが善戦して、ヒラリー・クリントンを追い詰めた。しかし、民主党全国委員会は、予備選挙が開催される以前からヒラリー支持であり、反サンダースの工作を画策していたことが暴露されてしまった。

・また、民主党全国委員会では、党のエリート幹部たちが特別代議員の地位を与えられて、予備選挙の結果を左右する影響力を行使していた。民主党内では、エスタブリッシュメントの候補者が必ず勝つ仕組みが出来上がっていた。

・民主党全国大会の開催直前には、ウィキリークスから民主党全国委員会の大量のメールが暴露された。民主党陣営は、メールの漏洩はロシアからのハッキングによるものだと訴えた。しかし、民主党全国委員会スタッフの内部犯行であるとの見方もあり、その当事者とみられる人物は、事件から間もなく、ワシントンDC市内で何者かにより射殺されている。

・大統領選で恒例となるオクトーバー・サプライズとしては、第二回大統領候補者討論会の直前に、ワシントン・ポスト紙から十一年前の「わいせつ発言ビデオ」が暴露された。その内容は、ブッシュ・ファミリーの一員である司会者ビリー・ブッシュとの会話が隠し撮りされていたものだった。民主党ヒラリー陣営と示し合わせたかのように、あらゆるメディアで、嵐のようなトランプ批判が一斉に展開された。

・民主党大統領候補のヒラリー・クリントンは、出馬表明のとき以来、アイデンティティ政治の路線のもとで、「女性で初めての大統領」を訴えかける作戦を取っていた。そうした背景のもとで、対抗馬のトランプを、「女性の敵」であると位置づけて糾弾するシナリオが生まれていた。

・民主党陣営とメディアの包囲網のなかで、孤立無援となった最終盤でのトランプは、激戦州での演説集会を重ねて、記録的な動員実績を示していた。メディアを「フェイク・ニュース」「国民の敵である」と訴えて、支持者たちを熱狂させていた。圧倒的な熱量の差が、勝敗を決することになった。

・選挙中のトランプ集会では、抗議活動が暴徒化する事件が度重なっていたが、トランプの当選が決まると、全米各地で反トランプの暴力的な街頭デモが発生して、警察が出動する事態となった。ジョージ・ソロスを黒幕とする極左勢力からの資金援助で焚きつけられたとみられている。

・オバマ政権が、大統領選挙期間中に、トランプ陣営の側近たちへの監視作戦を仕掛けていたことが、選挙後に明るみに出た。スパイ活動を実施するにあたり、FISA令状の根拠とされた「スティール文書」は、まったくの捏造文書であり、民主党陣営からパーキンス・コイエ法律事務所を通じて資金が流れていたことが判明した。

・クリントン財団への外国の大口献金者たちには、最側近フーマ・アベディンを通じて、ヒラリー国務長官との特別な面会の待遇が手配されていた。献金と引き換えに、政策上の便宜が図られたとの疑惑が生まれていた。ウィキリークスからの暴露情報は、その実態を裏付けることになった。

・ヒラリー最側近のフーマ・アベディンの家族的背景としては、九・一一テロ事件との関与が疑われるイスラム過激派組織とのつながりがあった。また、アベディンの夫の「わいせつメール」事件での捜査が、ヒラリーのメール問題をめぐるＦＢＩの捜査再開の引き金となり、民主党陣営には致命的な打撃となった。

こうした激しい政治闘争が展開されていくなかで、ロジャー・ストーンは、場外乱闘ともいえる虚々実々の反撃作戦も仕掛けていた。メディアは、トランプを「女性の敵」に仕立て上げて、事実無根の虚報で大々的なネガティブ・キャンペーンを繰り広げた。ストーンが攻撃ポイントを逆手にとり、ゲリラ戦術で立ち向かったくだりは、「卑劣なトリックスター」を自称する政治参謀としての真骨頂だろう。

こうした経緯のもとで、トランプが大統領に当選していた。そして、敗北した〝ディープ・ステート〟は、トランプ陣営とロシアが共謀したとの〝ロシア疑惑〟を、政治的な思惑のもとに宣伝するようになった。ロシア疑惑なるものが事実だとすると、現職のアメリカ合衆国大統領が、国家反逆罪を犯したことになる。その賛否をめぐり、国論を二分する激しい政治的議論が巻き起こったのは、当然の成り行きである。これが、メディアが語るところのアメリカ政治の「分断」の真相である。

トランプは、ワシントン政治のアウトサイダーでありながら、確固たる政治権力を築いてきたエスタブリッシュメント勢力に対して戦いを挑んだ。そうしたトランプと共に、草の根の活動家たちを糾合して、ホワイトハウスを勝ち取った戦いの記録は、まさに「トランプ革命」の一断面である。

ちなみに、本書に登場する人物たちは、日本語版が発刊される二〇二一年末現在の直近の事情とも関わりがある人たちが随所に登場している。

バイデン政権発足当時から国家安全保障問題担当大統領補佐官を務めるジェイク・サリバンは、ヒラリー国務長官のもとでは、首席政策アドバイザーを務めていた。ウィキリークスから公開されたメールでは、ヒラリーにごく近い側近スタッフとして、私的な治療薬の相談ごとにも応えていた様子が記されている。（上巻三六五ページ参照）

また、二〇二一年十一月のバージニア知事選では、当初は優勢とみられていたはずの民主党候補のテリー・マコーリフ前知事が敗れて、バイデン政権の支持率の低迷を象徴する出来事として注目された。マコーリフは、ビル・クリントン側近として、クリントン財団の役員を務めきた人物でもある。ウィキリークスから公開されたメールでは、クリントン財団の利益相反の問題をめぐって、内紛の当事者でもあったことが示されている。（上巻四四八ページ参照）

さらには、トランプ集会が開催中止に追い込まれた当時のシカゴ市長を務めていたのは、近日、バイデン政権の駐日大使になると予定されているラーム・エマニュエルである。ビル・クリントンとの関係がとりわけ深い人物として、著者としては言及することを忘れてはいない。（下巻三一二ページ参照）

日本の大手メディアでは、こうした細部の事実関係までは報じられることはないが、バックグラウンドを理解するうえでは参考となる情報であろう。

さて、訳者のトランプ関連の翻訳書としては、アーサー・ラッファー、スティーブン・ムーア共著『トランポノミクス』『トランプ経済革命』（幸福の科学出版刊）に続き、三作目となる。トランプ政権の最新事情を紹介した二書は、日本を代表する政治家、評論家、エコノミスト、ジャーナリスト各氏からも好評をいただいた。

訳者が版元からトランプ関連本を続刊しているのには理由がある。幸福の科学出版からは、幸福の科学グループ創始者兼総裁の大川隆法著『トランプは死せず』『米大統領選バイデン候補とトランプ候補の守護霊インタビュー』『守護霊インタビュー　ドナルド・トランプ　アメリカ復活への戦略』等、多数のトランプ関連本が発刊されてきた。トランプ大統領の誕生をいち早く予見し、日本で最もトランプ関連本が多い出版社となっている。

二〇一六年十二月、アメリカ大統領選の翌月に、大川隆法総裁は、ドナルド・トランプがアメリカで革命を起こす天命にあったことを、千葉・幕張メッセでの大講演会で語っている。その一節を、ここに紹介しておきたい。

「もはや、『トランプ革命』と呼ばなければいけない時代に入っているのです。（……）

当会では、いろいろな広告にも出ているとおり、本年の一月にトランプ氏の守護霊霊言を出し、そのなかで、彼の過去世が、アメリカの初代大統領、ジョージ・ワシントンであることを明らかにしました。つまり、そこから引き出される結論として、『十一月にはトランプ氏が当選するだろう』という結果が予想されたわけです。

今、ジョージ・ワシントンがアメリカに出るとしたら、その理由は、アメリカの革命のため以外にありません。したがって、ここで勝たなかったら、天上界の期待の結果が、あるいは計画が、まったく〝ご破算〟になってしまうと私は考えたのです。そこで、一月から、そういう考えの下で国際政治の方向性を読み、動かしてきました」（大川隆法著『繁栄への決断』幸福の科学出版刊）

あわせて、本書のなかでも、とりわけ印象的な部分を再掲しておきたい。

「トランプが死を免れたのは、この国を救い、そして、経済を立て直すためであったのだと思う。

このときに、私は、トランプが大いなる意思によって、この地上に遣わされていることを理解した。そして、このときに、トランプがやがて大統領になるべき人であると分かったのである」

ることができるのではないだろうか。

大川隆法本の読者は、本書の内容を照らし合わせることで、その背景事情を、より深く理解することができるのではないだろうか。

(本書上巻四二ページより)

「エスタブリッシュメントのメディアが、エリート支配階級の代弁者にすぎないことに、有権者は気づいている。そうしたエリートたちが、国を破滅の淵に追いやっていることを理解している。あり得ないと思われていたはずのトランプの勝利は、まことに見事なものだ。(……)ふたたび勝者の国として復活するために、トランプは、おそらく私たちの最後で最大の希望である」(本書下巻三六六ページ)

二〇二〇年大統領選では、投票日直後の十一月五日に、トランプ大統領は、ホワイトハウスでの会見の冒頭で、こう語っている。

「アメリカ国民に、きわめて重要な二〇二〇年の選挙の公正さを守るための努力について、最新の状況をお伝えしたいと思います。合法な票を集計したならば、私は楽勝している。非合法な票を集計したならば、彼らは選挙を盗むことができる。(……)

ビッグ・メディア、ビッグ・マネー、ビック・テックによる歴史的な選挙介入があったにもかかわらず、すでに、私は重要な州の多くで勝利している。フロリダ州、アイオワ州、インディアナ州、オハイオ州ほかのいくつかで、大きな勝利を収めている。

私たちは、こうした勝利を収めて、ほかにも多くの勝利を収めました。すべての人たちが見てのとおり、私たちは歴史的な数字で勝ちました」

このとき、アメリカの大手テレビ局各社は、現職の大統領の演説のライブ中継を、発言が不適切であるとして途中で打ち切った。翌年一月には、ツイッターやフェイスブックも、大統領の発信を封鎖していた。この演説でも、トランプ大統領は、巨大メディア・金融・IT企業が連携する包囲網を指弾していたが、まさしく、「トランプVSディープ・ステート」の戦いが繰り返されていた。

こうしたなかでも、著者ロジャー・ストーンは、在野のトランプ応援団を代表して、最右翼の論陣を張っていた。投票日の二か月前の九月の時点では、アレックス・ジョーンズの「インフォウォーズ」に出演した際に、期日前投票は、すでに「腐敗している」として、万一、トランプが選挙で敗北する場合には、大統領は、反乱法をもとに「戒厳令」を宣言して、「投票用紙を押収するべきだ」と訴えていた。

投票日以降、トランプ陣営が再集計を求める法廷闘争を展開すると、日米ともに、トランプ支持派のあいだではSNSを中心に様々な情報が乱れ飛び、大手メディアからは「陰謀論」と称されることになった。こうした動きの根元にいたのも、ロジャー・ストーンである。

このときに、ストーンは、トランプ大統領に対する「クーデター」が起きているとも述べている。ちなみに、ロジャー・ストーンの著作には『ケネディを殺した男』（幻冬舎刊）もあり、ケネディ暗殺事件の黒幕を、当時のリンドン・ジョンソン副大統領であると指摘している。

本書の発刊の経緯についても、ふれておきたい。本書の発刊が構想されたのは、二〇一七年二月に、現地アメリカで、原著が書店の店頭に並んだ直後のことだ。当時、訳者はニューヨークに滞在していた。ある会合で同席していた訳者からの日本語版の刊行とのプランに、著者ロジャー・ストーンは、絶大な期待感を寄せてくれていた。このときのスピーチでは、ロジャー流のレトリックのなかで、「ロシア疑惑なるものは、完全なでっち上げだ。私には、ロシア人のクライアントもいなければ、ロシア人のガールフレンドもいない」と怪気炎を上げながら、「日本で最大級の出版社が、私の本を出してくれるようだ」と宣伝までしてくれていた。版元のスカイホース社も、社長自らきわめて前向きな姿勢をみせて下さっていた。トランプ政権発足直後の時点では、著者にも、訳者にも、その後の運命の波乱は必ずしも予期されていなかったが、当時の幸福の科学出版としては翻訳書を出す方針はないとのことで、刊行は見送られていた。

その後、〝ロシア疑惑〟は、米国政治の台風の目であるだけでなく、全世界の注目を集める一大スキャンダルに展開した。ロジャーも時の人となり、議会での証言、メディアのバッシング、逮捕、裁判闘争と続くなかで、アメリカ政界の激動の渦中の人となっていた。一切の司法取引に応じず、容疑の完全否認を貫き、トランプ大統領を守り抜くために、身を挺したロジャーが最大の苦境に陥っていたときに、何の支援もできなかったことは、誠に申し訳なく思っている。

訳者は、『トランポノミクス』『トランプ経済革命』を上梓したところで、ようやく、本書の刊行に取りかかることになった。トランプ政権発足から間もない頃に発刊されていたとしたら、日本人にとっては、その政権の性格と動向を占うための貴重な資料のひとつとして読むことができたことだろう。しかし、現在にあっても、歴史を画する「トランプ革命」が、いったい何であったのかを知るための実録として、十分に楽しむことができるだろう。アメリカ独立革命が世界史のひとつの分水嶺であったように、「トランプ革命」も、やはり現代史のひとつの転換点である。そのように理解されるときが来たときには、著者もまえがきで述べているように、たしかに本書の意義は、さらに増していることだろう。

本書は、トランプ熱烈支持派の最側近から見た回顧録であるが、在野のビジネスマンがホワイトハウス入りするまでの波乱万丈の英雄伝としても、読むことができるだろう。本書は、日本の政治に関わる人や、政治運動に携わる人たちにも、まことに示唆の多い内容であると思われる。あるいは、本書が、〝大統領になる方法〟として、やがて将来の日本で総理大臣や大統領を志す人たちにとっての参考テキストとなるときが来たならば、訳者としては本望である。

最後に、訳者に語学教養の世界を開いてくれた恩書を挙げさせていただきたい。大川隆法総裁編著『黒帯英語』（幸福の科学刊）は、十年以上にわたり毎月刊行され、すでに百三十冊を超える一大シリーズとなっている。訳者としては、海外事情を知ることの大切さ、そのための語学力の有効性を教えられただけでなく、刊行の折々に総裁直筆のメッセージによって励まされてきた。

日本の語学書のなかでは、すでに質量ともにナンバーワンの内容となっていることは間違いない。『黒帯英語』シリーズなくして、本書が生まれることはなかったことだろう。

本書の発刊にあたり、大川隆法総裁先生に、心からの感謝を捧げさせていただきます。

原註

第三部　トランプは、こうしてホワイトハウスを勝ち取った

1. Alonzo L. Hamby, "1948 Democratic Convention: The South Secedes Again," *Smithsonian Magazine*, August 2008, http://www.smithsonianmag.com/history/1948-democratic-convention-878284/.
2. Museum of Broadcast Communications, "Presidential Nominating Conventions and Television," no date, http://www.museum.tv/eotv/presidential.htm.
3. David Gergen quoted in the following book: John Anthony Maltese, *Spin Control: The White House Office of Communications and the Management of Presidential News* (Chapel Hill, NC: The University of Northe Carolina Press, Second Edition, 1994), p. 96.
4. "Bill Corruthers, TV director-producer," *Variety*, Obituary, March 7, 2003, http://variety.com/2003/scene/people-news/bill-carruthers-1117881918/.
5. Bill Carruthers quoted in the following book: John Anthony Maltese, *Spin Control*, loc.cit.
6. Zachary Karabell, "The Rise and Fall of the Televised Political Convention," Discussion Paper D-33, published by the Joan Shorenstein Center for Press, Politics, and Public Policy, at the John F. Kennedy School of Government, Harvard University, October 1998, https://www.hks.harvard.edu/presspol/publications/papers/discussion_papers/d33_karabell.pdf.
7. Callum Borchers, "How political conventions became sanitized, made-for-TV infomercials," *Washington Post*, July 21, 2016, https://www.washingtonpost.com/news/the-fix/wp/2016/07/21/how-political-conventions-became-sanitized-made-for-tv-infomercials/?utm_term=.438ba81fd27e.
8. Stephen Battaglio, "TV viewership for Hillary Clinton speech is smaller than for Donald Trump," *Los Angeles Times*, July 29, 2016, http://www.latimes.com/entertainment/envelope/cotown/la-et-ct-dncratings-20160729-snap-story.html.
9. Brian Stelter, "Debate breaks record as most-watched in U.S. history," CNN Money, September 27, 2016, http://money.cnn.com/2016/09/27/media/debate-ratings-record-viewership/.
10. Jill Serjeant and Lisa Richwine, "TV audience sharply down for second Trump-Clinton debate, despite tape furor," Reuters, October 10, 2016, http://www.reuters.com/article/us-usa-election-debateratings-idUSKCN12A1LF.
11. Cynthia Littleton and Oriana Schwindt, "Final Ratings for Third Donald Trump-Hillary Clinton Debate: 71.6 Million," *Variety*, October 20, 2016, http://variety.com/2016/tv/news/tv-ratings-donald-trump-hillary-clinton-final-debate-1201895174/.

第７章　副大統領の選定と全国指名大会

1. Jesse Byrnes, "Trump chooses Pence for VP," *The Hill*, July 15, 2016, http://thehill.com/blogs/ballotbox/presidential-races/287892-trump-officially-chooses-

pence-for-vp.

2. Stephen Collinson, "Trump, Pence step into the spotlight together," CNN Politics, July 16, 2016, http://www.cnn.com/2016/07/16/politics/donald-trump-mike-pence-campaign-trail/.
3. Amber Phillips, "Who is Mike Pence?" *Washington Post*, October 4, 2015, https://www.washingtonpost.com/news/the-fix/wp/2016/07/14/10-things-you-should-know-about-mike-pence-who-may-join-donald-trump-on-the-gop-ticket/?utm_term=.5375b4439e10.
4. Gretchen Frazee and Daniel Bush, "What you need to know about Trump's VP pick, Mike Pence," PBS News Hour, July 15, 2016, http://www.pbs.org/newshour/updates/need-know-trumps-vp-pick-mike-pence/.
5. Jessica Taylor, "Dumpster Fires, Fishing and Travel: These Republicans Are Sitting Out the RNC," National Public Radio, July 18, 2016, http://www.npr.org/2016/07/18/486398726/dumpster-fires-fishing-and-travel-these-republicans-are-sitting-out-the-rnc.
6. Shane Goldmacher, Ben Schreckinger, and Katie Glueck, "Trump's disastrous Day One," *Politico*, July 18, 2016, http://www.politico.com/story/2016/07/rnc-2016-convention-clashes-donald-trump-225761.
7. "Melania Trump's RNC speech is strikingly similar to Michelle Obama's 2008 convention speech," Reuters, published in the *Las Vegas Review-Journal*, July 18, 2016.
8. Andrew Kirell and Justin Miller, "Melania Trump Plagiarized Michelle Obama, a Woman Republicans Said Hated America," *Daily Beast*, July 19, 2016, http://www.thedailybeast.com/articles/2016/07/19/melania-trump-plagiarized-michelle-obama-a-woman-republicans-said-hated-america.html.
9. Evan Thomas, "Michelle Obama's 'Proud' Remarks," *Newsweek*, March 12, 2008, http://www.newsweek.com/michelle-obamas-proud-remarks-83559.
10. Kayla Ruble, "Trump campaign admits Melania's speech plagiarized Michelle Obama," *Vice News*, July 20, 2016, https://news.vice.com/article/donald-trump-campaign-admits-melania-trump-speech-plagiarized-michelle-obama.
11. Bill Rehkoph, "FULL SPEECH: Ted Cruz addresses Republican convention delegates," *The Hill*, July 20, 2016, http://thehill.com/blogs/pundits-blog/presidential-campaign/288611-transcript-ted-cruz-addresses-republican-convention.
12. Todd J. Gillman and Robert T. Garrett, "Update: Cruz says he's no 'servile puppy' as Texas delegates bemoan his refusal to back Trump," *Dallas News*, July 21, 2016, http://www.dallasnews.com/news/republican-national-convention/2016/07/21/cruz-defiant-refusal-endorse-trump.
13. Jerome R. Corsi, "Texas Delegation Consensus: Cruz Hurt Himself at RNC," WND.com, July 22, 2016, http://www.wnd.com/2016/07/texas-delegation-consensus-cruz-hurt-himself-at-rnc/.
14. Nicholas Confessore, "G.O.P. Convention Day 4 Takeaways: It's Donald Trump's Party," *New York Times*, July 21, 2016, http://www.nytimes.com/2016/07/21/us/politics/republican-national-convention.html.
15. "Trump claims GOP nomination, tells struggling Americans 'I am your voice,'" Fox News, July 22, 2016, http://www.foxnews.com/politics/2016/07/22/trump-claims-gop-nomination-tells-struggling-americans-am-your-voice.html.
16. Patrick Healy and Jonathan Martin, "His Tone Dark, Donald Trump takes G.O.P. Mantle," *New York Times*, July 21, 2016, http://www.nytimes.com/2016/07/22/us/politics/donald-trump-rnc-speech.html.
17. "American Nazi organization rally at Madison Square Garden, 1939," Real Historical Photographs, no date, http://rarehistoricalphotos.com/american-nazi-

organization-rally-madison-square-garden-1939/.
18. Joan Walsh, "Donald Trump's Angry, Dark Speech Caps Off a Disastrous RNC," *The Nation*, July 22, 2016, https://www.thenation.com/article/donald-trumps-angry-dark-speech-caps-off-a-disaster-rnc/.
19. Reena Flores, "Donald Trump offers dark vision of America in GOP convention speech," CBS News, July 22, 2016, http://www.cbsnews.com/news/donald-trump-gop-convention-speech/.
20. Jeff Zeleny Ryan Nobles, and M.J. Lee, "Hillary Clinton selects Tim Kaine as running mate," CNN Politics, July 23, 2016, http://www.cnn.com/2016/07/22/politics/hillary-clinton-vp-pick/.
21. Ken Blackwell, "Tim Kaine's radical roots," *The Hill*, September 9, 2016, http://thehill.com/blogs/pundits-blog/presidential-campaign/295229-tim-kaines-radical-roots.
22. Betsy Woodruff, "Catholic Leaders Smite Tim Kaine's Gay Marriage Hope," *Daily Beast*, September 18, 2016, http://www.thedailybeast.com/articles/2016/09/18/catholic-leaders-smite-tim-kaine-s-gay-marriage-hope.html.
23. Editorial Board, "Hillary Clinton picks a strong running mate in Tim Kaine," *Washington Post*, July 22, 2016, https://www.washingtonpost.com/opinions/hillary-clinton-picks-a-strong-running-mate-in-tim-kaine/2016/07/22/fd9c5978-4f6b-11e6-a7d8-13d06b37f256_story.html?utm_term=.0a5fca74718a.
24. Christina Lorey, "Kaine shows off not-so-secret talent in first joint appearance with Clinton since running mate announcement," ABC News, July 23, 2016.
25. Evan Popp, "What You Need to Know About Tim Kaine, Hillary Clinton's Vice President Pick," *Think Progress*, July 22, 2016, https://thinkprogress.org/what-you-need-to-know-about-tim-kaine-hillary-clintons-vice-president-pick-832de5b910a0#.lf66smzb9.
26. Amy Chozick, Alan Rappeport, and Jonathan Martin, "Hillary Clinton Selects Tim Kaine, a Popular Senator from a Swing State, as Running Mate," *New York Times*, July 22, 2016, http://www.nytimes.com/2016/07/23/us/politics/tim-kaine-hillary-clinton-vice-president.html.
27. Gabriel Samuels, "Michelle Obama's DNC 2016 speech: Read the transcript in full," *Independent*, July 25, 2016, http://www.independent.co.uk/news/world/americas/michelle-obama-speech-in-fulldnc-2016-barack-hillary-clinton-democratic-party-us-election-a7156031.html.
28. Geoff Mulvhill and Megan Trimble, "Thousands Hit Philadelphia's Steamy Streets to Protest DNC," NBC Channel 10, Philadelphia, http://www.nbcphiladelphia.com/news/local/DNC-Protest-Philly-Police-March-Sunday-388063632.html.
29. *Washington Post* Staff, "Transcript: Bernie Sanders's full speech at the 2016 DNC," *Washington Post*, July 26, 2016, https://www.washingtonpost.com/news/post-politics/wp/2016/07/26/transcript-berniesanderss-full-speech-at-the-2016-dnc/?utm_term=.05cad3a30132.
30. Alexander Burns, "Democratic Convention Day 1 Takeaways: Michelle Obama Steals the Show," *New York Times*, July 25, 2016, http://www.nytimes.com/2016/07/25/us/politics/democratic-nationalconvention.html.
31. James King, "The Father of a Muslim War Hero Has This to Say to Donald Trump," Vocativ.com, December 8, 2015, http://www.vocativ.com/259159/the-father-of-a-muslim-war-hero-has-this-to-sayto-donald-trump/.
32. ABC News, "FULL TEXT: Khizr Khan's Speech to the 2016 Democratic National Convention, "ABC News, August 1, 2016, http://abcnews.go.com/Politics/full-text-khizr-khans-speech-2016-democratic-national/story?id=41043609.
33. Richard A. Oppel, Jr., "In Tribute to Son, Khizr Khan Offered Citizenship Lesson at Convention," *New York Times*, July 29, 2016, http://www.nytimes.

com/2016/07/29/us/elections/khizr-humayunkhan-speech.html.

34. Kate Scanlon, "Bill Clinton Details His Love Story with Hillary Clinton, Leaves Out a Key Part," *The Blaze*, July 26, 2016, http://www.theblaze.com/stories/2016/07/26/bill-clinton-details-his-love-storywith-hillary-clinton-momentarily-i-was-speechless/.
35. Nick Allen and Ruth Sherlock, "Barack Obama admits 'Donald Trump could win' as Hillary Clinton prepares to make history," *Telegraph*, July 27, 2016, http://www.telegraph.co.uk/news/2016/07/27/barack-obama-admits-donald-trump-could-win-as-hillary-clinton-pr/.
36. "Watch Obama Refer to Himself 119 Times During Hillary Nominating Speech," *Grabien News*, July 28, 2016, https://news.grabien.com/story.php?id=414.
37. Colleen Kratofil, "Hillary Clinton's DNC Pantsuit is Her Most Powerful Yet: Here's Why," *People*, July 29, 2016, http://people.com/style/hillary-clintons-dnc-pantsuit-is-her-most-powerful-yet-hereswhy/.
38. Steve Turnham, "Donald Trump to Father of Fallen Soldier, 'I've Made a Lot of Sacrifices,'" ABC News, July 30, 2016, http://abcnews.go.com/Politics/donald-trump-father-fallen-soldier-ive-made-lot/story?id=41015051.
39. Maggie Haberman and Richard A. Oppel, Jr., "Donald Trump Criticizes Muslim Family of Slain U.S. Soldier, Drawing Ire," *New York Times*, July 30, 2016, http://www.nytimes.com/2016/07/31/us/politics/donald-trump-khizr-khan-wife-ghazala.html?_r=0.
40. Ibid.
41. Alexander Burns, "Ignoring Advice, Donald Trump Presses Attack on Khan Family and G.O.P. Leaders," *New York Times*, August 2, 2016, http://www.nytimes.com/2016/08/03/us/politics/donaldtrump-gop.html.
42. Philip Rucker, "Trump refuses to endorse Paul Ryan in GOP primary: 'I'm just not quite there yet,'" *Washington Post*, August 2, 2016, https://www.washingtonpost.com/politics/trump-refuses-to-endorse-paul-ryan-in-gop-primary-im-just-not-quite-there-yet/2016/08/02/1449f028-5 8e 9 -1 1e6- 83 1d-032 4760c a 856_ s tor y.html ?hpid=hp_ hp- top- t abl e -ma in _t rump-440pm%3Ahomepage%2Fstory&utm_term=.2e3f3db2f7f5. See also: Sean Sullivan, "Broad arrayof military luminaries condemn Trump over attacks on Khan family," *Washington Post*, August 1, 2016, https://www.washingtonpost.com/politics/mccain-adds-latest-salvo-in-gop-dismay-overtrump-clash-with-khan-family/2016/08/01/10ca7e10-57e8-11e6-831d-0324760ca856_story.html?tid=a_inl&utm_term=.d8f91b2b8159.
43. Matthew Boyle, "Clinton Cash: Khizr Khan's Deep Legal, Financial Connections to Saudi Arabia, Hillary's Clinton Foundation Tie Terror, Immigration, Email Scandals Together," Breitbart.com, August 1, 2016, http://www.breitbart.com/2016-presidential-race/2016/08/01/clinton-cash-khizr-khans-deep-legal-financial-connections-saudi-arabia-hillarys-clinton-foundation-connect-terror-immigration-email-scandals/.
44. Investment Watch Blog, "Khan was paid $25,000 & speech written by staffers; Constitution bought 2 hours before DNC speech," *Investment Watch*, August 4, 2016, http://investmentwatchblog.com/khan-was-paid-25000-constitution-bought-2-hours-before-dnc-speech/.
45. See, for instance: Jeff Zarronandia, "Khizr Khan's 'Deep Legal and Financial Connections' to Hillary Clinton," Snopes.com, August 4, 2016, http://investmentwatchblog.com/khan-was-paid-25000-constitution-bought-2-hours-before-dnc-speech/.
46. Thomas E. Patterson, Bradlee Professor of Government and the Press, "News Coverage of the 2016 National Conventions: Negative News, Lacking Content,"

Harvard University, Kennedy School of Government, Shorenstein Center on Media, Politics, and Public Policy, September 21, 2016, http://shorensteincenter.org/news-coverage-2016-national-conventions/.

47. Josh Silverstein, "Hillary Clinton crushes Donald Trump in another national poll as Khan controversy disgusts voters," *New York Daily News*, August 7, 2016, http://www.nydailynews.com/news/politics/khan-controversy-hits-trump-new-poll-clinton-pulls-article-1.2741813.

第８章　大統領候補者討論会と副大統領候補者討論会

1. Donald J. Trump, posted on Twitter, October 4, 2016, https://twitter.com/realDonaldTrump/status/783494014276218884?ref_src=twsrc%5Etfw.
2. Andrew E. Kramer, Mike McIntire, and Barry Meier, "Secret Ledger in Ukraine Lists Cash for Donald Trump's Campaign Chief," *New York Times*, August 14, 2016, http://www.nytimes.com/2016/08/15/us/politics/paul-manafort-ukraine-donald-trump.html.
3. Maggie Haberman and Jonathan Martin, "Paul Manafort Quits Donald Trump's Campaign After a Tumultuous Run," *New York Times*, August 19, 2016, http://www.nytimes.com/2016/08/20/us/politics/paul-manafort-resigns-donald-trump.html.
4. Tom Hamburger and Andrew Roth, "Trump campaign chief Paul Manafort named in Ukraine anti-corruption probe," *Washington Post*, August 15, 2016, https://www.washingtonpost.com/politics/trump-campaign-chief-paul-manafort-named-in-ukraine-anti-corruption-probe/2016/08/15/fa180f20-6327-11e6-be4e-23fc4d4d12b4_story.html?utm_term=.3fafbb92d1bb.
5. Ekaterina Bilnova, "Clinton's Charity Ties with Oligarchs Behind Ukranian Coup Revealed," *Global Research*, March 23, 2015, http://www.globalresearch.ca/clintons-charity-ties-with-oligarchs-behind-ukrainian-coup-revealed/5475866.
6. Jerome R. Corsi, "Hillary Campaign Chief Linked to Money-Laundering in Russia," WND.com, October 13, 2016, http://www.wnd.com/2016/10/hillary-campaign-chief-linked-to-money-laundering-in-russia/.
7. Jerome R. Corsi, "How Hillary's Campaign Chief Hid Money From Russia," WND.com, October 17, 2016, http://www.wnd.com/2016/10/how-hillarys-campaign-chief-hid-money-from-russia/.
8. Government Accountability Institute, "From Russia with Money: Hillary Clinton, the Russian Reset, and Cronyism," August 2016, http://www.g-a-i.org/u/2016/08/Report-Skolkvovo-08012016.pdf.
9. Benjy Sarlin, "Analysis: Breitbart's Steve Bannon Leads the 'Alt Right' to the White House," NBC News, November 14, 2016, http://www.nbcnews.com/politics/white-house/analysis-breitbart-s-steve-bannon-leads-alt-right-white-house-n683316.
10. Amy Chozick, "Hilary Clinton Calls Many Trump Backers 'Deplorables and G.O.P. Pounces," *New York Times*, September 10, 2016, http://www.nytimes.com/2016/09/11/us/politics/hillary-clinton-basket-of-deplorables.html.
11. Donald Trump, "Wow, Hillary Clinton was SO INSULTING to my supporters, millions of amazing, hard working people. I think it will cost her at the polls!" post on Twitter.com, September 10, 2016, 7:47 am, https://twitter.com/realDonaldTrump/status/774590070355529728.
12. "The Latest: Streisand sings of Trump, 'sad, vulgar clown,'" Associated Press, September 10, 2016.

13. Jonathan Easley and Amie Parnes, "Hillary Clinton faces dilemma following 'deplorables' remark," *The Hill*, September 15, 2016, http://thehill.com/homenews/campaign/296031-hillary-clinton-faces-dilemma-following-deplorables-remark.
14. Todd Beamon, "Trump: Hillary's 'Deplorables' Comment 'Far Worse' than Mitt Romney's '47 percent,'" *Newsmax*, September 13, 2016, http://www.newsmax.com/Politics/Donald-Trump-deplorables-47-percent-Mitt-Romney/2016/09/13/id/748140/.
15. Aaron Blake, "Voters strongly reject Hillary Clinton's 'basket of deplorables' approach," *Washington Post*, September 26, 2016, https://www.washingtonpost.com/news/the-fix/wp/2016/09/26/voters-strongly-reject-hillary-clintons-basket-of-deplorables-approach/?utm_term=.19f9f350ec90.
16. Leo Hohmann, "'Epic': Hillary Suffers 2 Violent Coughing Fits," WND.com, September 5, 2016, http://www.wnd.com/2016/09/hillary-suffers-epic-coughing-fit-on-labor-day/.
17. Christina Lorey, "Trump, Clinton pause campaigns to honor 9/11 victims at Ground Zero," ABC-8 WQAD, Davenport, Iowa, September 11, 2016.
18. Emma Stefansky, "Did Hillary Clinton Faint at This Year's 9/11 Ceremony?" *Vanity Fair*, September 11, 2016, http://www.vanityfair.com/news/2016/09/hillary-clinton-faints-911.
19. "Clinton has health 'episode' at 9/11 memorial, doctor says she has pneumonia," Fox News, September 11, 2016, http://www.foxnews.com/politics/2016/09/11/hillary-clinton-has-medical-episode-at-911-ceremony-source-says.html.
20. Monica Alba, Kristen Welker, Ali Vitali, and Hasani Gittens, "Hillary Clinton Leaves 9/11 Memorial Early After Feeling 'Overheated,' Having Pneumonia," NBC News, September 11, 2016, http://www.foxnews.com/politics/2016/09/11/hillary-clinton-has-medical-episode-at-911-ceremony-source-says.html.
21. TMZ Staff, "Hillary Clinton 'Medical Episode' During 9/11 Ceremony," TMZ.com, September 11, 2016, http://www.tmz.com/2016/09/11/hillary-clinton-faint-9-11-memorial-medical/.
22. Russ Vaughn, "The Democrats have one very sick candidate," *American Thinker*, September 13, 2016, http://www.americanthinker.com/blog/2016/09/the_democrats_have_one_very_sick_candidate.html.
23. Joseph Farah, "Hillary Health 'Conspiracy' Goes 'Mainstream,'" WND.com, September 11, 2016, http://www.wnd.com/2016/09/hillary-health-conspiracy-goes-mainstream/.
24. Chris Cillizza, "Can we just stop talking about Hillary Clinton's health now?" in "The Fix," *Washington Post*, September 6, 2016, https://www.washingtonpost.com/news/the-fix/wp/2016/09/06/thequestions-about-hillary-clintons-health-are-absurd/?utm_term=.6741e73130fe.
25. Chris Cillizza, "Hillary Clinton's health just became a real issue in the presidential campaign," in "The Fix," *Washington Post*, September 11, 2016, https://www.washingtonpost.com/news/the-fix/wp/2016/09/11/hillary-clintons-health-just-became-a-real-issue-in-the-presidential-campaign/?utm_term=.edde5e7193f0.
26. Jerome R. Corsi, "Doctors: Hillary Suffering Serious Neurological Disease," WND.com, September 19, 2016, http://www.wnd.com/2016/09/doctors-hillary-suffering-serious-neurological-disease/.
27. Dr. Ted Noel, "Hillary Clinton's Illness Revealed," YouTube.com, postd August 29, 2016, https://www.youtube.com/watch?v=Zr1IDQ2V1eM. See also: Dr. Ted Noel, "A Quick Roundup of Hillary's Parkinson's Signs—by Request," Vidzette.com, http://www.vidzette.com/index.php/2016/10/17/a-quick-roundup-of-

hillarys-parkinsons-signs-by-request/.

28. Joe Concha, "ABC reporter asks Clinton if she needs neurological tests," *The Hill*, September 22, 2016, http://thehill.com/media/297189-abc-reporter-asks-clinton-if-she-needs-neurological-tests.
29. Alex Burns and Matt Flegenheimer, "Did You Miss the Presidential Debate? Here Are the Highlights," *New York Times*, September 26, 2016, http://www.nytimes.com/2016/09/26/us/politics/presidential-debate.html.
30. "MRC's Brent Bozell Slams NBC's Lester Holt's 'Failed' Performance as Debate Moderator," News-Busters.org, September 26, 2016, http://www.newsbusters.org/blogs/nb/nb-staff/2016/09/26/mrcs-brent-bozell-slams-nbcs-lester-holts-failed-performance-debate.
31. Patricia Garcia, "Who is Alicia Machado? The Beauty Queen That Trump Once Fat-Shamed," *Vogue*, September 27, 2016, http://www.vogue.com/13484080/alicia-machado-beauty-queen-trump/.
32. Kristine Solomon, "Trump Doesn't Regret Calling Beauty Queen Alicia Machado 'Miss Piggy,'" Yahoo.com, September 27, 2016, https://www.yahoo.com/beauty/this-is-alicia-machado-the-beauty-queen-who-was-the-kicker-in-the-presidential-debate-105901358.html.
33. Scott Detrow, "In Post-Debate Interview, Trump Again Criticizes Pageant-Winner's Weight," NPR.org, September 27, 2016, http://www.npr.org/2016/09/27/495611105/in-post-debate-interview-trumpagain-criticizes-pageant-winners-weight.
34. Michael Barbaro and Megan Twohey, "Shamed and Angry: Alicia Machado, a Miss Universe Mocked by Donald Trump," *New York Times*, September 27, 2016, http://www.nytimes.com/2016/09/28/us/politics/alicia-machado-donald-trump.html.
35. Michael Barbaro and Megan Twohey, "Crossing the Line: How Donald Trump Behaved with Women in Private," *New York Times*, May 14, 2016, http://www.nytimes.com/2016/05/15/us/politics/donaldtrump-women.html.
36. "Venezuelan Beauty Queen Accused," Associated Press, January 23, 2998. Cited in: Steve Sailer, "The Hilarious Life of Alicia Machado, Hillary's Tragic Latina Victim of Trump's Sexism," The Unz Review: An Alternative Media Selection," unz.com, September 27, 2016, http://www.unz.com/isteve/the-hilarious-story-of-alicia-machados-hillarys-victimized-woman/.
37. Steve Gutkin, "Ex-Ms. Universe Accused of Threat," Associated Press, February 5, 1998, cited in Steve Sailer, "The Hilarious Life of Alicia Machado, Hillary's Tragic Latina Victim of Trump's Sexism," op.cit.
38. David Martosko, U.S. Political Editor, "Miss Universe 'fat-shamed' by Donald Trump was accused of threatening to kill a judge and being an accomplice to a MURDER bid in her native Venezuela," *Daily Mail*, September 27, 2016, updated September 28, 2016, http://www.dailymail.co.uk/news/article-3810484/Miss-Universe-fat-shamed-Donald-Trump-accused-threatening-kill-judge-accomplice-MURDER-native-Venezuela.html.
39. "'El Indio' tuvo hija con Alicia Machado," *El Economista*, April 22, 2010, http://eleconomista.com.mx/seguridad-publica/2010/04/22/indio-tuvo-hija-alicia-machado, cited in Steve Sailer, "The HilariousLife of Alicia Machado, Hillary's Tragic Latina Victim of Trump's Sexism," op.cit.
40. David Barstow, Susanne Craig, Russ Buettner, and Megan Twohey, "Donald Trump Tax Records Show He Could Have Avoided Taxes for Nearly Two Decades, The Times Found," *New York Times*, October 1, 2016, http://www.nytimes.com/2016/10/02/us/politics/donald-trump-taxes.html.
41. "Donald Trump's Letter," *New York Times*, October 1, 2016, http://www.

nytimes.com/interactive/2016/10/01/us/politics/donald-trump-letter.html.

42. Martin Pengelly and Joanna Walters, "Trump a 'genius' over federal income tax after $916 million loss, say allies," *Guardian*, October 2, 2016, https://www.theguardian.com/us-news/2016/oct/02/donald-trump-federal-income-tax-new-york-times.
43. David Barstow, Mike McIntire, Patricia Cohen, Susanne Craig, and Russ Buettner, "Donald Trump Used Legally Dubious Method to Avoid Paying Taxes," *New York Times*, October 31, 2016, http://www.nytimes.com/2016/11/01/us/politics/donald-trump-tax.html.
44. Betsy McCaughey, "How Mike Pence won the debate," Fox News Opinion, October 5, 2016, http://www.foxnews.com/opinion/2016/10/05/how-mike-pence-won-debate.html. See also: Pamela Engel, "Tim Kaine couldn't stop interrupting Mike Pence during the vice presidential debate," *Business Insider*, October 5, 2016, http://www.businessinsider.com/tim-kaine-interruptions-vp-debate-2016-10.
45. "VP debate scorecard: Our judges unanimously give the debate to Pence, but the decision was close," *Los Angeles Times*, October 4, 2016, http://www.latimes.com/nation/politics/trailguide/la-na-vice-presidential-debate-live-updates-trailguide-10042016-htmlstory.html.
46. Nicholas Confessore and Matt Flegenheimer, "Vice-Presidential Debate: What You Missed," *New York Times*, October 4, 2016, http://www.nytimes.com/2016/10/04/us/politics/vice-presidential-debate.html.
47. Daniel White, "Read a Transcript of the Vice Presidential Debate," Time.com, October 5, 2016, http://time.com/4517096/vice-presidential-debate-kaine-pence-transcript/.
48. Peter Schroeder, "RNC: Kaine interrupted over 70 times," *The Hill*, October 4, 2016, http://thehill.com/blogs/ballot-box/presidential-races/299338-rnc-kaine-interrupted-debate-over-70-times.
49. Danielle Paquette, "Why the most part of Donald Trump's 'hot mic' comments isn't the vulgar language," in "Wonkblog," *Washington Post*, October 7, 2016, https://www.washingtonpost.com/news/wonk/wp/2016/10/07/the-real-issue-with-donald-trump-saying-a-man-can-do-anything-to-a-woman/?utm_term=.f810e6607f63. See also: David A. Fahrenthold, "Trump recorded having extremely lewd conversation about women in 2005," *Washington Post*, October 8, 2016, https://www.washingtonpost.com/politics/trump-recorded-having-extremely-lewd-conversation-about-women-in-2005/2016/10/07/3b9ce776-8cb4-11e6-bf8a-3d26847eeed4_story.html?postshare=3561475870579757&tid=ss_tw&utm_term=.3c9b54a632d2.
50. Erin Gloria Ryan, "Donald Trump Brags About Nonconsensually Groping Women in Newly Uncovered Recording," *Daily Beast*, October 7, 2016, http://www.thedailybeast.com/articles/2016/10/07/donald-trump-brags-about-nonconsensually-groping-women-in-newly-uncovered-recording.html.
51. Paige Lavender, "These Might Be Donald Trump's Most Disgusting Comments Yet About Women," *Huffington Post*, October 7, 2016, http://www.huffingtonpost.com/entry/donald-trump-women-comments_us_57f8016de4b0e655eab4148d.
52. Garance Burke, "Associated Press: 'Apprentice' cast and crew say Trump was lewd and sexist," Associated Press, BigStory.AP.org, October 3, 2016, http://bigstory.ap.org/article/2778a6ab72ea49558445337865289508/ap-how-trumps-apprentice-moved-capitalism-sexism.
53. Peter Baker, "Clinton Settles Paula Jones Lawsuit for $850,000," *Washington Post*, November 14, 1998, http://www.upi.com/Top_News/2002/03/06/Final-

Lewinsky-report-No-one-above-law/49691015442173/.
54. Kathleen Willey, *Target: Caught in the Crosshairs of Bill and Hillary Clinton* (Los Angeles: World Ahead Publishing, 2007).
55. Aaron Klein, "Exclusive—Video Interview: Bill Clinton Accuser Juanita Broaddrick Relives Brutal Rapes," Breitbart.com, October 9, 2016, http://www.breitbart.com/2016-presidential-race/2016/10/09/breitbart-news-exclusive-video-interview-bill-clinton-accuser-juanita-broaddrick-breaks-describing-brutal-rapes/.
56. Jerome R. Corsi, "Bill's Sex-Assault Victim Lashes Out Over Hillary Terrorizing," WND.com, May 13, 2016, http://www.wnd.com/2016/05/bills-sex-assault-victim-lashes-out-over-hillarys-terrorizing/.
57. Dolly Kyle, *Hillary: The Other Woman* (Washington, DC: WND Books, 2016).
58. Ibid.
59. Katie McHugh, "Media Scramble to Claim Hillary Never Laughed About Kathy Shelton's Rape as a Child—Despite Video Evidence," Breitbat.com, October 14, 2016, http://www.breitbart.com/2016-presidential-race/2016/10/14/media-scramble-to-claim-hillary-clinton-never-laughed-about-kathy-sheltons-rape-as-a-child-despite-video-evidence/.
60. Katie McHugh, "Fact-Check: Yes, Hillary Clinton Did Laugh After Successfully Defending a Child Rapist," Breitbart.com, October 9, 2016, http://www.breitbart.com/live/second-presidential-debate-fact-check-livewire/fact-check-yes-hillary-clinton-laugh-successfully-defending-child-rapist/.
61. "Trump holds pre-debate press conference with Bill Clinton accusers," Fox News, October 9, 2016, http://www.foxnews.com/politics/2016/10/09/trump-holds-press-conference-with-women-whove-accused-bill-clinton-sex-assault-rape.html?refresh=true.
62. Frank Camp, "Check Out the Bill Clinton Face at the Second Debate that Has the Internet Abuzz," *Daily Wire*, October 10, 2016, http://www.dailywire.com/news/9832/check-out-bill-clinton-facesecond-debate-has-frank-camp.
63. "Transcript of the Second Debate," *New York Times*, October 10, 2016, http://www.nytimes.com/2016/10/10/us/politics/transcript-second-debate.html.
64. Hugh A. Mulligan, Associated Press, "War's End Made Non-Person of Eisenhower's Devoted 'Shadow,'" *Los Angeles Times*, May 28, 1995, http://articles.latimes.com/1995-05-28/news/mn-6970_1_germans-gen-dwight-d-eisenhower-official-photo.
65. Brian Vitagliano, Holly Yan, and Kristina Sgueglia, "Bill Cosby to stand trial for assault charges, judge rules," CNN, May 25, 2016, http://www.cnn.com/2016/05/24/us/bill-cosby-hearing/.
66. Alex Burns and Matt Flegenheimer, "Presidential Debate: Here's What You Missed," *New York Times*, October 9, 2016, http://www.nytimes.com/2016/10/09/us/politics/presidential-debate.html.
67. Catherine Pearson, Alanna Vagianos, and Emma Gray, "A Running List of the Women Who've Accused Trump of Sexual Assault," *Huffington Post*, October 28, 2016, http://www.huffingtonpost.com/entry/a-running-list-of-all-the-women-whove-accused-donald-trump-of-sexual-assault_us_57ffae1fe4b0162c043a7212.
68. "PROOF—Woman Paid $500k to Accuse Trump of Sexual Assault," Political Insider, November 4, 2016, http://www.thepoliticalinsider.com/trump-sexual-assault-woman-paid-500k-accuse/. See also: Jim Hoft, "List of Debunked Groper allegations by Corrupt Media Against Donald Trump," The-GatewayPundit.com, October 15, 2016, http://www.thegatewaypundit.com/2016/10/list-debunkedgroper-allegations-corrupt-media-donald-trump/.
69. Alex Daugherty, "Trump says sexual assault accusers are lying," *McClatchy DC*,

October 14, 2016, http://www.mcclatchydc.com/news/politics-government/election/voters-guide/article108154827.html. See also: Patricia Mazzei and Amy Sherman, "Seething Trump says female accusers lying," *Miami Herald*, October 13, 2016, http://www.miamiherald.com/news/politics-government/election/donald-trump/article107992952.html.

70. WikiLeaks, Tweet posted October 7, 2016, "Release: The Podesta Emails #HillaryClinton#Podesta "imWithHer Wikileaks.org/Podesta-emails/" https://twitter.com/wikileaks/status/784491543868665856. See also: "The Podesta Emails; Part One," Wikileaks.org, October 7, 2016, https://wikileaks.org/podesta-emails/press-release.
71. Tyler Durden, "Here Are Hillary Clinton's Three Speeches to Goldman Sachs for Which She Was Paid $67,000," ZeroHedge.com, October 15, 2016, http://www.zerohedge.com/news/2016-10-15/here-are-hillary-clintons-three-speeches-goldman-sachs-which-she-was-paid-675000.
72. Jeff Stein, "What 20,000 pages of hacked emails teach us about Hillary Clinton," Vox.com, October 20, 2016, http://www.vox.com/policy-and-politics/2016/10/20/13308108/wikileaks-podesta-hillary-clinton.
73. Jack Shafer, "WikiLeaks and the Oily Washington Press," *Politico*, October 18, 2016, http://www.politico.com/magazine/story/2016/10/john-podesta-emails-wikileaks-press-214367.
74. Ezra Dulis, "WikiLeaks: Journalists Dined at Top Clinton Staffers' Homes Before Hillary Clinton's Campaign Launch," Breitbart.com, October 17, 2016, http://www.breitbart.com/big-journalism/2016/10/17/wikileaks-journalists-clinton-staff-homes-before-hillarys-campaign-launch/.
75. Jim Hoft, "The WikiLeaks List: At Least 65 MSM Reporters Were Meeting with and/or Coordinating Offline with Top Hillary Advisors," TheGatewayPundit.com, October 24, 2016, http://www.thegatewaypundit.com/2016/10/wikileaks-list-least-65-msm-reporters-meeting-andor-coordinating-offline-tophillary-advisors/. See also: Jim Hoft, "WikiLeaks Exposes Corrupt Media: This List of Reporters Were Taking Marching Orders from Hillary," TheGatewayPundit.com, October 9, 2016, http://www.thegatewaypundit.com/2016/10/wikileaks-outs-corrupt-media-list-reporters-taking-marching-orders-hillary/.
76. Dave Boyer, "Leaked emails detail cozy relationship between Clinton, media, campaign," *Washington Times*, October 13, 2016, http://www.washingtontimes.com/news/2016/oct/13/emails-show-cozyrelationship-between-media-and-cl/.
77. Kelly Riddell, "Donna Brazile out at CNN after WikiLeaks reveals she leaked more debate questions to Clinton," *Washington Post*, October 31, 2016, http://www.washingtontimes.com/news/2016/oct/31/donna-brazile-leaked-2nd-debate-question-wikileaks/.
78. Gabrielle Levy, "DNC's Donna Brazile Denies Giving Hillary Clinton Earl Access to Town Hall Question," *U.S. News*, October 11, 2016, http://www.usnews.com/news/articles/2016-10-11/dncs-donna-brazile-denies-giving-hillary-clinton-early-access-to-town-hall-question.
79. Michael M. Grybaum, "CNN Parts Ways with Donna Brazile, a Hillary Clinton Supporter," *New York Times*, October 31, 2016, http://www.nytimes.com/2016/11/01/us/politics/donna-brazile-wikileaks-cnn.html.
80. Nicholas Confessore, "Corey Lewandowski Continues to be Paid by Donald Trump's Campaign," *New York Times*, September 21, 2016, http://www.nytimes.com/2016/09/22/us/politics/corey-lewandowski-donald-trump-payroll.html.
81. Jerome R. Corsi, "'Clinton's Black Son' Demands DNA Sample," WND.com, October 19, 2016, http://www.wnd.com/2016/10/clintons-black-son-demands-dna-sample/.

82. Kit Daniels, "Banished: Bill Clinton's 'Son' Speaks Out, Asks for DNA Test," Infowars.com, October 11, 2016, http://www.infowars.com/banished-the-untold-story-of-danney-williams-search-for-his-father/. See also: Neil W. McCabe, "Exclusive—Danney Williams: President Clinton Knows the Truth, I Am His Son; Arkansas Man Demands Paternity Test," Breitbart.com, October 20, 2016, http://www.breitbart.com/2016-presidential-race/2016/10/20/exclusive-danney-williams-president-bill-clinton-knows-the-truth-i-am-his-son-arkansas-man-demands-paternity-test/. See also: Jerome R. Corsi, "'Bill Clinton Son' Makes Video Plea to 'Father, Stepmother,'" WND.com, October 11, 2016, http://www.wnd.com/2016/10/bill-clinton-son-issues-plea-to-father-stepmother/.
83. Filmmaker Joel Gilbert, "Bill Clinton's Black Son BANISHED—The Story of Danney Williams," YouTube, published October 11, 2016, https://www.youtube.com/watch?v=rLOp2yBhuTE.
84. David Emery, "Paternity Jest," Snopes.com, October 3, 2016, http://www.snopes.com/bill-clinton-illegitimate-son/.
85. Alex Pfeiffer. "Danney Williams Campaign Is Targeting Black Users Online." *Daily Caller*. 8 November 2016. Web. <http://dailycaller.com/2016/11/08/danney-williams-campaign-is-targeting-black-users-online/>.
86. Blake Neff. "Trump Did BETTER Than Romney Among Hispanics, And Blacks." *Daily Caller*. November 9, 2016. Web. <http://dailycaller.com/2016/11/09/trump-did-better-than-romney-among-hispanics-and-blacks/>.
87. Amy Walter and David Wasserman. "African American Voters: The Overlooked Key To 2016." *Cook Political Report*, 10 July 2015. Web. <http://cookpolitical.com/story/8666>.
88. Jeremy W. Peters, Richard Fausset, and Michael Wines. "Black Turnout Soft in Early Voting, Boding Ill for Hillary Clinton." *New York Time*, November 1, 2016. Web. <http://www.nytimes.com/2016/11/02/us/politics/black-turnout-falls-in-early-voting-boding-ill-for-hillary-clinton.html>.
89. Ledyard King. "Black Turnout Could Be Issue for Democrats." *Florida Today*, November 6, 2016. Web. <http://www.floridatoday.com/story/news/politics/elections/2016/11/05/black-turnout-issue-democrats/93382474/>.
90. Charles Ellison. "Black Voter Turnout: A Look at the Numbers." *Philadelphia Tribune*, November 12, 2016. Web. <http://www.phillytrib.com/news/black-voter-turnout-a-look-at-the-numbers/article_49d1aed9-76be-550e-b063-15ad7639dc97.html>.
91. Albert Hunt. "Clinton Lost Pennsylvania More Than Trump Won It." *Bloomberg.com*. Bloomberg, November 16, 2016. Web. <https://www.bloomberg.com/view/articles/2016-11-16/clinton-lost-pennsylvania-more-than-trump-won-it>.
92. Sabrina Tavernise. "Many in Milwaukee Neighborhood Didn't Vote—and Don't Regret It." *New York Times*, November 20, 2016. Web. <http://www.nytimes.com/2016/11/21/us/many-in-milwaukee-neighborhood-didnt-vote-and-dont-regret-it.html?_r=0>.
93. Jesse Singal. "Why Black Voters in Milwaukee Weren't Enthused by Hillary Clinton." *New York Magazine*, November 22, 2016. Web. <http://nymag.com/daily/intelligencer/2016/11/why-black-voters-in-milwaukee-werent-enthused-by-clinton.html>.
94. Ron Fonger. "Weaker Democratic Support in Detroit, Flint Made Trump Stronger in Michigan." *MLive.com*, November 9, 2016. Web. <http://www.mlive.com/news/index.ssf/2016/11/detroit_flint_voting_muscle_we.html>.
95. Eric Bradner, "Clinton leads Trump, two new polls show," CNN, October 16, 2016, http://www.cnn.com/2016/10/16/politics/hillary-clinton-donald-trump-presidential-polls/.

96. Andrew Restuccia, Sarah Wheaton, and Nancy Cook, "Clinton's transition team hits the gas pedal," CNN, October 21, 2016, http://www.politico.com/story/2016/10/hillary-clinton-transition-team-hiring-staff-230157.
97. Aaron Blake, "The final Trump-Clinton debate transcript, annotated," *Washington Post*, October 19, 2016, https://www.washingtonpost.com/news/the-fix/wp/2016/10/19/the-final-trump-clinton-debate-transcript-annotated/?utm_term=.b9149b74767f.
98. Stephen Collinson, "Donald Trump refuses to say whether he'll accept election results," CNN, updated October 20, 2016, http://www.cnn.com/2016/10/19/politics/presidential-debate-highlights/.
99. Jeremy Diamond, "Donald Trump: 'I will totally accept' election results 'if I win,'" CNN, updated October 20, 2016, http://www.cnn.com/2016/10/19/politics/presidential-debate-highlights/.

第9章　最終弁論

1. Ian Schwartz, "Trump: Hillary Clinton is 'Low Energy,' Takes Naps; 'No Naps for Trump!'" *Real Clear Politics*, July 25, 2016, http://www.realclearpolitics.com/video/2016/07/25/trump_hillary_clinton_is_low-energy_takes_naps_no_naps_for_trump.html.
2. James Comey, FBI Director, letter to Congressional leaders, October 28, 2016, http://media.washtimes.com.s3.amazonaws.com/media/misc/2016/10/28/Comey_Letter-Oct28.pdf.
3. Stephen Dinan, "FBI reopens Clinton email investigation," *Washington Times*, October 28, 2016, http://www.washingtontimes.com/news/2016/oct/28/james-comey-fbi-director-reopens-clinton-email-inv/.
4. "Hillary Clinton Holds Press Conference After FBI Reopen Investigation," YouTube, October 28 2016, https://www.youtube.com/watch?v=WnNv161JHqU.
5. Evan Perez and Pamela Brown, "Comey notified Congress of email probe despite DOJ concerns," CNN Politics, October 30, 2016, http://www.cnn.com/2016/10/28/politics/fbi-reviewing-new-emails-in-clinton-probe-director-tells-senate-judiciary-committee/.
6. Adam Goldman and Alan Rappeport, "Emails in Anthony Weiner Inquiry Jolt Hillary Clinton's Campaign," *New York Times*, October 28, 2016, http://www.nytimes.com/2016/10/29/us/politics/fbi-hillary-clinton-email.html.
7. "FBI reopens Clinton probe after new emails found in Anthony Weiner case," Fox News, October 28, 2016. http://www.foxnews.com/politics/2016/10/28/fbi-reopens-investigation-into-clinton-email-use.html.
8. "New Abedin Emails Reveal Hillary Clinton State Department Gave Special Access to Top Clinton Foundation Donors," Press Release, *Judicial Watch*, August 22, 2016, http://www.judicialwatch.org/press-room/press-releases/new-abedin-emails-reveal-hillary-clinton-state-department-gave-special-access-top-clinton-foundation-donors/. See also: "Huma Production 10" in Judicial Watch Document Archive, August 17, 2016, http://www.judicialwatch.org/document-archive/tag/huma-production-10/.
9. Jerome R. Corsi, *Partners in Crime: The Clintons' Scheme to Monetize the White House for Personal Profit* (Washington, DC: WND Books, 2016). The description of the Clinton Foundation as a "vast criminal conspiracy" was developed originally by Wall Street analyst Charles Ortel and was first published by Corsi in the following

WND.com article: Jerome R. Corsi, "Wall Street Expert: Clinton Foundation a 'Vast Criminal Conspiracy," WND.com, September 19, 2015, http://www.wnd.com/2015/09/wall-street-expert-clinton-foundation-a-vast-criminal-conspiracy/.

10. Jerome R. Corsi, "1/3 of Abedin Emails 100% Redacted," WND.com, August 25, 2016, http://www.wnd.com/2016/08/13-of-abedin-emails-100-redacted/.
11. Jerome R. Corsi, "Huma Abedin Forwarded Sensitive Material to Personal Email," WND.com, August 29, 2016, http://www.wnd.com/2016/08/huma-abedin-forwarded-sensitive-material-to-personal-email/.
12. Brendan Bordelon, "New Huma Abedin E-mail address discovered ahead of Benghazi Committee Appearance," *National Review*, October 15, 2015, http://www.nationalreview.com/article/425641/new-huma-abedin-e-mail-address-discovered-ahead-benghazi-committee-appearance-brendan.
13. Stephan Dinan, "State Dept. confirms Clinton aides had other unreported email accounts," *Washington Times*, August 14, 2015, http://www.washingtontimes.com/news/2015/aug/14/clinton-aides-had-unreported-email-accounts-state/.
14. Acknowledged in the following: Tyler Durden, New Clinton Emails Emerged as Part of FBI Probe into Anthony Weiner," ZeroHedge.com, October 28, 2016, http://www.zerohedge.com/news/2016-10-28/new-clinton-emails-emerged-part-probe-anthony-weiners-electronic-devices-nyt.
15. Jerome R. Corsi, "Security Vet: 'Smoking Gun' Email Should Put Hillary in Prison," WND.com, September 8, 2016, http://www.wnd.com/2016/09/security-vet-smoking-gun-email-should-put-hillary-in-prison/.
16. CNN staff, "Anthony Weiner scandal: A timeline," CNN Politics, updated August 30, 2016, http://www.cnn.com/2016/08/30/politics/weiner-scandal-timeline/.
17. Delvin Barrett, "FBI in Internal Feud Over Hillary Clinton Probe," *Wall Street Journal*, October 30, 2016, http://www.wsj.com/articles/laptop-may-include-thousands-of-emails-linked-to-hillary-clintons-private-server-1477854957/.
18. "Flip-flopping Dems, once big Comey fans, now piling on," Fox News, October 31, 2016, http://www.foxnews.com/politics/2016/10/31/flip-flopping-dems-once-big-comey-fans-now-piling-on.html.
19. Matt Apuzzo, Michael S. Schmidt, and Adam Goldman, "Emails Warrant No New Action Against Hillary Clinton, F.B.I. Director Says," *New York Times*, November 6, 2016, http://www.nytimes.com/2016/11/07/us/politics/hilary-clinton-male-voters-donald-trump.html.
20. James Comey, FBI Director, letter to Congressional leaders, November 6, 2016, http://www.nytimes.com/interactive/2016/11/06/us/politics/fbi-letter-emails.html.
21. Adam Goldman and Matt Apuzzo, "How the F.B.I. Reviewed Thousands of Emails in One Week," *New York Times*, November 7, 2016, http://www.nytimes.com/2016/11/08/us/politics/hillary-clinton-donald-trump-fbi-emails.html.
22. Jerome R. Corsi, "What Next for Hillary Investigation?" WND.com, November 16, 2016, http://www.wnd.com/2016/11/what-next-for-hillary-investigation/.
23. Zachary Karabell, *The Last Campaign: How Harry Truman Won the 1948 Election* (New York: A Borzoi Book published by Alfred A. Knopf, 2000), p. 133.
24. David McCullough, *Truman* (New York: Simon & Schuster, 1992), p. 655.
25. Ibid., p. 209.
26. Ibid.
27. Phyllis Schlafly, *A Choice, Not an Echo* (Alton, IL: Pere Marquette, 1964).
28. David Weigel and Jose A. DelReal, "Phyllis Schlafly endorses Trump in St. Louis," *Washington Post*, March 11, 2016, https://www.washingtonpost.com/news/post-politics/wp/2016/03/11/phyllis-schlafly-endorses-trump-in-st-louis/?utm_term=.8c1c4ced9d15.

29. Phyllis Schlafly, with Ed Martin and Brett M. Decker, *The Conservative Case for Trump* (Washington, DC: Regnery Publishing, 2016), "Introduction," pp. ix-xix.
30. Ibid.
31. Glenn Thrush, "10 Crucial Decisions That Reshaped America," *Politico*, December 9, 2016, http://www.politico.com/magazine/story/2016/12/2016-presidential-election-10-moments-trump-clinton-214508.
32. Zachary Karabell, "The Last Campaign," op.cit., p. 212.
33. Ibid., p. 213.
34. Ibid., p. 242.
35. Sopan Deb, "'Stay on point, Donald,' Trump tells himself in Pensacola," CBS News, November 2, 2016, http://www.cbsnews.com/news/stay-on-point-donald-trump-said-at-his-last-rally-of-the-day/.
36. Jim Hoft, "Exhausted Hillary Is Taking Off Weekends—And Media is Covering It Up," *Gateway Pundit*, August 15, 2015, http://www.thegatewaypundit.com/2016/08/hillarys-taking-weekends-off/.
37. Ibid.
38. Jim Hoft, "Stunning Numbers: Trump Leads Hillary in Rally Attendance by Half a Million People Since August," *Gateway Pundit*, October 23, 2016, http://www.thegatewaypundit.com/2016/10/no-joke-hillary-rarely-has-more-than-1000-at-her-events/
39. Jim Hoft, "Enthusiasm Matters: Trump Spoke to Nearly a Million Supporters Since August—Clinton Spoke to 110,000," *Gateway Pundit*, November 13, 2016, http://www.thegatewaypundit.com/2016/11/hard-work-and-excitement-win-elections-trump-with-nearly-1m-at-rallies-since-august-1st-to-clintons-110k/.
40. Ford Springer, "Trump's Plane is Big League Compared to Clinton's," *Daily Caller*, October 20, 2016, http://dailycaller.com/2016/10/20/trumps-plane-is-big-league-compared-to-clintons-photos/.
41. "Top 10 Facts about Donald Trump's Boeing 757," AviationCV.com, May 10, 2016, https://www.aviationcv.com/aviation-blog/2016/top-10-facts-about-donald-trumps-boeing.
42. Jennifer Palmieri, email to John Podesta, Subject: "Re: Topper for New Hampshire," April 4, 2015, WikiLeaks "Podesta Email File," Email #4433, https://wikileaks.org/podesta-emails/emailid/4433.
43. Kaitlan Collins, "Leaked Emails Reveal That Hillary Clinton Had To Be Told When To Smile During Speeches," *Daily Caller*, October 11, 2016, http://dailycaller.com/2016/10/11/leaked-emails-reveal-that-hillary-clinton-had-to-be-told-when-to-smile-during-speeches/. See also: "WikiLeaks: Hillary Told When to SMILE During Interviews," *Right Wing News*, October 11, 2016, http://rightwingnews.com/top-news/wikileaks-hillary-told-smile-interviews/.
44. Brent Budowski, email to John Podesta, Subject: "Bernie, Elizabeth, and deBlasio," March 13, 2016, WikiLeaks "Podesta Email File," Email #3990, https://wikileaks.org/podesta-emails/emailid/3990, See also: Kerry Picket, "WikiLeaks: Left Wing Journo Tells Podesta Hillary Lies 'Candidly,'" *Daily Caller*, October 11, 2016, http://dailycaller.com/2016/10/11/wikileaks-left-wing-journo-tells-podesta-hillary-lies-candidly/.
45. John Podesta, email chain with Neera Tanden, Subject: "Re: Emails—my thoughts," August 22, 2015, WikiLeaks "Podesta Email File," Email #11,136, https://wikileaks.org/podesta-emails/emailid/11136#efmAC0AGw.
46. John Podesta, email chain with Robby Mook and Cheryl Mills, Subject: "Re: From the *Washington Post*: The Fix: How Hillary Clinton can correct the biggest mistake she made in 2008," March 22, 2014, WikiLeaks "Podesta Email File," Email #2528, https://wikileaks.org/podesta-emails/emailid/2528.

47. Ben Wolfgang, "Clinton campaign mocks Catholics, Southerners, 'needy Latinos' in emails," *Washington Times*, October 12, 2016, http://www.washingtontimes.com/news/2016/oct/12/hillary-clinton-campaigns-wikileaks-emails-reveal-/.

終章　トランプの勝利

1. "Transcript: Donald Trump's Victory Speech," *New York Times*, November 9, 2016, http://www.nytimes.com/2016/11/10/us/politics/trump-speech-transcript.html.
2. Theodore H. White, quoted in Eric Pace, "Theodore White, Chronicler of U.S. Politics, is Dead at 71," *New York Times*, May 16, 1986, http://www.nytimes.com/1986/05/16/obituaries/theodore-white-chronicler-of-us-politics-is-dead-at-71.html?pagewanted=all.
3. Larry Celona, Richard Johnson, and Bruce Golding, "Hillary already planning her giant victory celebration," *New York Post*, October 31, 2016, http://nypost.com/2016/10/31/hillary-planning-election-nightfireworks-show-on-hudson-river/?utm_campaign=SocialFlow&utm_source=NYPTwitter&utm_medium=SocialFlow&sr_share=twitter.
4. "Hillary Clinton Pulls Plug on Election Night Fireworks," TMZ.com, November 17, 2016, http://www.tmz.com/2016/11/07/hillary-clinton-cancels-fireworks-election-night/.
5. Ciara McCarthy and Claire Phipps, "Election results timeline: How the night unfolded," *Guardian*, November 9, 2016, https://www.theguardian.com/us-news/2016/nov/08/presidential-election-updates-trump-clinton-news.
6. "Reports: Clinton Had a Violent Meltdown on Election Night," *Political Insider*, http://www.thepoliticalinsider.com/hillary-drunk-violent-meltdown-election-night/.
7. Kay Meyer, "Hillary Clinton Declines to Appear at Election Night Rally; Podesta Tells Crowd to Go Home," Mediate.com, November 9, 2016, http://www.mediaite.com/tv/hillary-clinton-declines-to-appear-at-election-night-rally-podesta-tells-crowd-to-go-home/. See also: Kaitlan Collins, "Hillary refuses to address election night party—sends Podesta to give speech!" *Daily Caller*, November 9, 2016, http://dailycaller.com/2016/11/09/hillary-refuses-to-concede-sends-podesta-to-give-speech/.
8. "Leaked Video Shows Hillary Celebrating Election Night!" Live Leak, http://www.liveleak.com/view?i=458_1479715541, published on YouTube, https://www.youtube.com/watch?v=NKhGEeZSQs0.
9. R. Emmett Tyrrell, Jr., "Where was Hillary? Losing it on a losing night," *American Spectator*, November 14, 2016, https://spectator.org/where-was-hillary/.
10. Daniel J. Flynn, "Hillary Clinton Screaming Obscenities and Throwing Objects in Election Night Meltdown," Breitbart.com, November 15, 2016, http://www.breitbart.com/big-government/2016/11/15/hillary-clinton-screaming-obscenities-and-throwing-objects-in-election-night-meltdown/.
11. Eun Kyung Kim, "Donald Trump's campaign Chief: Calls from Obama and Clinton were 'warm' and 'thorough,'" Today.com, November 9, 2009, http://www.today.com/news/donald-trump-s-campaignchief-calls-obama-clinton-were-warm-t104826.
12. CNN Staff, "Here's the full text of Donald Trump's victory speech," CNN, November 9, 2016, http://www.cnn.com/2016/11/09/politics/donald-trump-victory-speech/.

13. CNN Staff, "Here's the full text of Donald Trump's victory speech," CNN.com, November 9, 2016, http://www.cnn.com/2016/11/09/politics/donald-trump-victory-speech/.
14. Israel Shenker, "2 Critics Here Focus on Films as Language Conference Opens," December 28, 1972. See also: James Wolcott, "The Fraudulent Factoid That Refuses to Die," *Vanity Fair*, October 23, 2012, http://www.vanityfair.com/culture/2012/10/The-Fraudulent-Factoid-That-Refuses-to-Die.
15. Kristina Rodulfo, "Why It's Important that Hillary Clinton Wore Purple Today," *Elle*, November 9, 2016, http://www.elle.com/fashion/news/a40669/hillary-clinton-purple-suit-concession-speech/.
16. Kenzie Bryant, "The Symbolism of Hillary Clinton Wearing Purple During Her Concession Speech," *Vanity Fair*, November 9, 2016, http://www.vanityfair.com/style/2016/11/hillary-clinton-purple-concession-speech.
17. "Hillary Clinton's concession speech (full text)," CNN Politics, November 9, 2016, http://www.cnn.com/2016/11/09/politics/hillary-clinton-concession-speech/.
18. Paulina Firozi, "Quote from Clinton concession speech the most retreated of the election," *The Hill*, November 17, 2016, http://thehill.com/homenews/campaign/306699-quote-from-clinton-concession-speech-the-most-retweeted-tweet-of-the.
19. Clare Malone, "Clinton Couldn't Win Over White Women," FiveThirtyEight.com, November 9, 2016, http://fivethirtyeight.com/features/clinton-couldnt-win-over-white-women/.
20. Jack Brewer, "Why Hillary Clinton couldn't rally the black vote," CNBC, November 11, 2016, http://www.cnbc.com/2016/11/11/why-hillary-clinton-couldnt-rally-the-black-vote-commentary.html.
21. USAID, "Assessing and Verifying Election Results," April 2015, https://yali.state.gov/wp-content/uploads/sites/4/2016/01/Assessing-and-Verifying-Election-Results-Summary-Document.pdf.
22. Donald J. Trump, Posting on Twitter, November 10, 2016, 9:19 pm, https://twitter.com/realDonaldTrump/status/796900183955095552.
23. Donald J. Trump, Posting on Twitter, November 11, 2016, 6:14 am, https://twitter.com/realDonaldTrump/status/797034721075228672.
24. Terrence Petty and Robert Jablon, "Oregon is epicenter as Trump protests surge across nation," Associated Press, November 11, 2016.
25. Ibid.
26. Leah Sottile, Samantha Schmidt, and Brian Murphy, "Anti-Trump protestors take to the streets in many cities for a third night, *Washington Post*, November 12, 2016, https://www.washingtonpost.com/news/morning-mix/wp/2016/11/11/violence-erupts-in-portland-riot-as-anti-trump-protests-continue-in-cities-across-the-nation/?tid=a_inl&utm_term=.76ddf45f5e71.
27. Kyle Iboshi, "Most of arrested Portland protestors are from Oregon," KGW.com, November 15, 2016, http://www.kgw.com/news/local/more-than-half-of-arrested-anti-trump-protesters-didnt-vote/351964445.
28. Aimee Green, "At least third of arrested anti-Trump protestors didn't vote," *The Oregonian*, November 15, 2016, http://www.oregonlive.com/portland/index.ssf/2016/11/nearly_13_of_arrested_anti-tru.html.
29. Jim Hoft, "Here's Proof that Soros Money Is Funding the Anti-Trump Leftist Protest-Riots," *Gateway Pundit*, November 14, 2016, http://www.thegatewaypundit.com/2016/11/heres-proof-soros-money-funding-anti-trump-leftist-protest-riots/.
30. Lisa Lerer, "Clinton blames FBI director for presidential loss," Associated Press,

November 12, 2016.
31. Amy Chozick, "Hillary Clinton Blames F.B.I. Director for Election Loss," *New York Times*, November 12, 2016, http://www.nytimes.com/2016/11/13/us/politics/hillary-clinton-james-comey.html.
32. Ibid.
33. Lisa Lerer, "Clinton says Putin's 'personal beef' prompted election hacks," Associated Press, December 16, 2016.
34. Amy Chozick, "Clinton Says 'Personal Beef' by Putin Led to Hacking Attacks," *New York Times*, December 16, 2016, http://www.nytimes.com/2016/12/16/us/politics/hillary-clinton-russia-fbi-comey.html.
35. "Full Podesta: 'Investigate What Actually Happened' with Russia hacking," NBC News, "Meet the Press with Chuck Todd," Sunday, December 18, 2016, http://www.nbcnews.com/meet-the-press/video/podesta-investigate-what-actually-happened-with-russia-836030531626. See also: "Transcript: 'Meet the Press' 12/28/2016, NBC News, http://www.nbcnews.com/meet-the-press/meet-press-12-18-2016-n697546.
36. Alex Johnson, "WikiLeaks' Julian Assange: 'No Proof' Hacked DNC Emails Came From Russia," NBC News, July 25, 2016, http://www.nbcnews.com/news/us-news/wikileaks-julian-assange-no-proof-hacked-dnc-emails-came-russia-n616541.
37. "WikiLeaks founder Assange on hacked Podesta, DNC emails: 'Our source is not the Russian government,'" Fox News, December 16, 2016, http://www.foxnews.com/politics/2016/12/16/wikileaks-founder-assange-on-hacked-podesta-dnc-emails-our-source-is-not-russian-government.html.
38. Ibid.
39. Bradford Richardson, "Peter King: CIA doing 'hit job' against Donald Trump; 'no evidence' Russia behind Podesta hack," *Washington Times*, December 18, 2016, http://www.washingtontimes.com/news/2016/dec/18/peter-king-cia-doing-hit-job-against-donald-trump-/?.
40. Tal Kopan, "Polygraph panic: CIA director fretted his vote for communist," CNN, September 15, 2016, http://www.cnn.com/2016/09/15/politics/john-brennan-cia-communist-vote/.
41. Drew Zahn, "Shock Claim: Obama Picks Muslim for CIA Chief," WND.com, February 10, 2013, http://www.wnd.com/2013/02/shock-claim-obama-picks-muslim-for-cia-chief/.
42. Clare Kim, "What, no Bible? Conservatives angered that Brennan took oath on Constitution," MSNBC, March 11, 2013, http://www.msnbc.com/the-last-word/what-no-bible.
43. EmptyWheel, "John Brennan Sworn in as CIA Director Using Constitution Lacking Bill of Rights," March 8, 2013, http://www.emptywheel.net/2013/03/08/john-brennan-sworn-in-as-cia-director-using-constitution-lacking-bill-of-rights/?utm_source=rss&utm_medium=rss&utm_campaign=john-brennan-sworn-in-as-cia-director-using-constitution-lacking-bill-of-rights.
44. Jerome R. Corsi, "Brennan: Don't Use 'Jihad' to Describe Terrorists," WND.com, January 9, 2013, http://www.wnd.com/2013/01/brennan-dont-use-jihad-to-describe-terrorists/. See also: The White House, "John Brennan Speaks on National Security at NYU," YouTube, posted February 13, 2010, https://www.youtube.com/watch?v=mKUpmFb4h_U&NR=1.
45. Associated Press, "Here's What Jill Stein Is Doing with the Leftover Money She Raised for Election Recounts," December 13, 2016, as reported in Fortune, http://fortune.com/2016/12/13/jill-stein-recounts-money/.
46. Gabriel Sherman, "Experts Urge Clinton Campaign to Challenge Election Results in 3 Swing States," *New York Magazine*, November 22, 2016, http://nymag.com/

daily/intelligencer/2016/11/activists-urge-hillary-clinton-to-challenge-election-results.html.

47. Zach Montellaro, "Jill Stein files for recount in Wisconsin," *Politico*, November 25, 2016, http://www.politico.com/story/2016/11/jill-stein-recount-effort-231829.
48. J. Alex Halderman, "Want to Know if the Election was Hacked? Look at the Ballots," Medium.com, November 23, 2016, https://medium.com/@jhalderm/want-to-know-if-the-election-was-hacked-look-at-the-ballots-c61a6113b0ba#.647sp9bo4.
49. Shane Harris, "Sorry, Hillary Clinton Fans. There's 'Zero Evidence' of Election Hacking," *Daily Beast*, November 23, 2016, http://www.thedailybeast.com/articles/2016/11/23/sorry-hillary-there-s-zero-evidence-of-election-hacking.html.
50. Jerome R. Corsi, "Green Party's Stein Files for Wisconsin Vote Recount," WND.com, November 25, 2016, http://www.wnd.com/2016/11/operation-steal-seeks-recount-to-declare-hillary-president/.
51. Eugene Scott, "Clinton to join recount that Trump calls a 'scam'" CNN Politics, November 28, 2016, http://www.cnn.com/2016/11/26/politics/clinton-campaign-recount/.
52. Kyle Cheney and Gabriel Debenedetti, "Rogue electors brief Clinton camp on anti-Trump plan," *Politico*, December 5, 2016, http://www.politico.com/story/2016/12/electoral-college-rogues-trump-clinton-232195.
53. Ibid.
54. Joel Kurth and Jonathan Oosting, "Records: Too many votes in 37 percent of Detroit's precincts," *Detroit News*, December 13, 2016, http://www.detroitnews.com/story/news/politics/2016/12/12/records-many-votes-detroits-precincts/95363314/.
55. Matthew DeFour, "Completed Wisconsin recount widens Donald Trump lead by 131 votes," *Wisconsin State Journal*, December 13, 2016, http://host.madison.com/wsj/news/local/govt-and-politics/completed-wisconsin-recount-widens-donald-trump-s-lead-by-votes/article_3f61c6ac-5b18-5c27-bf38-e537146bbcdd.html.
56. Byron Tau, "Jill Stein Supporters Drop Pennsylvania Recount Suit." *Wall Street Journal*, December 4, 2016, http://www.wsj.com/articles/jill-stein-supporters-drop-pennsylvania-recount-suit-1480810987.
57. "Roger Stone and John Haggerty Discuss Why the Stein Clinton Recount Was . . .," InRealTime.blogspot.com, December 22, 2016, https://inrealtyme.blogspot.com/2016/12/roger-stone-and-john-haggerty-discuss.html.
58. Add endnote: Roger Stone, "Can the 2016 election be rigged? You bet," *The Hill*, August 16, 2016, http://thehill.com/blogs/pundits-blog/presidential-campaign/291534-can-the-2016-election-be-rigged-you-bet.
59. Add endnote: Ben Wofford, "How to Hack an Election in 7 Minutes," *Politico*, August 5, 2016, http://www.politico.com/magazine/story/2016/08/2016-elections-russia-hack-how-to-hack-an-election-in-seven-minutes-214144.
60. HamiltonElectors.com, "About," no date, http://www.hamiltonelectors.com/about.
61. Lilly O'Donnell, "Meet the 'Hamilton Electors' Hoping for an Electoral College Revolt," *The Atlantic*, November 21, 2016, http://www.theatlantic.com/politics/archive/2016/11/meet-the-hamilton-electors-hoping-for-an-electoral-college-revolt/508433/.
62. Alexander Hamilton, "The Mode of Electing the President," Federalist Papers Number 68, March 14, 1788, http://avalon.law.yale.edu/18th_century/fed68.asp.
63. Daniel Brezenoff, "Electoral College: Make Hillary Clinton President," Change.org, no date, https://www.change.org/p/electoral-college-make-hillary-clinton-

president-on-december-19-4a78160a-023c-4ff0-9069-53cee2a095a8. Petition website accessed at https://electoralcollegepetition.com/#gs.UbnDh14.

64. John Merline, commentary, "It's Official: Clinton's Popular Vote Win Came Entirely from California," Investors.com, December 16, 2016, http://www.investors.com/politics/commentary/its-officialclintons-popular-vote-win-came-entirely-from-california/.
65. Valerie Richardson, "Electoral College members harassed, threatened in last-ditch attempt to block Trump," *Washington Times*, November 22, 2016, http://www.washingtontimes.com/news/2016/nov/22/gop-electors-harassed-threatened-foes-maneuver-blo/.
66. Mark Moore, "Electors are being harassed, threatened in bid to stop Trump," *New York Post*, December 14, 2016, http://nypost.com/2016/12/14/electors-are-being-harassed-threatened-in-bid-to-stop-trump/.
67. Eric M. Johnson and Jon Herskovitz, "Trump wins Electoral College vote; a few electors break ranks," Reuters, December 20, 2016, http://www.reuters.com/article/us-usa-election-electoralcollege-idUSKBN1480FQ.
68. Associated Press, "Four Washington state electors defect from Clinton; one chooses Faith Spotted Eagle instead," December 19, 2016, reported in the *Los Angeles Times*, http://www.latimes.com/nation/politics/trailguide/la-na-trailguide-updates-four-members-of-washington-state-1482181899-html-story.html.
69. Scott Detrow, "Donald Trump Secures Electoral College Win, with Few surprises," National Public Radio, December 19, 2016, http://www.npr.org/2016/12/19/506188169/donald-trump-poised-to-secure-electoral-college-win-with-few-surprises.
70. "Donald Trump Completes Final Lap, Electoral College, to White House," *New York Times*, December 19, 2016, http://www.nytimes.com/2016/12/19/us/politics/electoral-college-vote.html.
71. Jerome R. Corsi, "Did CIA Pick Sanitize Obama's Passport Records?" WND.com, January 8, 2013, http://www.wnd.com/2013/01/did-cia-pick-sanitize-obamas-passport-records/.
72. Darren Samuelson, "Stone 'happy to cooperate' with FBI on WikiLeaks, Russian hacking probes," *Politico*, October 14, 2016, http://www.politico.com/story/2016/10/roger-stone-fbi-wikileaks-russia-229821.
73. Alana Goodman, "Exclusive: Ex-British ambassador who is not a WikiLeaks operative claims Russia did NOT provide Clinton emails—they were handed over to him at a D.C. park by an intermediary for 'disgusted' Democratic whistleblowers," *Daily Mail*, December 14, 2016, http://www.dailymail.co.uk/news/article-4034038/Ex-British-ambassador-WikiLeaks-operative-claims-Russia-did-NOT-provide-Clinton-emails-handed-D-C-park-intermediary-disgusted-Democratic-insiders.html.
74. Pamela Engel, "Former CIA Director accuses Trump allies of working on behalf of the Russians," *Business Insider*, October 14, 2016, http://finance.yahoo.com/news/former-cia-director-accuses-trump-171136453.html.
75. Jerome R. Corsi, "Hillary Campaign Chief Linked to Money-Laundering in Russia," WND.com, October 13, 2016, http://www.wnd.com/2016/10/hillary-campaign-chief-linked-to-money-laundering-in-russia/.
76. Roger Stone, "Russian Mafia money laundering, the Clinton Foundation, and John Podesta," StoneColdTruth.com, October 13, 2016, http://stonecoldtruth.com/blog/2016/10/13/russian-mafia-money-laundering-the-clinton-foundation-and-john-podesta/.
77. Edwin Mora, "Security Contractor, DIA Docs Debunk Michael Morell's Benghazi

Narrative," Breitbart.com, May 19, 2015, http://www.breitbart.com/national-security/2015/05/19/sources-military-intel-documents-debunk-michael-morells-benghazi-attack-account/.

78. Jim Hoft, "Surprise! Former CIA Director Who Altered Benghazi Talking Points to Benefit Obama Endorses Hillary," *Gateway Pundit*, August 5, 2016, http://www.thegatewaypundit.com/2016/08/news-former-cia-director-altered-benghazi-talking-points-benefit-obama-endorses-hillary/.
79. Patrick Poole, "Former CIA Deputy Director Mike Morell Can't Keep His Stories Straight," *PJ Media*, August 9, 2016, https://pjmedia.com/homeland-security/2016/08/09/clinton-defender-former-cia-deputy-director-mike-morell-cant-get-his-story-straight-on-syrias-assad-and-putin/.
80. David Leonhardt, "The Democrats' Real Turnout Problem," *New York Times*, November 17, 2016, http://www.nytimes.com/2016/11/20/opinion/sunday/the-democrats-real-turnout-problem.html.
81. Amanda Sakuma, "Trump Did Better with Blacks, Hispanics than Romney in '12: Exit Polls," NBC News, November 9, 2016, http://www.nbcnews.com/storyline/2016-election-day/trump-did-better-blacks-hispanics-romney-12-exit-polls-n681386.
82. Karen Tumulty and Phillip Rucker, "Shouting match erupts between Clinton and Trump aides," *Washington Post*, December 1, 2016, https://www.washingtonpost.com/politics/shouting-match-erupts-between-clinton-and-trump-aides/2016/12/01/7ac4398e-b7ea-11e6-b8df-600bd9d38a02_story.html?hpid=hp_hp-top-table-main_election750p%3Ahomepage%2Fstory&tid=a_inl&utm_term=.79785b00c5c9.
83. Kevin Drum, "The 3 Big Reasons Hillary Clinton Lost," *Mother Jones*, November 21, 2016, http://www.motherjones.com/kevin-drum/2016/11/why-clinton-lost-bitter-bernie-crooked-comey-and-wounded-working-class.
84. David Plouffe, "David Plouffe: What I Got Wrong About the Election," *New York Times*, November 11, 2016, http://www.nytimes.com/2016/11/11/opinion/what-i-got-wrong-about-the-election.html?_r=0.

ロジャー・ストーン
Roger Stone
ドナルド・トランプとの40年来の親交があり、政治顧問を務める。共和党の政治参謀として、リチャード・ニクソン、ロナルド・レーガンの大統領選などに携わり、2016年大統領選ではトランプの当選に貢献する。ロシア疑惑捜査で逮捕され、7件の罪で起訴、有罪となる。トランプ大統領が収監直前に刑を免除、その後に恩赦となる。著書に『ケネディを殺した男』など、著者を描いたドキュメンタリー映画に『困った時のロジャー・ストーン』がある。

〔訳者〕**藤井幹久**
東京大学法学部卒。幸福の科学理事(兼)宗務本部特命担当国際政治局長。訳書に、アーサー・ラッファー、スティーブン・ムーア共著『トランポノミクス』『トランプ経済革命』(共に幸福の科学出版刊)。

トランプVSディープ・ステート　下巻
──世界を震撼させた米大統領選の真相──

2021年12月23日　初版第1刷

著　者　ロジャー・ストーン
訳　者　藤井幹久
発行者　佐藤直史
発行所　幸福の科学出版株式会社
〒107-0052　東京都港区赤坂2丁目10番8号
TEL 03-5573-7700
https://www.irhpress.co.jp/

印刷・製本　株式会社 研文社

ISBN978-4-8233-0321-0 C0030
カバー 写真：UPI/ アフロ
口絵 ① Photo by Spencer Platt/Getty Images, ②④⑭⑰ Photo courtesy of Wikimedia Commons, ③ Photo by Alex Wong/Getty Images, ⑤ Photo courtesy of Wikimedia Commons / Don Irvine, ⑥⑦⑪⑫⑬⑮⑯ Photo courtesy of Stone Cold Truth, ⑧ Photo courtesy of Skyhorse, ⑨ Photo courtesy of WikiLeaks, ⑩ Photo by Anadolu Agency/Getty Images
装丁・イラスト・写真(上記・パブリックドメインを除く) © 幸福の科学

大川隆法 ベストセラーズ・ドナルド・トランプの本心に迫る

守護霊インタビュー
ドナルド・トランプ アメリカ復活への戦略

過激な発言で「トランプ旋風」を巻き起こした選挙戦当時、すでにその本心は明らかになっていた。トランプ大統領で世界がどう変わるかを予言した一冊。

1,540円

アメリカ合衆国建国の父 ジョージ・ワシントンの霊言

英語霊言
英日対訳

人種差別問題、経済政策、そして対中・対露戦略……。建国の父が語る「強いアメリカ」復活の条件とは? トランプの霊的秘密も明らかに!

1,540円

トランポノミクス
アメリカ復活の戦いは続く

スティーブン・ムーア　アーサー・B・ラッファー　共著
藤井幹久　訳

トランプ大統領がツイッターで絶賛した全米で話題の書が、ついに日本語訳で登場! 政権発足からアメリカ経済の奇跡的な復活までの内幕をリアルに描く。

1,980円

トランプ経済革命
側近ブレーンたちの証言

スティーブン・ムーア　アーサー・B・ラッファー　共著
藤井幹久　訳

日本の大手メディアで報道されない真実を、現地アメリカで独占インタビュー。トランプの経済顧問たちから、「日本を再び偉大な国に」とのメッセージが贈られる。

1,650円

※表示価格は税込10%です。

バイデン守護霊の霊言

大統領就任直前の本心を語る

繁栄か、没落か？ アメリカ国民の選択は、はたして正しかったのか？ 内政から外交まで、新大統領バイデン氏の本心に迫るスピリチュアル・インタビュー。

1,540円

習近平思考の今

米大統領選でのバイデン氏当選後、習近平主席の考え方はどう変化したのか？ 中国の覇権拡大の裏にある「闇の宇宙存在」と世界侵略のシナリオが明らかに。

1,540円

北朝鮮から見た国際情勢

金正恩の守護霊霊言

バイデン政権誕生に国家存亡の危機を感じている金正恩氏守護霊が、中国の脅威と日本への期待を語る。また、ロシアを指導する宇宙人との通信を特別収録。

1,540円

ミャンマーに平和は来るか

アウン・サン・スー・チー守護霊、ミン・アウン・フライン将軍守護霊、釈尊の霊言

軍事クーデターは、中国によるアジア支配の序章にすぎない──。関係者たちへの守護霊インタビューと釈尊の霊言により、対立の本質と解決への道筋を探る。

1,540円

※表示価格は税込10%です。

コロナ不況にどう立ち向かうか

コロナ・パンデミックはまだ終わらない――。東京五輪断行が招く二つの危機とは? 政府や自治体に頼らず、経済不況下を強靭に生き抜く「智慧」がここに。

1,650円

自由・民主・信仰の世界

日本と世界の未来ビジョン

国民が幸福であり続けるために――。未来を拓くための視点から、日米台の関係強化や北朝鮮問題、日露平和条約などについて、日本の指針を示す。

1,650円

いま求められる世界正義

The Reason We Are Here
私たちがここにいる理由

カナダ・トロントで2019年10月に行われた英語講演を収録。香港デモや中国民主化、地球温暖化、LGBT等、日本と世界の進むべき方向を語る。

1,650円

大川隆法 思想の源流

ハンナ・アレントと「自由の創設」

ハンナ・アレントが提唱した「自由の創設」とは? 「大川隆法の政治哲学の源流」が、ここに明かされる。著者が東京大学在学時に執筆した論文を特別収録。

1,980円

幸福の科学出版

大川隆法「法シリーズ」・最新刊

メシアの法

「愛」に始まり「愛」に終わる

法シリーズ
第28作

「この世界の始まりから終わりまで、あなた方と共にいる存在、それがエル・カンターレ」──。現代のメシアが示す、本当の「善悪の価値観」と「真実の愛」。

第１章　エローヒムの本心
──善悪を分かつ地球神の教え

第２章　今、メシアが語るべきこと、なすべきこと
──人類史の転換点にある地球への指針

第３章　メシアの教え
──「神の言葉」による価値観を変える戦い

第４章　地球の心
──人類に霊的覚醒をもたらす「シャンバラ」

第５章　メシアの愛
──魂の修行場「地球」における愛のあり方

2,200円

幸福の科学の中心的な教え──「法シリーズ」

大川隆法著作　31年連続ベストセラー　　好評発売中！

幸福の科学出版

※表示価格は税込10％です。